20 世纪中国
图书馆学文库

陈源蒸 李万健 宋安莉 主编

国 国家圖書館出版社

图书在版编目（CIP）数据

20 世纪中国图书馆学文库／陈源蒸，李万健，宋安莉主编. —北京：国家图书馆出版社，2013.6

ISBN 978 - 7 - 5013 - 4297 - 6

I. ①20… II. ①陈… ②李… ③宋… III. ①图书馆学—文集 IV. ① G250 - 53

中国版本图书馆 CIP 数据核字（2012）第 045381 号

责任编辑：王　涛　宋安莉

ISBN 978-7-5013-4297-6

9 787501 342976 >

书名	20 世纪中国图书馆学文库（94 册　叙录 1 册）
著者	陈源蒸　李万健　宋安莉主编
出版	国家图书馆出版社　（100034　北京市西城区文津街 7 号） （原北京图书馆出版社）
发行	010 - 66114536　66175620　66126153 　　　　66121706（传真）　66126156（门市部）
E-mail	btsfxb@ nlc. gov. cn（邮购）
Website	www. nlcpress. com → 投稿中心
经销	新华书店
印刷	北京三河弘翰印务有限公司
开本	850 × 1168 毫米　1/32
印张	878.25
版次	2014 年 1 月第 1 版　2014 年 1 月第 1 次印刷
书号	ISBN 978 - 7 - 5013 - 4297 - 6
定价	9800.00 元

本文库由人天书店资助出版

编辑说明

一、收录范围

1. 收书时限,从 20 世纪以来至今所能见到的我国出版图书馆学著作最早时间(1909 年)起,至 1999 年止。

2. 选收国人在国内出版的图书馆学专著(含教材,不含论文集、工具书、分类表等)。

3. 只收我国学者著作,不收翻译作品。

4. 所收专著可以是个人著作,也可以是多人合著,也可以是团体作者的著作。

5. 只收图书馆学基本理论,资源建设,分类、编目,读者服务,文献检索,自动化与网络研究的著作。相关学科目录学、文献学和情报学的著作一般不收,个别和图书馆学融于一体者酌收。

6. 一位作者一般收一种著作,个别著作多、影响大的作者可收两种或三种。

7. 只收正式出版的专著。鉴于少数学者的特殊情况,有个别特例。

二、编辑体例

1. 所收著作全部重新排版,简体字横排。

2. 原则上每种著作为一册,字数较少的两种著作合成一册。

《文库》共收 101 种著作,装为 95 册(含《叙录》1 册)。

三、总体设计

1. 全套文库统一封装,整体发行。

2. 在具体著作之前,编有《叙录》一册,内有编辑说明、《文库》所收著作目录、代序、业内专家就百年来图书馆学发展情况撰写的评述论文,以及 1909—1999 年期间图书馆学著作书目。

3. 1—94 册为《文库》所收具体著作。

《20世纪中国图书馆学文库》总目录

叙录

1

2

3

4

叙　录

目　次

温故知新思未来(代序)

吴慰慈　　陈源蒸

一

在世纪交替之间,迎新辞旧之际,人们自然地回顾过去,思考未来。图书馆人也进行了研究历史的探索,出版了一些"百年纪事"之类的著作。但所论多较肤浅,未能深入展开。有的甚至叙述失真,结论有误。原因殊多,但史料缺失是其中之一。

由于许多图书馆是在1990年代左右新建的,这些馆不仅民国时期的图书馆学著作未有入藏,就是1980年代的著作也收得很少。包括一些老馆,民国以前的著作亦是不多。所以出现了人们比较多地引用谢拉的《图书馆学引论》、阮冈纳赞的《图书馆学五定律》,却很少引用刘国钧的《图书馆学要旨》和杜定友的《图书馆学概论》,这与谢拉、阮冈纳赞的著作在1980年代出版过中译本,而刘、杜二先生的旧作未曾重印有一定关系。因此多年以前就有不少专家建议加强图书馆学的史料建设。

加强图书馆学史料建设需要做的事情很多,首先要摸清家底,都有哪些资料,这就要有图书馆学专题书目与学术论文索引的编制,而且要有长期维护机制。然后按照对史料需要的程度,选择一些常用的图书期刊重印,重要的学术论文则要按专题重新编辑出版。这些都是非常重要而又极其艰难的基础建设工作,做起来非常不易。

就以重印旧作来说,20世纪中国图书馆学著作(不含相关学科目录学、文献学、情报学)总数有2266种,当然无须全部重印。但从中选择多少,选择哪些,对所选著作如何评介,都是具有一定难度的。虽然业界学人在2003年就曾在编辑《当代中国图书馆学研究文库》时即提出此事,有关人员也曾多次商量,但终因难度较大而未能启动。但是,业界的需求却一直在催促我们将上世纪的图书馆学著作重印工作尽早开展起来。

到2010年,有人提出了分两步走的想法:第一步先选出一部分著作,原样重印,不作评介;第二步争取申请国家立项,组织专家对所选著作深入比较研究,进行学术梳理。目前先走第一步,这样可以起到保存文献的作用,利于推进图书馆事业史与图书馆学史的研究。经与各方商定,以至今见到的国内图书馆学人于20世纪出版第一部著作的时间(1909年)为上限,以1999年为下限,选择100种左右作品,编成《20世纪中国图书馆学文库》予以出版。

为此,首先确定了《文库》的收录范围:以国人在大陆地区出版的图书馆学基本理论、资源建设、分类、编目、读者服务、文献检索、自动化与数字技术应用研究的著作(含教材,不含论文集、工具书、分类法等出版物)为限。相关学科目录学、文献学和情报学的著作一般不收,个别和图书馆学融于一体者酌收。

随后通过各种途径,收集这一期间国内出版的图书馆学著作信息,编成书目。而后根据业界对于这些著作的评价和被引情况,提出了一份拟选书目清单,并聘请业内专家反复进行讨论,确定了《20世纪中国图书馆学文库》的入选书目,经作者同意后,进行编辑出版。在文库编选过程中所编书目也同时附印。这就为做好图书馆学史料建设工作走出了重要的一步。

二

20世纪在人类历史长河中虽只是短暂的瞬间,但在中国却发生了前无可比的巨大转折,经历了三个历史进程:从清王朝末年,产生了民国,又诞生了新中国。整个社会的政治、经济、教育、文化、科学技术发生了广泛而深刻的变化,具体在图书馆领域,机构主体从藏书楼,到近代图书馆,到电子图书馆;阅读对象的物质形态从雕版印刷的线装书,到铅活字印刷的现代书本,再到电子出版物;书目记录从簿本式,到卡片式,到机读式;读者服务从劝人读书,到限制发证,到多馆通用一卡通;图书馆规模从几十、几百个,到几千、几万个,到几十万个;办馆理念从私家藏用,到对社会开放,到全民自由阅读。所有这些变化,都被记录在这一期间图书馆学人的著述之中。这些变化有何历史意义,对今人有何启迪,对未来有何指津,当有待今日图书馆学人去认识,去思考。

图书馆是社会的一部分,图书馆学研究也是认识社会与社会认识的一部分。无论是图书馆事业建设,还是图书馆学研究,都与社会(图书馆的生存环境)有着紧密的联系。

认识社会是从图书馆事业的变化与图书馆学研究的发展,看到社会的进步、社会对图书馆产生的作用力。

社会认识则是从图书馆事业建设规模与图书馆学研究深度,折射出图书馆对社会产生的影响,对社会的反作用力。

图书馆是社会文化事业的一部分,图书馆学在研究如何推进图书馆事业发展的时候,必然要研究如何推进整个文化事业的发展,进而会思考如何推进整个社会的发展。

图书馆学是社会科学属性,也就充满了社会科学的人文精神。图书馆学又是实用性很强的学科,因而又有图书馆技术的研究。

对于近现代中国社会的发展变化,图书的发展变化,图书馆及图书馆学的发展变化,以及它们之间相互作用的研究,都需要我们认真整理、出版和研究近百年来的图书馆学著作,这是不言而喻的。

百年沧桑,在图书馆学著述中,不可避免地会留下时代的烙印,这是我们在研究这一时期文献时需要注意,也是可以理解的。

三

图书馆学的研究,不断从其他学科成果中吸取养分,以推进本学科的发展,这是被图书馆学人所认同的。但图书馆学研究的成果,也对其他学科产生相应的推动力,人们在这方面,认识显得有所不足。

虽然,图书馆学研究的是发展图书馆事业的基本理念和办好图书馆的具体技术,但这些理念和方法对其他学科,以至对整个社会,也有着积极的意义。

以分类编目而言,其他学科也有分类的研究,但以图书馆技术研究最为深入,成果最为丰富,对其他学科的分类研究有很大的影响力。而编目则更是图书馆技术独领风骚,其他学科对编目的处理基本上采用的是图书馆技术的成果,互联网上各种元数据处理技术,无不源于文献编目方法。

文献检索方法的深入研究与文献检索教育的普及,是知识传播末端对前端反馈的典型表现,前者是搜索引擎设计的基本原理,后者是互联网在我国迅速普及的用户基础。

资源共享是图书馆学研究着力较多的方面,如今已成为全社会普遍使用的关键词。

以上所述,在1909—1999年期间的图书馆学著作中都有所涉及,在本文库的作品中,程度不同地进行过讨论。因此,文库对于研究图书馆学在科学发展中的普遍作用无疑是非常重要的。

四

对于图书馆学研究的发展,有各种各样的描述。国际上有不同流派,国内则是许多"××说",从而对图书馆学理论体系、研究对象与研究方法,形成不同见解。

但是有一本书可能被忽略了,在 2266 种图书馆著作中,以图书馆学为书名的,包括概论、通论、新论、要旨、基础、讲稿等,有上百种,而以图书馆技术为书名的只有前苏联青年图书馆学家克连诺夫《图书馆技术》一种。作者在自序中写道:是按照克鲁普斯卡娅所说"很多事情,如图书馆的保藏、最大限度的使用图书财富、满足读者的需要,以至图书馆的政治面貌,都要取决于图书馆技术问题"而编写该书的。

科学技术包含有科学与技术两个层次,科学是理论研究,探索学科的自然规律;技术是由自然规律转化而成的知识与方法。

研究图书馆发生、发展的规律,是理论研究,属于科学的范畴;而研究办好图书馆的具体方法,应属于技术范畴。

这样说来,把图书馆学科分为图书馆学研究与图书馆技术研究两个层次,是否比分为基础研究与应用研究两个层次要好一些。把两个层次的事情,放在 一个大的体系中,总是不太好展开。

比如,提倡图书馆学走出图书馆的"理念学派",批判对图书馆技术方法的研究是经验主义,而众多图书馆实际工作人员又批判"理念学派"是脱离实际的空话。这是由于把两个层次研究的内容放在一个范畴内讨论,说的不是一回事。

再如,无序资源的有序整合,是图书馆技术的核心概念。但若以此作为图书馆学区别于其他学科的特点，则又不妥。这方面应当怎么认识，在已有的论著中有不少说法，需要在各方专家广泛讨论的基础上进行梳理，形成共识。在这方面，文库的出版显然是很有意义的。

五

1909—1999 年期间，图书馆学著作出版总数，按已有书目统计共 2266 种。其中晚清末年 4 种，民国时期 782 种，新中国成立后 1480 种，出版数量分阶段计算呈上升趋势。从分年代的统计看，发展是不平稳的。若画成曲线分布图，既有高峰，也有低谷。高峰期为 1920—1930 年代与 1980—1990 年代；低谷期为抗战期间与"文革"前后。

高峰的出现，是在社会处于经济、文化发展时期，是图书馆人努力的成果。低谷则不是图书馆界与图书馆人的自身努力而可改变的。

1937 年抗日战争爆发后，图书馆学著作出版数量急骤下降，出版单位与书稿被毁无数，至 1945 年后方有复苏。日本侵略者对于中国图书馆学著作的出版，甚至中国图书馆事业的破坏都是毁灭性的。

"文革"前后有 16 年图书馆学著作的出版数量为"0"。这 16 年对我国图书馆学著作出版的破坏性影响，比之抗战 8 年的破坏还要严重。这不仅是图书馆人的悲剧，也是整个国家与社会的悲剧。我们在研究历史时不能忘记这一惨痛的教训，并且永远不要让这样的事件再次发生。

中国近代图书馆学的发展

张树华(北京大学信息管理系)

20世纪以来,我国近代图书馆逐渐发展起来。随着近代图书馆事业的发展和图书馆业务工作、管理工作的改革,促进了我国近代图书馆学的发展。

中国近代图书馆学的发展大体上可分为四个时期。下面将各个时期的学术发展状况及其主要的图书馆学著作进行论述。

一、新旧学术交替时期

本世纪以来,以公共使用藏书为目的的近代图书馆在我国逐渐发展起来,如:1902年京师大学堂图书馆(即北京大学图书馆的前身)成立。1904年湖南省图书馆成立。随后,湖北省图书馆、江南图书馆(今南京图书馆)等也相继建立。1909年,京师图书馆开始筹备。至辛亥革命前后,除少数地区外,各省均先后成立了省立图书馆。这些省立图书馆大多是在原来各省的官书局或藏书楼的基础上改建的,工作上带有很深的旧式藏书楼的痕迹,但又有公开开放、公共使用藏书的性质,因此处于新旧图书馆过渡的阶段。

新建各图书馆成立以后,要求理论上的指导。在这种形势下,我国最早的图书馆学著作应运而生,这就是孙毓修所著的《图书馆》。

《图书馆》,孙毓修著。这是我国最早的一种图书馆学著作。这部著作在《教育杂志》第 1 卷和第 2 卷中(1909—1910 年)连续刊登了近两年的时间。可惜只登了一半就中途停顿,未继续登完。但从其前言及已刊登的部分,可以看到该书的主导思想及概貌。

孙毓修,江苏无锡人。早年在南菁书院读书时,曾随缪荃荪先生学习目录学和版本学。清朝末年,他在商务印书馆编译所工作。商务印书馆为编印《四部丛刊》,曾派他到南京的江南图书馆,在原"十万卷楼"收藏的善本书中进行选择和影印,因而接触了当时的省立公共图书馆。在此过程中,他对当时的图书馆产生了一定的认识和看法。

《图书馆》一书的撰写,充分体现了当时新旧学术交融的思想。孙毓修写这本书时,既综合了我国古代藏书的经验,又参考了世界东、西方办图书馆的经验。正如他在"序言"中所写的:"爰仿密氏藏书之约,庆增纪要之篇,参以日本文部之成书,美国联邦图书之报告,而成此书。"(密氏即祁承爜,"庆增纪要"即孙庆增所著《藏书纪要》一书。)可见这本书的写作动机就是欲将中国旧式藏书楼的管理经验,与东、西方诸国新式的图书馆管理方法结合起来,以推动当时的图书馆工作。这一思想贯穿于全书的始终。例如,在谈到图书馆的宗旨时,他认为:"图书馆之义,在于保旧而启新,存古而开今。"保旧启新、存古开今的办馆宗旨,充分显示了孙毓修在当时特定历史条件下对图书馆的作用及意义的认识。又如,在谈到图书馆采购工作时,他认为图书馆购求图书应"古今中外、新旧并蓄"。在讲述图书分类问题时,他主张对中国的旧书要用四部分类法。但新书用四部法已不能容纳,他说:"新书分类断不能以附旧书联为一集者,以其统录至广至博,非四部之界所能强合也。"因此他主张新书的分类应参考欧美通行的分类法,并结合中国的情况,"量为变通"。在此书中,孙毓修首次将《杜威十进分类法》引进中国，这是我国在公开刊物上首次介绍西方的分类法。可惜只介绍到宗教类就中止刊登，没有全部介绍完毕。

总之，《图书馆》一书是这个时代新旧学术交替、融合的代表作，也是我国最早的、较有系统的一部图书馆学著作。该书分为7章：①建置；②购书；③收藏；④分类；⑤编目；⑥管理；⑦借阅。全书以业务工作技术方法的论述为主。

二、东西方诸国图书馆学输入时期

辛亥革命后，除各省已建立起来的公共图书馆外，高等学校图书馆也日益增多。民国以后，大力提倡平民教育，在这种形势下，各地陆续建立起一些通俗图书馆。图书馆事业的发展要求有理论著作来指导实际工作。但当时国内没有成型的著作，于是只好引进外国的图书馆学著作。

最早翻译的图书馆学著作是从日本输入的。因为当时的民国政府多仿效日本的各种制度和做法，所以图书馆事业也不例外。当时翻译的日本图书馆学著作主要有三种：

《图书馆教育》，（日）户野周二郎著，谢荫昌译。由于该书出版较早，现在已很难找到。该书很详细地叙述了图书馆的管理方法。

《图书馆小识》，（日）图书馆协会编著。这是一本概论性的图书馆学著作，全书22章。第1、2两章论述图书馆的意义、作用；第3章概述图书馆的类型；第4章至第7章分别介绍建立图书馆所必须具备的条件，如经费来源、馆员及其职责、图书馆的建筑及设备等；第8章至第10章分别介绍各种类型的图书馆，包括普通图书馆、儿童图书馆及学校图书馆等；第11至第22章分别讲述图书馆的各项业务工作：图书的选择、图书的购入、图书目录及种类、图书登记、图书分类法、图书的整理及排架、图书阅览及出纳法、分馆的设置、巡回文库、家庭文库、图书清点及藏书保护等。这是中国翻译出版的第一本较全面地论述图书馆事业和图书馆业务工作的专业书籍。

《图书馆指南》，顾实编译，上海医学书局 1918 年出版。顾实曾留学日本，他认为，"中国今日受世界潮流所激，实有不能不设图书馆之势"。这本书也是以日本的《图书馆小识》为蓝本而编译的，但其译文与《图书馆小识》一书略有不同。每章末另附欧美图书馆的情况作为参考。此外，书中增加了一些顾实的观点和看法，例如，他认为中文图书分类不宜用四部分类法，也不宜于照袭日本东京帝国图书馆的分类法。又如，他首次论述了件名目录（书名目录）及其编纂概则。另外，该书的首、尾二章是顾实撰写的。因此该书在内容上较《图书馆小识》一书有一定的充实。但其实质仍然是沿袭了日本的图书馆学著作。

《图书馆教育》、《图书馆小识》、《图书馆指南》三书代表了东洋图书馆学的输入。它们在民国初年对我国当时的图书馆界起了一定的业务指导作用。

西洋图书馆学的输入大约在 1917 年以后。1917 年以后，赴欧、美学习图书馆学的留学生沈祖荣、戴志骞、杜定友等人陆续回国。他们回国后到各省讲学，大力宣传新式图书馆的重要性及作用，倡导西方图书馆的管理方法。他们的讲学、讲演，对于广大人民了解新式图书馆，推广西方图书馆的办馆经验起了舆论宣传作用。

进入 20 年代，我国南、北、中各地先后办起了几个图书馆业务培训班或培训学校。1920 年，北京高等师范学校举办暑期图书馆讲习班，对图书馆在职人员进行业务培训，由戴志骞、杨昭悊、李大钊等人授课。1920 年，美国人韦棣华在武昌开办文华图书科，仿照美国州立图书馆学校的制度及教学内容，进行两年制的图书馆专业教育,其教学内容完全来自美国。1922年,广州开办图书馆管理员养成所,培养中等以上学校图书馆的管理人员,任课教师为杜定友。在这些图书馆培训班或图书馆学校中,开设了各种图书馆学课程。任课教师在讲课过程中编写了一些教材,其内容大多仿效欧美,成为我国从西方输入图书馆学的一批著作。其中具有代表性的著作有:

《图书馆学术讲稿》,戴志骞著。该书为戴志骞在北京高师暑期图书馆讲习班的教材。这本书取材于西方图书馆学的理论和方法,全书分为6章:①图书馆组织法;②图书馆管理法(包括图书选择法、出纳法、杂志书籍登录式等);③图书馆建筑;④论美国图书馆;⑤图书分类法(分别介绍了布朗氏分类法、杜威分类法、克特分类法、美国国会图书馆分类法、日本东京帝国图书馆分类法及中国清华学校图书馆分类法,并比较其优劣);⑥图书编目法(列举各种著录格式,并绘图加以说明)。全书以分类法、编目法、出纳法三个问题讲述得最详细,每章末还附有参考书目。是一本较系统地讲述图书馆各项业务工作方法的教科书。

《图书馆学》,杨昭悊著。该书也是在北京高师暑期图书馆讲习班上授课的基础上写成的。这本书第一次以"图书馆学"命名,它标志着"图书馆学"作为一门独立的学科,在我国得到确立。

作者在"序"中阐明该书编写的主张:

①外国的图书馆学著作,属于分科的多,属于通论的少。倘若把它译出来,只合于图书馆员参考,不足供一般人研究。

②外国图书馆学的著作,关于应用的多,关于原理的少。……只可供应用,不能示提倡。

③外国图书馆学的著作,多半是发表自己的意见,或叙述本国的状况……只能供参考。

基于上述原因,杨昭悊决心自己写一部图书馆学著作。这本书写作的原则是:"为推广我国图书馆的学问起见,要使无论何人,一看就知道图书馆的原理和应用"。该书的内容是"先通论,后分科,学理技术兼收并蓄",其中,十分之八九是参考东西方各家的著作,十分之一二是阐发自己的意见,以"比较他们的理论,联贯他们的学说"。

该书共分为 8 篇,50 章。第 1、2 篇是关于原理的,阐述了图书馆和图书馆学的定义、图书馆学的范围及学科的划分、图书馆的发展历史、图书馆的教育作用等。第 3 至第 8 篇是关于应用的,分别介绍图书馆的经营法、组织法、管理法等。其中以管理法的内容最为详尽。书后附有中国图书馆法则及英汉对照图书馆学用语表。该书的特点是:

①第一次以"图书馆学"作为书名。

②是在参考国外图书馆学著作的基础上,第一部自编的图书馆学概论性的著作。

③全书贯彻了三个结合,即:中外结合、理论与技术结合、供馆员阅读参考与供一般人了解图书馆学相结合。

④该书在第 1 篇第 4 章中,第一次科学地划分和确定了图书馆学的科学体系、结构和内容。而该书篇章的划分,基本上体现了这个学科体系结构。这个图书馆学学科体系对我国后来图书馆学术的发展,起了理论先导作用。

三、中国图书馆学建树时期

东西方图书馆学在中国流行了几年后,中国图书馆学界的一些先辈渐渐感到外国的图书馆办馆方法有许多不适合中国国情的地方。例如,外国的图书分类法无法容纳中国的古书。外国的编目法多以著者、书名作为标目,而中国传统的目录多以分类目录为主。因此,如何以外国图书馆工作的原理和方法,结合中国的实际,解决中国图书馆实践中的各种理论的和方法的问题,编写出符合中国图书馆实际需要的图书馆学著作,就成为当时的一个迫切问题。于是,"本新图书馆之原理,以解决中国特有问题之趋势,已皎然可见"(见刘国钧《现时中文图书馆学书籍评》一文,载《图书馆学季刊》第 1 卷第 2 期)。

这一时期,各种图书馆学著作相继涌现,到 30 年代,各种图书馆学著作大量出版问世,使我国图书馆学著作出现了一个繁荣、发展的高潮。这一时期的图书馆学著作,大体上可分为下列几个方面:

1. 概论性的图书馆学著作。20—30 年代,我国出版的概论性图书馆学著作大约有十几种,其中主要的有:

《图书馆学概论》,杜定友著。全书分为 40 章:第 1—3 章论述图书馆的意义、历史及种类;第 4—12 章论述图书馆的行政,包括:经费、建筑、馆员、设备、规则、统计、报告等;第 13—15 章论述图书馆的宣传、教育、推广工作;第 16—29 章分别介绍图书馆各种业务工作,包括:订购、接收、登记、编目、分类、排列、典藏、清典、流通、阅览、参考、注销等;第 30—39 章分别介绍各类型图书馆,如:儿童图书馆、学校图书馆、大学图书馆、专门图书馆、特殊图书馆、公共图书馆、文库及协会等;第 40 章为图书馆学书目。该书涉及的业务内容十分全面,但大多以技术方法的论述为主,理论阐述较少。

《图书馆学 ABC》,沈学植著。该书为世界书局出版的《ABC丛书》之一,属于知识性的普及读物。其读者对象为中学生和大学生。全书共分为 10 章,对于设置通俗性的公共图书馆、发挥图书馆的教育职能等论述较多,其目的是向社会广大群众宣传图书馆的意义和作用。

《图书馆学要旨》,刘国钧著。该书在 30 年代出版的概论性图书馆学著作中,是理论性较强的一种著作。书中对图书馆学的几个基本理论问题提出了一些新的论点：

①关于图书馆的性质

书中指出："图书馆乃是以搜罗人类一切思想与活动之记载为目的,用最科学、最经济的方法保存它们、整理它们,以便利社会上一切人使用的机关。"

②关于近代图书馆的特征

书中强调近代图书馆是:自动的,而非被动的;使用的,而非保存的;民众化的,而非贵族的;社会化的,而非个人化的。并强调了"平等"使用图书馆的思想。

③关于图书馆学的研究对象

该书提出了"四要素"说,认为:"图书馆成立的要素若加以分析,可以说有四种:a. 图书;b. 人员;c. 设备;d. 方法。图书是原料;人员是整理和保存这些原料的;设备包括房屋在内,乃是储存原料、人员、工作和使用图书的场所;而方法乃是图书所以能与人发生关系的媒介,是将图书、人员和设备打成一片的联络针。"分别研究这四种"要素",便成为图书馆学的研究对象。

④重视图书的利用

刘国钧认为:"图书馆之搜集图书,本以使用为目的。""怎样使得图书着得最大的效用,乃是图书馆经营法上最重要的根本问题。其余一切的设施,都可算是解决这个问题的手段。"这一论断十分深刻。为了突出图书馆的使用问题,该书一反其他同类著作,将参考工作与阅览、推广工作放在其他业务工作之前讲述,并占用了几乎全书三分之一的篇幅详加论述。

⑤关于图书分类理论

该书将图书分类概括为四个问题:a. 关于图书分类的标准和原理;b. 根据这个原理产生的分类体系是什么;c. 某分类系统如何应用到图书上去;d. 运用这个系统的人有无错误。前两个问题是理论性的;后两个问题则属于分类工作实践的问题。

全书在写法上深入浅出,说理性强,重理论而又不脱离实际,较好地处理了理论与实际的关系。此外,每章后附有思考题和参考书目,以引导读者进一步思考和钻研。

《图书馆学通论》,俞爽迷著。该书是作者在江苏省立教育学院民众教育系讲课时所写的讲义。全书分为三个部分,共25章:

①理论。第1—4章论述了图书馆的定义、教育作用及种类;第5—7章论述了图书馆学的范围、研究方法、与其他学科的关系等。

②史实。第8—10章论述了图书馆的沿革、种类及组织等。

③应用。第11—23章分别论述了图书的选择、订购、登记、分类、编目、参考、推广等工作方法。最后提出图书馆的计划及事业的进展。

全书以论、史、法的顺序展开阐述,符合社会科学教材的体系。该书的理论论述占有一定地位,技术方法的论述也较详细。

《比较图书馆学》,程伯群著。这是我国第一部用比较的方法来研究图书馆学的著作。作者在"自序"中说:本书"采取东西图书馆学之所长,说明图书馆之行政管理,比较各家分类方法,兼述图书馆学与书志目录学之关系"。全书分为4编:第1编,图书馆行政(论述图书馆的组织、建筑、立法、推广、教育等问题);第2编,图书馆技术(讲述图书馆采购、登记、出纳、索引、保管、装订等技术方法);第3编,分类编目学(比较了古今中外各种分类法,并列举了各种著录款目的格式);第4编,书志目录学(论述书史、印刷史、目录学、校勘学及图书馆史等)。

该书第一次采用比较的研究方法,第一次提出"分类编目学"这一术语。它标志着我国图书馆学的分支学科逐步建立。

2.有关图书分类理论和图书分类法的著作。这方面的著作于20年代以后发展很快,其原因是由于分类实践的迫切需要。

中国的古书分类,传统的方法是用四部分类法。西学输入中国后,书籍的种类和内容日益增多,四部分类法无法容纳各种新学科的图书,而西方的图书分类法又不适用于中国古书的分类,于是,20 年代以前,许多图书馆对新书采用杜威分类法,中国古书仍沿用四部分类法。但将馆藏图书分为新旧两个部分有很多问题:一是新旧图书并无绝对的界限;二是将新旧书籍分成平行的两块,在管理上有许多不便。于是一些图书馆界的前辈开始编制中外书籍统一的分类法。在编制图书分类法的过程中,发展了图书分类的理论,逐渐形成分类学。这方面较有代表性的著作有:

《仿杜威书目十类法》,沈祖荣、胡庆生编。这是我国第一个为中文新旧图书的分类而自编的仿"杜威法"。共分为 10 个大类:①经部及类书;②哲学、宗教;③社会学与教育;④政治经济;⑤医学;⑥科学;⑦工艺;⑧美术;⑨文学及语言等;⑩历史。后附检字索引。

《世界图书分类法》,杜定友编。该分类法仿《杜威十进分类法》的原理,进行了增改、融合变通,以适用于中外图书统一分类。共分 10 大类:000 总表;100 哲理科学;200 教育科学;300 社会科学;400 艺术;500 自然科学(纯粹科学);600 应用科学;700 语言学;800 文学;900 史地学。该书除分类表外,还有分类历史、原理、分类手续等。全书分 3 篇:上篇为图书分类原理;中篇为图书分类表;下篇为分类表的索引。

《中外图书统一分类法》,王云五编。这是继杜定友之后,力图将中外图书统一分类的自编分类法。它也是以《杜威十进分类法》为依据,作了必要的增补和修订。

《中国图书分类法》,刘国钧编。该分类法分为 10 类:0 总部;1 哲学部;2 宗教部;3 自然科学部;4 应用科学部;5 社会科学部;6 史地部(中国);7 史地部(世界);8 语文部;9 美术部。书中除分类表外,还有自序、导言、使用法、同类书籍排列法及 8 个复分表。由于该分类法在理论上和技术上都有所创新,又比较适用于新旧书籍的分类,因此被北京图书馆、金陵大学图书馆等采用。至解放初期,全国约有 200 所图书馆使用这个分类法,足见其影响之大。解放后,为适应新形势的要求,1957 年出了修订版。

《中国十进分类法》,皮高品编。该分类法分为 10 类:0 总类;1 哲学;2 宗教;3 社会科学;4 语言文字学;5 自然科学;6 实业、工艺;7 美术;8 文学;9 历史。类目均用中英文对照。有 4 个附表,书后附中文索引。

纵观中国自编的分类法,大体上有两种;一种是仿《杜威十进分类法》而进行增补或增改;另一种是另立新的类目体系,采用十进制,但又不拘泥于十进制,如刘国钧的《中国图书分类法》。

3.有关图书编目和汉字排检、编码问题的著作。中国传统的图书编目是以分类目录为主,并采用书本式目录。近代图书馆发展以后,由于广大读者要查阅目录,因此目录形式要改为卡片式。在目录种类上,西方图书馆采用的著者目录、标题目录等有许多优越性,便于读者从不同角度去查找书籍。但西方的编目规则不适用于中文图书,于是研究中文书籍编目问题的书籍、制订中文图书编目规则的书籍逐渐出版。

要编著者目录、书名目录、标题目录,首先遇到的问题就是汉字检字方法问题,于是各种汉字检字方法应运而生。

为了区分同类图书,以该书的著者姓名来区分是较理想的办法。因此就需要把著者姓名编成数码,以便排检。为此,有关编制著者号码的各种方法便产生出来。下面分别将这几方面有代表性的著作进行介绍:

《现代图书馆编目法》,(美)毕沙普著,金敏甫译。原书于 1914 年初版,1927 年再版。该书是根据 1927 年版译出的。全书分为 7 章:①图书馆编目史略;②编目室及其设备;③目录设计法;④编目部之组织;⑤印刷卡片之使用;⑥编目方法;⑦主题标题。

《中国图书编目法》,裴开明著。该书对中国古书编目的一些难点作了研讨,并对新书编目的书名项、著者项、标题项以及丛书、分析、互见等款目的编制作了系统的阐述。书中附有各种款目的图例。

《图书编目学》,金敏甫著。该书分上、下两编:上编为理论与经营,论述目录的意义与性质、编目原理、目录的种类、编目方法、款目分论、印刷目录卡片及编目部的组织、人员、设备等;下编为编目条例,详细论述了各种目录的编制方法,包括书名、著者、主题、参照、分析等款目及期刊、年鉴、政府出版物等文献的著录方法。

《中文图书编目法》,楼云林著。全书分为8章:①总论;②图书分类略述;③普通书编目法;④卡片目录之写法;⑤善本书编目法;⑥方志、舆图、年鉴编目法;⑦定期刊物编目法;⑧关于编目的参考书。

《拼音著者号码编制法》,钱亚新著。该书首先从理论上说明什么是著者号码以及它的作用、编制原则、各家著者号码编制法介绍及评价等,其次介绍了拼音著者号码的编制法。

《四角号码检字法》,王云五编著。王云五首创四角号码检字法,使汉字编码成为可能。

《汉字形位排检法》,杜定友著,中华书局1932年出版。形位排检法属于字形检字法,是从传统的偏旁、部首检字法变化而来的。

4.有关图书流通、使用及图书馆管理方面的著作。

《图书馆利用法》,(美)勃郎著,吕绍虞译。该书是指导读者如何利用图书馆、如何查找文献的一本普及性读物,其主要对象是中学生和大学生。内容包括:图书馆及其书籍的排列顺序,目录的组织,字典、百科全书、参考书,期刊、索引等使用法。

《图书流通法》,俞素昧著。该书是专门论述图书流通工作的一本专著。全书分19章,系统论述了图书馆图书流通工作的意义及其在民众教育、学校教育、家庭教育中的作用,各种流通图书的方式方法,包括:外借、通信借书、巡回借书、车送图书,以及工作手续、规则、表格及国内外图书流通工作的概况等。

《图书馆组织与管理》,洪有丰著。该书是作者在东南大学讲授图书馆学课程的基础上写成的。全书分为16章:①图书馆学之意义;②图书馆与教育之关系;③图书馆之沿革;④图书馆的种类;⑤创设与经费;⑥建筑与设备;⑦馆员与职务;⑧参考部;⑨选购;⑩鉴别;⑪登录;⑫分类法;⑬编目法;⑭出纳法;⑮装订修补法;⑯目录学。在鉴别、装订修补等章中,介绍了中国古书整理的经验,属于"中西合璧"的著作之一。

《现代图书馆经营论》,马宗荣著。作者曾留学日本,为推进我国的图书馆事业,将择新、稳而易仿行的管理方法及设备、用品等,介绍给国内。全书分8章:①图书馆的创立;②图书馆委员会及馆长的选任;③图书馆经费;④图书馆的组织;⑤图书馆员的养成;⑥图书馆的设备;⑦图书馆的用具及用品;⑧图书馆规章的编制。

《图书馆员之训练》,(美)佛里特著,杨昭悊、李燕亭译。该书是20年代由美国出版的,目的是使办理图书馆的人获得相应的图书馆技能,还要使研究图书馆学的人知道各种类型图书馆的重要性,并使图书馆的读者了解各种图书馆的内容。全书共21章:①图书馆员职业;②图书馆的技术和管理;③—⑯分别介绍各种类型的图书馆,如:公共图书馆、私人图书馆、学校图书馆、专门图书馆、农业图书馆、商业图书馆、财政图书馆、法律图书馆、医学图书馆、慈善图书馆、工业图书馆、神学图书馆、市政参考图书馆等;⑰图书馆学校和别种图书馆研究机构;⑱图书馆协会;⑲非印刷品;⑳结论;㉑参考书。

《图书馆建筑与设备》,赵福来著。这是国内出版的第一本有关图书馆建筑和设备的专著。全书分4篇、35章:第1篇图书馆建筑方法概论(1—10章),讲述图书馆建筑的要求、原则及设计等;第 2 篇图书馆各部的分配(11—22 章),讲述各个部门对建筑的要求;第 3 篇图书馆设备(23—33 章),讲述图书馆的桌、椅、书架、目录柜等设备的款式;第 4 篇图书馆用品(34—35 章),包括各种表格及各种用具等。书内有插图 100 多幅,书后附有参考书目。

抗日战争爆发后,我国的图书馆事业遭到很大破坏,图书馆学研究也处于极度萧条时期。直到 1949 年中华人民共和国成立以后,我图的图书馆学才得到迅速的发展。特别是上世纪 80 年代以后,图书馆学文献的出版呈现出百花盛开的繁荣景象。

参考文献

1. 孙毓修.《图书馆》[J]. 教育杂志,第 1 - 2 卷,1909 - 1910

2. 户野周二郎;谢荫昌译. 图书馆教育[M]. 奉天图书发行所,1910

3. (日)图书馆协会. 图书馆小识[M]. 北京通俗教育研究会,1917

4. 戴志骞. 图书馆学术讲稿[J]. 教育丛刊 3 卷 6 期,1922

5. 杨昭悊. 图书馆学[M]. 商务印书馆,1923

6. 杜定友. 图书馆学概论[M]. 商务印书馆,1927、1931 年收入《万有文库》

7. 刘国钧. 图书馆学要旨[M]. 中华书局,1934

8. 程伯群. 比较图书馆学[M]. 世界书局,1935

9. 沈祖荣,胡庆生. 仿杜威书目十类法[M]. 文华公书林,1923

10. 王云五. 中外图书统一分类法[M]. 商务印书馆,1928

11. 裘开明. 中国图书编目法[M]. 商务印书馆,1931

12. 俞素昧. 图书流通法[M]. 商务印书馆,1936

13. 洪有丰. 图书馆组织与管理[M]. 商务印书馆,1926

14. 金敏甫. 中国图书馆学术史[J]. 中山大学图书馆周刊 2 卷 1 期,1926 年,1 - 12 页

返本开新:写在《20世纪中国图书馆学文库》出版之际

倪　波　李　刚(南京大学信息管理系)

一百多年来,我国图书馆学研究取得了丰硕的成果,对推进我国图书馆事业建设发挥了积极作用。时光已经进入21世纪,我们已经有了较好的环境对20世纪的中国图书馆学发展做一些总结。总结的前提是对20世纪的图书馆学文献进行系统的整理和研究,如果没有这种文献史的基础,所有的学术思想史总结难免片面。

一、继承创新:图书馆学学术史研究必须有扎实的文献整理基础

陈源蒸、李万健、宋安莉三位先生发起的《20世纪中国图书馆学文库》第一个重大意义是为20世纪中国图书馆学史研究提供一个坚实的文献基础。南京大学已故著名学者程千帆教授在谈到自己的治学心得时指出,他一生在中国文学史研究上之所以取得一定的成就,是因为坚持了在文献研究基础上开展文学史研究的治学路径。程先生师从黄侃等人,接受了版本学、音韵学和目录学的系统训练,因此他的中国古典文学史研究的文献基础是非常坚实的,留下的成果也就能够站住脚,在国际汉学界独树一帜。他的学术研究可以说继承了中国注重版本、目录、注释、考据的清代朴学的考据传统,主张学问重史实依据,解经由文字入手,以音韵通

训诂,以训诂通义理。[1]但是,又不囿于清代朴学传统,不仅重视古典文献研究,而且重视正在演进、发展的中国思想与学术,落脚点充满对当下中国的忧思与关怀。

我们认为,程千帆先生的这种治学路径对 20 世纪中国图书馆学学术思想史研究同样适用。如果没有对 20 世纪中国图书馆学文献的系统整理,就根本谈不上对 20 世纪中国图书馆学学术思想史变迁进行深刻研究。我们看到,凡是在图书馆学史领域中取得一定成绩的学者都有对图书馆学文献下过苦功夫的经历。王余光教授的《文献学与文献学家》(国家图书馆出版社,2008),程焕文教授的《裘开明年谱》(广西师大出版社,2008)、《晚清图书馆学术思想史研究》(北京图书馆出版社,2004)、《中国图书馆学教育之父沈祖荣评传》(台湾学生书局,1997),王子舟教授的《杜定友和中国图书馆学》(北京图书馆出版社,2002),徐雁教授的《中国旧书业百年》(科学出版社,2005)等是其中优秀的代表,他们都曾有对 20 世纪中国图书馆学文献长期"浸淫"的历史。王余光教授还指导范凡博士完成了《民国时期图书馆学著作出版与学术传承》(北京大学,2008 年),对民国时期图书馆学的出版进行了仔细的考定和梳理,取得杰出的成绩。

在中国古代图书馆学史研究中强调史料的搜集与辨析,学界对此比较认同。我们认为,近现代图书馆学史的研究同样需要对史料进行深入的版本、目录学的研究。譬如,20 世纪初期专业的图书馆学杂志很少,图书馆学的文章大多发表在教育类期刊上,而民国教育期刊种类繁多,又因为时局动荡,期刊的出版发行时间无法保证,期刊脱期的现象很严重,经常出现有目无文的现象。又因校对不精,错讹的地方很多。因此,如果不对民国期刊的目录、版本比较熟悉,即使是专业的图书馆学期刊论文索引也经常遗漏不少重要论文。

"中华教育改进社图书馆教育组"是中国近代图书馆事业史

的一个非常重要的组织,可以说是中国图书馆学会的前身,但是,长期以来学界对于刊登在《新教育》上的中华教育改进社图书馆教育组四次年会的会议记录甚少有人利用,直到2011年李刚和叶继元才利用这批资料对中华教育改进社图书馆教育组的来龙去脉进行了细致的梳理。如果不是他们对近代教育史文献比较熟悉,这种较高水准的研究显然是不可能做出来的。[2]

口述史料是一种重要的资料。对于20世纪中国图书馆学史研究而言,最大的损失可能就是我们没有对第一代图书馆学人的口述史料进行整理。除了台湾的严郁文在《传记文学》上发表了一些零星的回忆文章外,没有人为第一代图书馆学人做口述史。韦棣华、沈祖荣、袁同礼、刘国钧、杜定友、李小缘、裘开明、洪业等等都未能留下口述资料。虽然陆续出版了关于他们的传记和年谱,但是无口述史资料可以利用却是一大遗憾。其中的原因固然有时代动荡的原因,但是我们图书馆学界没有系统史料收集整理的传统也是重要原因之一。

回忆录是另外一种图书馆学史研究资料。钱存训教授在台湾《传记文学》上发表了近5万字的回忆文章,回忆自己的一生学术生涯,他的回忆录澄清了不少图书馆学史上的疑点。譬如,金陵大学图书馆学系的创办时间、课程和师资在他的回忆录中有了系统的介绍。拿这些资料和南京大学的校史资料相佐证,就比较清楚地解决了金陵大学图书馆学教育的历史。[3]令人遗憾的是图书馆学家留下的类似的回忆录太少了。

二、学以致用:关注图书馆工作和事业是
20世纪中国图书馆学的优良传统

对于应用性社会科学来说,学科服务于行业是现代高等教育的一种制度安排。在大陆,图书情报学(LIS)所映射的行业原本

非常清晰。图书馆学为图书馆培养从业人员,档案学为政府档案馆和机构档案馆培养高级管理人员,情报学为科技情报所培养科技资料的管理人员。同时,也从毕业生中留出一部分人在大学从事学术研究和教学工作。大致在 20 世纪 90 年代以前,这种对应关系都是稳定的。LIS 的学科发展、专业设置、课程体系都紧密联系着实际业务工作。因为行业指向明确,所以,LIS 的核心知识体系非常清晰,核心课程当然也非常明确,通过计划经济的人事管理体制,培养出的学生基本上都进入了图书馆、档案馆、情报所工作,整个"产业链"环环相扣,没有所谓的核心知识泛化、去职业化等问题。20 世纪的中国图书馆学研究,从总体上说是以图书馆工作、图书馆事业为主要研究对象。图书馆业务主要对象就是文献,图书、期刊、报纸和胶片是文献的主要代表形式。图书馆学本质上是文献管理学,它围绕着分类、编目和提供服务、图书馆业务管理为中心构筑了学科知识体系。

20 世纪中国图书馆学以图书馆业务和图书馆事业为中心体现在以下几点:(1)从理念层面来说,图书馆学界一致认为图书馆不仅是一种公共服务机构,而且是一种保证公民获取知识的一种制度安排。这种理念的诞生是近代图书馆学形成的重要标志。文献管理并非现代所特有,中国早就有复杂高深的校勘、版本、庋藏等文献管理的技术,但是我们并不能说中国在古代已经有图书馆学,其原因就是中国古代文献管理的理念和近代图书馆学根本不同。中国古代存在类似现代图书馆、档案馆机构的历史有数千年,但是这些机构都不是公共机构,而是皇家图籍、文书的藏书楼和典藏库,其使命就是为统治者提供"资治通鉴"和修史的原始材料。(2)从技术层面来说,有关文献采访、分类、编目和流通等核心业务的知识和技能,加上从中国传统国学中继承的古籍目录、校勘、版本、典藏的知识,二者构成了中国图书馆学的核心知识系统,前者是管理现代图书、期刊所必需,后者是管理古籍所必需。(3)从

24

学术传统而言,近代图书馆学形成了一些自己的经典,譬如杜威分类法、阮冈纳赞的学术思想,不胜枚举,也就是说近代图书馆学形成了可以用来教育后来者的经典体系。(4)从教育层面来说,接受图书馆学科班教育成为进入图书馆业工作的门槛,而且大部分接受了图书馆学教育的人大多数会进入图书馆行业工作。(5)从体制上说,1949年以前存在公共图书馆和高校图书馆两大系统,各自分工明确。1949年以来,公共图书馆、高校图书馆和科学院系统图书馆三大系统各具特色。这三大图书馆系统从业人员有近30万,每年吸纳的人员在1.5万名左右。为中国图书馆学提供了坚实的实践基础,也为中国图书馆学学生提供了良好的就业出路。

因此,我们可以说20世纪的中国图书馆学具有学以致用的优良传统,不存在所谓的"去职业化"、"核心知识泛化"、"学科边界不清"等问题。图书馆学教育本质是一种专业训练,是服务于图书馆工作的,图书馆工作是"皮",图书馆学研究和教育是"毛"。如果图书馆学不关注图书馆的业务、不关注图书馆的事业,皮之不存,毛将焉附?

我们看到《文库》所选择的100余种图书中,绝大多数皆紧扣图书馆的采访、分类、编目、读者服务、图书馆事业、图书馆人物研究。而对于20世纪80年代不少玄而又玄的炒作信息论、系统论、控制论概念的所谓专著,《文库》一本也没有选择,这反映了主编选书的眼光,反映他们对图书馆学经典标准的理解,对此,我们是极为赞成的。

20世纪中国图书馆学给予21世纪的中国图书馆学最好的启迪就是"学以致用"的优良学术传统,"去图书馆化"的图书馆学是没有出路,也没有未来,更没有根基。图书馆学需要与时俱进,但是图书馆学不能忘却自我使命。

三、学科建设:坚持面向图书馆工作和 图书馆事业的发展路径

20 世纪中国图书馆学的学科建设成绩卓著。早在 20 世纪的 20 年代现代图书馆学已经在中国高等学府中设帐授学,占据了现代学科之林的一席之地,近 20 位接受欧美图书馆学训练的留学生使得中国图书馆学与欧美图书馆学的教育水准相差无几。汲取乾嘉学派乳汁的中国版本目录学又成为中国现代图书馆学中极具特色的内容。其后虽时局动荡,内忧外患,但弦歌不绝,图书馆学教学研究也未中断。《文库》所收著作中,诞生于抗战烽火和国共内战的 30 年代和 40 年代的尚有 27 种。1949 年,在院系调整中,经济学、法学、政治学、社会学和心理学作为"资产阶级社会科学",被排挤出高等教育学科之路,而图书馆学因为没有意识形态的牵连而得以保存。改革开放以来中国图书馆学得以迅速发展,在学科建设上,不仅设立了从本科到博士的完整学位体系,也从一个历史门类下的辅助学科,获得了和文史哲同等的一级学科地位,成为哲学社会科学中一个合法的成员。这些工作都是在 20 世纪完成的,可以说,第一代和第二代的图书馆学家完成了中国图书馆学学科奠基、创业的使命。

21 世纪以来,中国图书馆学乃至整个 LIS 学科的发展取得了很大的成绩,但是也存在一些偏差,这些偏差如果不能得到及时处理,很可能危及学科的进一步发展。

第一,学科建设中存在一种管理学的"迷思"。我们来看看什么是管理学?几乎所有的管理学家都认为,(1)管理的第一要素是目标;(2)谈管理离不开组织,只有组织才需要管理,这是由特定的目标和资源的稀缺性决定的;(3)设定激励、约束和惩罚机制,人在组织中活动的方式游戏规则始终是管理的重点。国家自

然科学基金委管理学部的陈晓田教授认为,"管理学是一门研究和揭示人类社会组织管理活动和客观规律、基本原理的一般方法的综合性交叉学科"[4]。因此,管理学是研究组织如何利用有限资源完成组织目标的理论与方法的科学。侧重于企业组织的,那就是工商管理学;侧重于政府组织的,那就是政府管理学;侧重于公共社会组织的,那就是公共管理学。按照这个经典定义,LIS 显然不是管理学,因为 LIS 落脚点不是组织,而是信息,探讨的对象是信息资源的特征、人们利用信息资源的行为特征以及技术方法。

把 LIS 定性为"管理学",会导致我国 LIS 教育独立性的丧失,危及学科的生存。我国 LIS 院系建制中,我们调查了所有设立 LIS 学科的 34 所大学,其中,LIS 具有独立院系建制的有 10 所,在这 10 所中称为"信息管理学院"3 所,"信息资源管理学院"1 所,"资讯管理学院"1 所,"信息管理系"3 所,"军事信息管理系"1 所,"图书情报与档案系"1 所。具有独立院系建制的 10 所大学,除上海大学外名称皆有"管理"一词。另外 24 所大学 LIS 没有独立的建制,设立在其他学院中,其中,设置在"管理学院"下的 8 所,"公共管理学院"下的 6 所,"商学院"下的 3 所,"经济管理学院"下的 3 所,"信息技术学院"下的 2 所,"医药卫生管理学院"下的 1 所,"传媒学院"下的 1 所。24 所无独立建制的,21 所设立在管理学类院系。[5]相反,我们再来看美国的情况,以"美国新闻与世界报道"美国大学排名 2009 年 LIS 前 25 强的院系来看,设立单独学院建制的为 22 所,系建制 2 所,专业建制 1 所。在院系名称中,称为图书信息学院(系)(名称中同时出现 library 和 information)的有 14 所,称为信息学院(名称中只出现 information)的有 10 所,称为信息科学与技术学院的 1 所。前 25 名学院没有任何一所院系名称中出现"管理"一词。中国 LIS 建制和美国 LIS 建制完全不一样。出现这种现象的根本原因是我们把 LIS 学科属性定性为"管理学"所导致的。[6]

现在是在院系建制这个层面,图书馆学乃至整个 LIS 全面失守,这种状况延续下去,很可能在未来的学科调整中,国家有关部门会以此为借口,取消图书情报与档案管理的一级学科地位。一个一级学科,如果在近千所高校中只有 10 来个独立的院系,而且这些院系还主动隐藏自己的鲜明的学科名称,反而用所指混乱的"信息管理"作为自己的名称,这真是匪夷所思的事情。

第二,在学科内涵发展上存在忽视图书馆工作和图书馆事业,追逐 IT 潮流,紧跟时尚概念的不良倾向。的确,21 世纪以来现代科学已经进入所谓的 e-science 发展模式,它利用新一代网络技术(Internet)和广域分布式高性能计算环境(Grid)建立的一种全新科学研究模式,数字化数据共享与团队协同研究成为这个模式的核心。在中国三大图书馆系统中,高校图书馆和科学院图书馆系统业务模式也必然受到科学模式转型的影响,图书馆业务的数字化、网络化、服务化变迁是不可避免的。问题的关键是,不是图书馆学改变图书馆,而是图书馆业务变革引导图书馆学的发展,或者这是一个双向反馈的过程。可是,如果图书馆学无视图书馆业务的变化,衍生出许多和图书馆业务根本无关的研究领域,那么这种图书馆学只能是无所依附的图书馆学,那只能是书斋中自我欣赏的文字游戏。除了锻炼学生的文字能力和智力外,对图书馆实践工作无半点好处。

图书馆学当然不必完全拘泥于图书馆工作和图书馆事业,但"丸之走盘,横斜圆直,计于临时,不可尽知。其必可知者,是知丸之不能出于盘也"[7]。这个比喻告诉我们,图书馆工作和图书馆事业就像那个盘子,图书馆学的各个领域就像"丸",各个领域如何发展,怎样发展,都可以百花齐放,但是不能脱离图书馆工作和图书馆事业,如果脱离了,那就是崩盘了。像在图书馆学下开展的电子商务、移动商务、社交网络、电子政府研究其实和图书馆学根本没有关系,是属于蹦出了盘子,走到盘子外面的"丸子"。

相反，据有学者研究，他们统计了 1996—2010 年 SSCI 的 12 种图书馆学来源期刊上的论文，发现欧美图书馆学研究集中在数字图书馆、电子资源、电子期刊、图书馆服务、馆藏发展、文献提供、资源共享、馆员职业发展、公共图书馆、大学图书馆、信息检索、信息素养等领域。[8]台湾学者于第、陈昭珍也指出，美国和台湾依然重视图书馆编目学的研究和教学工作，美国 ALA 认可学校有开设编目相关课程的种类不少，并不仅限定基础编目及进阶编目课程，主题分析、索引与摘要及 Metadata 等都可单独开设成一门课程。[9]实际上，随着数字资源的增加，文献类型远比纸本时代复杂得多，分类编目工作并未减轻，反而愈来愈复杂。但是现在的图书馆学毕业生研究生，能对 MARC、Dublin Core、XML、AACR2 等了然于心的又有几个？其责任并不在学生，而是当前的图书馆学教学和研究忽视这些事关图书馆业务的技能和知识，责任在图书馆学教育者。

图书馆学不能重蹈情报学的覆辙。情报学在中国的产生具有特殊性，冷战时期，西方社会对中国进行技术封锁，为了打破封锁，我们国家设立了各级各类科学情报所，专门收集、编辑和内部出版西方的科技资料，在这个过程中形成了自己的业务特色，围绕西方科技资料的收集编研报道形成有别于图书馆工作的业务模式，也摸索出一些规律，这就是所谓的情报学的来源之一。联机检索系统是情报学的第二个来源。无论是哪个来源，情报学其实是对图书馆学的补充与扩展，它依然在服务于科学研究的大盘子中。即使是在欧美，情报学近 15 年的研究领域还是集中在"信息检索"、"文献计量"和"信息技术"三大方面。西方的情报学（也许叫信息学更准确）并未脱离为科学研究服务，未脱离科学文献、科学数据这些根本。相反，中国的情报学研究显得非常热闹，但是也越来越空洞，情报学专家坐到一起，已经找不到共同的话语。

《20 世纪中国图书馆学文库》就要出版了，主编们要我们就

20 世纪中国图书馆学的发展和图书馆学著作的出版做一个系统的梳理,因为没有办法做大规模的资料调查工作,只能凭近年来的感性认识,谈一些粗浅的看法,"满纸荒唐言,谁解其中泪"？中国图书馆工作和图书馆事业发展不要脱离为科学研究服务的传统,中国图书馆学发展不要脱离图书馆工作和图书馆事业的传统,这是"有所为"的重点,其他的要"有所不为",IT、管理学新问题层出不穷,不是我们图书馆学情报学能够解决的,应该留给其他学科去解决。这就是我们的基本观点。《20 世纪中国图书馆学文库》就是我们学科的根,这些经典文献对于解决当代图书馆问题可能起不到什么具体作用了,但是它们对于研究图书馆学史而言是基本文献。通过对中国图书馆学史的梳理,我们可以获得一些方向感,返本开新,在新时代中,中国图书馆学不要迷失自己的方向。

参考文献

1. 王润华. 华裔汉学家周策纵的汉学研究. 北京:学苑出版社,2011:5
2. 李刚,叶继元. 中国现代图书馆专业化的一个重要源头——中华教育改进社图书馆教育组的历史考察. 中国图书馆学报,2011(3)
3. (美)钱存训. 留美杂忆——六十年来美国生活的回顾. 台北:传记文学出版社,2007;合肥:黄山书社,2008
4. 陈晓田. 国家自然科学基金与我国管理科学(1986－2008). 北京:科学出版社,2009:2
5. 杜雯,余益飞等. 我国 LIS 高等教育情况调查(2001－2010). 未刊稿,2011
6. 杜雯,余益飞等. 我国 LIS 高等教育情况调查(2001－2010). 未刊稿,2011
7. "樊川文集". 转引自:余英时. 朱熹的历史世界. 北京:三联书店,2004:7
8. 宋艳辉. 国际视野下的图书情报与档案学二级学科研究进展分析. 2011 年两岸三地图书情报与档案管理博士论坛,南京大学信息管理系,2011
9. 于第,陈昭珍. 台湾与美国编目馆员养成教育之比较研究. 2011 年两岸三地图书情报与档案管理博士论坛,2011

20世纪我国图书馆学著作的成就

范并思(华东师范大学信息学系)

一、20世纪的理论遗产

2004年,当我艰难完成教育部人文社会科学研究"十五"规划课题《20世纪的图书馆学:重要文献、人物、流派的特尔斐法测评》(批准号01JA870005),在课题最终成果的前言中我写下了如下两段文字:

"现代意义上的图书馆学是一门年轻的学科,对于这样一门年轻的学科,20世纪的理论史即使不是它的全部历史,至少也是它的主要历史。若以1870年代为西方现代图书馆学创立的年代,20世纪的西方图书馆学虽然继承了19世纪中后期形成的人文精神和实用性技术传统,但其理论体系与主要内容是在20世纪形成的。尤其是20世纪的数次重大理论变革,终于使19世纪创建的带有浓厚经验科学与职业培训色彩的经验图书馆学发展成为能够引领图书馆现代化变革的现代图书馆学;而对于中国图书馆学,从20世纪初图书馆学萌芽,到20世纪末现代图书馆学建成,20世纪的图书馆学史就是它的全部历史。

20世纪的图书馆学给我们留下了极为丰富的理论遗产,继承这笔理论遗产,对于我们弘扬科学的图书馆学精神,推进新世纪图书馆学的发展、变革或创新,有着极为重要的价值。同时,系统地研究与清理 20 世纪的图书馆学史,也是我们对 20 世纪的图书馆学家们的理论贡献表示尊敬的一种基本方式。"①

上述感慨是我新世纪之初对于 20 世纪图书馆学的认识。新世纪以来,中国图书馆学又有了质的飞跃。新一代图书馆学家以公共图书馆服务为主战场,系统地探讨与之相关的现代图书馆理念,以数字图书馆和图书馆 2.0 为轴心,全面研究现代信息技术在图书馆服务的应用。中国图书馆学正在全面缩小与国际图书馆学前沿的距离。至 2008 年中国图书馆学会《图书馆服务宣言》发布,"中国图书馆人经过不懈的追求与努力,逐步确立了对社会普遍开放、平等服务、以人为本的基本原则"②。站在 2012 年的高度,我们有充分的理由为中国图书馆学的理论进步而自豪,并且较之新世纪之初更好地认识 20 世纪的图书馆学。

然而,也许正是由于 21 世纪的中国图书馆学有了巨大的进步,其光芒甚至掩盖了 20 世纪的图书馆学,因此今天有些年轻学者在研究中会不自觉地更多地关注新世纪的文献,而忽略了 20 世纪的图书馆学文献。近年的图书馆学论文中,特别是有关公共图书馆服务和信息技术应用的论文中,20 世纪的文献在参考文献中正在迅速缩减。在学术快餐充斥的网络时代,某些缺乏训练的论著者甚至相信"网络上搜索不到的就是不存在的"这种学术方式,完全忽略数据库以外的学术信息。因此,很多学人有意或无意地忽略 20 世纪图书馆学的研究方式是可以理解的。但我们应该肯定这是有缺陷的研究方式。因为这种缺陷源于对于学科血脉的割裂,因而它将限制这些学人的理论视野与理论深度,使他们无法在自己的理论道路上走得更远。

---

① 范并思等. 20 世纪西方与中国的图书馆学——基于德尔斐法测评的理论史纲. 北京图书馆出版社,2004:1

② 中国图书馆学会. 图书馆服务宣言. 中国图书馆学报,2008(6)

基于上述认识,直至今天,我仍然像世纪之初一样相信:20世纪的图书馆学是中国图书馆人无比珍贵的理论遗产,对这笔理论遗产的继承与弘扬,仍然是今天的图书馆学家们的重要使命。

二、20 世纪的学术著作

在20世纪图书馆学的重要理论文献中,学术专著的地位是独特的。上述粗略判断的依据,仍来自本人所承担的课题《20世纪的图书馆学:重要文献、人物、流派的特尔斐法测评》。该课题曾依据内容分析和引文分析系统地筛选20世纪的重要文献、人物和事件,其实涉及对20世纪中国重要文献的筛选。我们获取数据的基本理念是:对20世纪图书馆产生了重要影响的文献、人物、事件,应该被记录入反映图书馆总体的图书馆学工具书(如百科全书、手册、词典)或图书馆学基础/概论类教材专著等信息源中。基于这一认识,我们对上述信息源进行了系统的标引,即选定中文图书馆学基础类专著、教科书,以及综合类图书馆学工具书共28种,对信息源中所涉及到的属于20世纪的文献、人物、事件进行编码标引,得到标引记录2280多条,然后根据信息源的权威性、信息源中对该文献、人物、事件评价的重要程度及篇幅进行加权统计,统计得分排名靠前者入选。由于工具书及教科书具有一定的滞后性,当时已有工具书及教科书不能很好反映1980年代中后期至20世纪末的情况。为此我们作了两项补充统计:1)对我国部分核心期刊中图书馆学基础/概论类学术论文进行引文分析,以补充中国图书馆学文献、人物。具体操作为,通过《全国报刊索引》选定入选"方阵"的期刊,时间从1991年到2000年,类目为G25或G250的全部论文,对其进行引文标引,共得到引文记录3000多条;2)对国内外书评、综述性文献进行内容分析,其结果补充国外图书馆学文献、人物、事件及中国图书馆学事件。考虑到不同年代学术高潮与低潮的起伏,在基本平衡各年代入选项目的基础上,对学术活跃的年代适当增加了入选项数。经过以定量方法筛选出20世纪重要文献、人物、事件,共计国外文献64篇,中国文献69篇,国外人物81名,中国人物80名,国外事件64项,中国事件70项。此项研究中的样本范围、数据处理方面与结果,均可见拙作《20世纪西方与中国的图书馆学——基于德尔斐法测评的理论史纲》。

按照上述方法从大量文献中筛选/计算出来的69篇/部中国重要文献中,共有35部学术著作,略超过50%。由此可见,在整个20世纪,学术著作占有与学术论文大致相同的学术地位。而对35部重要学术专著的发表年代进行整理,得到分布图表如下:

20世纪中国图书馆学重要著作的年代分布

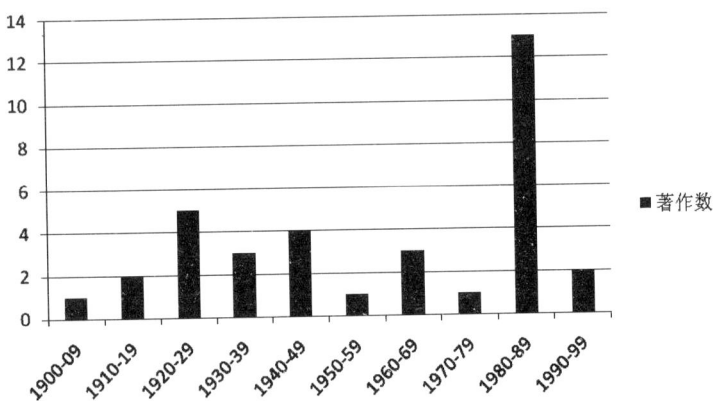

从图表中看,重要学术著作的出现有两个高峰:1920年代前后和1980年代。再看20世纪出版的35部重要著作在所有69篇文献中所占比例:1900—1949年间15部,占该时间段全部重要文献数的88.2%,1980—1989年间13部,占该时间段全部重要文献数的76.5%。这表明在1900—1949和1980—1989两个时间段,学术著作在图书馆学重要文献中占有压倒性优势的学术地位。

上述学术著作高峰出现的时间段,1917年开始的"新图书馆运动"时期和1980—1989的图书馆学理论变革时期,正是20世纪中国图书馆学的两个最为重要的历史阶段。这两个阶段都是在白纸一样的基础上创建自己的图书馆学理论,理论家都是激情澎湃,思维活跃,善于反思与批判,也都是急行匆匆,近乎粗放地耕种,来不及认真地梳理自己的学说。要分析学术著作在这两个阶段的价值,我的一个粗略的、轮廓式的判断是:在20世纪上半叶,中国图书馆学中最重要的、最有价值的、传播范围最广的学术观点大部分出现在学术著作中;在20世纪下半叶,图书馆学著作是学者们开拓新的研究领域、系统化的阐述学术思想、建立学派学说的主要阵地。

为了说明这一判断,或者证明学术著作在这两个重要时间段的学术著作的价值,需要将这些著作和它们的作者放到这两个时间段去分析。

三、"新图书馆运动"时期的图书馆学

1. 作为理论背景的"新图书馆运动"

辛亥革命后,具有西方近代图书馆特征的"新式图书馆"成批建成,中国近代图书馆事业建设出现了一个高潮。中国社会有着非常强大的藏书楼观念,新式图书馆建设高潮一般必然伴随新旧图书馆观念的激烈碰撞,但当时新式图书馆的建设却十分顺利,几乎没有遇到旧观念的实质性的抵抗。其中的原因,除了"五四"时期新文化运动带来的强大改良动力外,在图书馆事业内部,是由一批热心于新式图书馆的近代图书馆学家推出了一场"新图书馆运动"。"新图书馆运动"在我国近代图书馆建设起步的关键时刻,

起到了宣传、普及近代图书馆知识，宣扬新的图书馆观念，培养新型图书馆人才的作用。"新图书馆运动"影响深远，它奠定了中国近代图书馆和图书馆学发展的基础。

1904年湖南图书馆建成后，各省级公共图书馆纷纷建立。当时图书馆管理沿袭藏书楼的很多做法，以保存古籍为主要任务。随着"五四"新文化运动的兴起，各种新的学术思潮不断涌现，反映各种新思想新观点的书刊资料迅速增加，不少有识之士开始认识到我国传统的藏书楼模式的图书馆不能适应社会需求，并努力地试图加以改变。我国图书馆发展开始出现了转变。人们已经看到了旧式图书馆的弊端，深知改革的重要和必要，但具体如何改，特别是改革后的图书馆究竟是什么形态，无从知晓。我国第一批图书馆学留学生的归来改变了这种状况。由韦棣华选送至美国留学的沈祖荣成为我国留学美国获图书馆学硕士的第一人。1917年，赴美留学回国的沈祖荣开始宣传现代图书馆理念，大力抨击我国图书馆当时还残留的藏书楼陋习。随后，另一位赴美留学回国的胡庆生也加入这一行列。在1917—1919年三年间，沈祖荣携带各种资料奔赴各地宣讲，行程遍及湖北、湖南、江西、江苏、浙江、河南、山西、直隶等地。沈祖荣等人的宣传、演讲帮助人们认识了图书馆的社会地位与功能，推动了我国图书馆事业的转型。这一历时三年的活动形成一个推动图书馆发展的运动。

在我国图书馆数量迅速增加的同时，其整体性质职能开始发生质的转变。由于这一时期图书馆的兴建是在接受过现代图书馆学专业教育的图书馆员主导下进行的，因此图书馆管理以采用现代图书馆管理方法和技术为主，比如现代图书分类编目技术就比较普遍地应用于藏书整理。特别是现代图书馆理念开始普及，在1920年前后，我国图书馆发展尽管开始重心下移，已经注意到加强服务的问题，但就整体看，藏书楼痕迹犹存。沈祖荣在1918年曾作过一个调查，发现在服务方面存在很多问题，比较突出的是我国公共图书馆基本上实行收费服务,"各馆阅书证券取资",读者需要购买阅书卷之类的证券才能入馆,"阻碍来学之心"。而且藏书大半只供馆内阅览,不能外借①。随着"新图书馆运动"的开展,这种状况得到了改变,免费服务开始流行,服务形式日渐丰富,省级公共图书馆提供外借服务成为主流,浙江省立图书馆实行了通信借书,参考咨询服务在一些高校图书馆中也开始出现。总之,"图书馆从偏重于保存文化,而渐渐趋向于公开流通"②。

由于这一时期图书馆蓬勃发展的态势和服务水平质量的提高,改变了图书馆的社会形象,从而也使图书馆的社会地位得到了极大的提高。政府部门对图书馆比以前更为重视,有关的图书馆法规不断出台。1927 年,国民党政府成立负责全国教育行政及学术研究的大学院,专门设立图书馆组,负责全国各级各类图书馆工作,同年颁发了《图书馆条例》和《新出图书呈缴条例》。1928 年的全国教育会议上,大学院又通令各学校设置图书馆,规定每年学校经费的 5% 为购书费。1930 年教育部又先后颁布了《新出图书呈缴规程》和《图书馆规程》,并针对当时私人办图书馆的热潮专门制定了《私人图书馆立案办法》。这些法规颁布促进了图书馆事业的建设,同时也是社会重视图书馆的具体表现。沈祖荣在1933 年对"新图书馆运动"推行后我国图书馆面貌和社会地位的改变曾有一总括性的描述,"全国各高等教育机关,其收藏丰富,馆舍美丽完备者,几成为必然之通例。学者与教育家,常以其本乡本土完备之图书馆设施自豪。富人者流,亦常思捐款以为建图书馆用。政府方面,就各部图书馆言,固亦愿竭力图谋图书馆设施之完善。捐资兴办图书馆者,亦经明文规定例应奖励。《中华图书

① 沈祖荣.中国全国图书馆调查表.教育公报,1918

② 谢灼华.中国图书史与中国图书馆史.湖北省高等学校图书馆工作委员会,武汉大学图书情报学院,1985:370

馆协会会报》、《图书馆学季刊》刊行以来，各处图书馆刊物之产生，如雨后春笋"①。"新图书馆运动"对于推动我国近代图书馆事业的发展，推动图书馆服务观念的更新，推动图书馆学理论的繁荣，是起到了非常重大的作用的。

"新图书馆运动"时期图书馆学教育开始起步。韦棣华最早意识到发展中国图书馆教育的重要性。她先后派出沈祖荣、胡庆生赴美国学习图书馆学。二人回国后，经过一段时间的筹备，1920年，韦棣华在武昌文华大学创办了图书科。尽管该图书科规模不大，从 1922 年至 1926 年毕业生仅 32 人，但它在我国图书馆事业发展中的地位非常重要，我国图书馆学正规的学校教育由此起步。文华图专创立后，上海国民大学和南京金陵大学也都开展过图书馆学专业教育。上海国民大学于 1925 年在教育科内设立图书馆学系，由杜定友任系主任。该系的课程比文华图专更加理论化一些，增加了图书馆学概论、图书馆原理、研究法等理论性课程。1927 年金陵大学设立了图书馆学系，由刘国钧、李小缘等著名图书馆学家任教授。至 1936 年，我国图书馆工作人员中图书馆学专业的毕业生已有 100 多人②。

除了正规的专业教育外，20 世纪 20 年代，国内还举办十多次各种形式的图书馆学讲习班，较早的有 1920 年北平高等师范学校开设的暑期图书馆学讲习会，由著名高校的图书馆馆长李大钊（北京大学图书馆主任）、沈祖荣（文华大学图书馆馆长）、戴志骞（清华学校图书馆馆长）、程伯卢（北平高等师范学校图书馆主任）等主讲。1922 年杜定友在广州创办的广东图书馆管理员养成所，南京东南大学于 1923、1924 年开办，由洪有丰主讲的暑期图书馆

---

① 沈祖荣.中国图书馆及图书馆教育调查报告.中华图书馆协会公报,第二期

② 谭华军.回溯欧美图书馆学的中国本土化历程——兼述《南京大学百年学术精品·图书馆学卷》.大学图书馆学报,2002(5)

讲习科等,受到短期训练的图书馆工作人员多达 500 人左右①。正如李小缘在《中国图书馆事业十年来之进步》一文中所说的,"其他大学附设专科或训练班,亦有相当成绩,分道扬镳,各贡献所长于社会国家,方克有底于今日所谓图书馆界地位"②。

图书馆学行业协会的建立也是"新图书馆运动"的重要成就。中国近代史上最早进行图书馆学学术活动的组织是中华教育改进社下设的"图书馆教育组"。该组织每次年会邀请图书馆人士参加,讨论图书馆改进问题。第一次年会于 1920 年 7 月在济南召开,出席者有戴志骞、沈祖荣、洪有丰、杜定友等著名图书馆学家。在 1921 年召开的第二届年会上,图书馆教育组通过了一项议案,其中有一条"组织各地图书馆协会"。1912 年中华教育改进社举行常委会,议决各地需组织地方图书馆协会,并通知到各地。于是到 1924 年,北京、天津、上海、南京、广州等地纷纷成立了地方性图书馆协会,为成立全国性图书馆协会奠定了基础。

1925 年,北方图书馆界在北京筹备成立全国图书馆协会,同时上海方面也在发起成立全国图书馆协会。4 月 24 日,18 个省的代表聚集上海交通大学商议成立中华图书馆协会,次日即在广肇公学召开了成立会,并定于 6 月在北京正式举行成立仪式。1925年 6 月 2 日,中华图书馆协会成立仪式在北京欧美同学会举行,各省图书馆界与会代表 100 多人,著名社会活动家梁启超、美国图书馆协会代表鲍士伟及文华图专创始人韦棣华先后发表讲话。

中华图书馆协会是中国第一个全国性现代图书馆专业学术团体,总事务所设在北京。宗旨是"研究图书馆学术,发展图书馆事业,并谋图书馆之协助"。前期设董事部和执行部,第一任董事部

---

① 谢灼华.中国图书史与中国图书馆史.湖北省高等学校图书馆工作委员会,武汉大学图书情报学院,1985;333 – 336

② 李小缘.中国图书馆事业十年来之进步.图书馆学季刊,1936(4)

部长为梁启超,书记为袁同礼;执行部部长为戴志骞,副部长杜定友、何日章。1937年董事部更名监事会。执行部改名为理事会,袁同礼任理事长(1937—1944)。该协会设有分类、编目、索引、出版、图书馆教育、图书馆建筑等专门委员会。协会会员有机构会员、个人会员、赞助会员和名誉会员。该协会曾先后于1929年(南京)、1933年(北平)、1936年(青岛)、1938年(重庆)、1942年(重庆)和1945年(重庆)召开了6次年会。编辑出版有《图书馆学季刊》(1926—1937)、《中华图书馆协会会报》(1925—1948)两种刊物,并出版了目录学丛书等图书、关于中国图书馆概况的报告以及图书馆学专题论文集等。该协会是国际图书馆协会和机构联合会(IFLA)的发起单位之一,曾派人参加了该会1927年的发起大会。

2.“新图书馆运动”时期的重要著述与学人

在“新图书馆运动”以及图书馆学教育和行业协会的推动下,中国图书馆学进入重要的发展时期,一批图书馆学著作成为这一时期的重要成果与历史见证,入选我们课题的一批著作,如1918年顾实的《图书馆指南》,1923年杨昭悊的《图书馆学》,1925年杜定友的《图书馆通论》和《图书分类法》,1926年洪有丰的《图书馆组织与管理》,1927年杜定友的《图书馆学概论》,1934年刘国钧的《图书馆学要旨》,1935年程伯群的《比较图书馆学》,1936年俞爽迷的《图书馆学通论》,以及一批没有入选我们课题的重要著作(部分重要著作没有入选我们课题,是因为20世纪后半期理论研究存在一定局限,这一缺陷在课题的后期中得到弥补),如1917年沈祖荣与胡庆生的《仿杜威书目十类法》,1927年李小缘的《图书馆学》,1928—1934年间马宗荣的《现代图书馆序说》、《现代图书馆经营论》、《现代图书馆事务论》等。所有这些著作(包括工具书与教材),都是在中国图书馆学创建之初出现的,具有开创意义的著作。它们奠定了著作者在中国图书馆学学术史上的地位,成为学术史上绕不过去的基石。2005年,本人为中国图书馆学会编撰了《百年文萃——空谷余音》，收入了上述著作中部分著作的章节。《百年文萃——空谷余音》出版后，不断见到年轻学人在博客上发表评论，或者给本人写信，谈他们了解到"新图书馆运动"时期重要文献的感触。给我的印象正是证明了我在该文集后记中的评论："这批文献，曾经发出过破石般的惊响，使图书馆学人为之感动、震撼，或给予晚学、同辈以极大的精神启迪。在我们纪念中国近代图书馆事业百年之际，它们是必须被阅读、被称颂、被瞻仰的。"①

下面简要介绍几位著作者的学术思想。

（1）沈祖荣

沈祖荣先生1883年9月11日生于湖北省宜昌市一个平民家中。1914年赴美国纽约州立图书馆学校留学，1916年底回国，是中国出国学习图书馆学的第一人，也是学成回国的第一人。1917年以后，沈祖荣活动在中国近代图书馆学舞台上，为近代图书馆学的发展作出了巨大贡献。沈祖荣的主要功绩有：

1）发起"新图书馆运动"，推动中国图书馆事业发展。沈祖荣是新式图书馆的热心宣传者，他于1917至1919年间大力宣传新式图书馆，演讲图书馆学理论与方法，此举对近代图书馆的发展起到了极为重要的作用。曾任中华图书馆协会第一届季刊编辑部成员的严文郁称沈祖荣的演讲"是为西洋图书馆学派流入中国之先声"②。

2）创办图书馆教育。沈祖荣是文华图书科的创办人之一，1930年该校改名文华图书馆学专科学校后沈是该校校长。该校的建立标志着我国图书馆学教育的正式兴起。沈祖荣先生毕生致力于中国的图书馆教育事业，是将现代图书馆教育引入中国的先

---

① 中国图书馆学会. 百年文萃——空容余音. 中国城市出版社,2005
② 严文郁. 中国图书馆发展史:自清末至抗战胜利. 台湾:枫城出版社,1983:198

驱,因此有"中国图书馆教育之父"的美誉。

3)图书分类。沈祖荣与胡庆生合编《仿杜威书目十类法》,于1917年出版,是中国首部仿杜威分类法用标记符号代表类目的新型分类法,其类表虽然比较简单,且类分中国古籍颇为困难,但是,它在学习新技术编制图书分类法方面却是一个划时代的贡献。

(2)杨昭悊

杨昭悊,湖北谷城人,早年毕业于北京大学,后留校任教并兼职于公私立学校。1920年,他参加了北京高等师范学校开办的图书馆讲习会。当时杨昭悊主张译书,并译出一部质量较高的《图书馆学指南》。这部译作被后人称为"我国最早一部以图书馆学命名的著作"。后来杨昭悊意识到一味译书存在许多问题,因此便着手自撰图书馆学著作。1921年,杨昭悊被交通部派往美国留学,攻读图书馆学。这时他已完成了《图书馆学》的初稿。在旅美途中,还在为《图书馆学》定稿及作序。1923年《图书馆学》出版。虽然作者称该书"十分八九是参考各名家的著作,自己也参考十分一二的意见",但这部著作毕竟是我国第一部图书馆学概论性著作,也是国外图书馆学传入中国时期"中国图书馆学自撰书籍之最完备者"①。商务印书馆把它作为"尚志学会丛书"之一出版以后,在社会上引起较大反响,其后的许多图书馆学著作、文章多援引该书,蔡元培称之为"我国今日其最应时势的好书"。刘国钧在《现时中文图书馆学书籍评》一文中评介说该书综合了学习日本与学习美国两大潮流,系统叙述了图书馆原理与应用②。《图书馆学》于1926年、1928年、1933年先后三次再版。杨昭悊先生也因此书确立了他在近代图书馆史上的奠基者地位。

《图书馆学》在图书馆学基础理论领域的贡献可归纳为:

---

① 金敏甫. 中国图书馆学术史. 中大图书馆周刊,1928,2(2)
② 刘国钧. 现时中文图书馆学书籍评. 图书馆学季刊,1926,1(2)

1）它第一次明确了图书馆学基础理论的内容体系。该书"总论"篇探讨了图书馆及其种类、历史,探讨了图书馆学的定义,图书馆与图书馆学的关系,图书馆学的意义、范围及分科,图书馆学研究方法。"图书馆和教育"篇则全面、系统地研究了图书馆的教育功能。这种内容界定和体系安排为以后许多概论性著作所效仿,它提出的这些课题也是 20 世纪中国图书馆学一直在研究的课题。

2）它第一次定义了一些基本概念,并提出了一系列基础观点。书中指出,"图书馆是搜集有益的图书,随着大家的知识欲望,用最经济的时间,自由使用的地方",图书馆学"是把关于图书馆的理论与技术知识的总和,为最有系统的研究"。在论述图书馆学与其他学科的关系时,指出图书馆学"简直和一切学科都有关系",但和社会学、心理学、经济学的关系更密切。书中明确了图书馆学的范围,并提出以归纳法、演绎法、实证法作为图书馆学的研究方法。

3）第一次勾画了图书馆学的体系结构。在描述图书馆学的内容范围所作的"分科"时,该书将图书馆学分为"纯正的"和"应用的"两部分,实际上就是将图书馆学分为了理论图书馆学和应用图书馆学两部分。

（3）洪有丰

洪有丰本名洪范五（1892—1963）,1916 年毕业于金陵大学,1921 年在美国获图书馆学学士学位,是继沈祖荣、胡庆生之后最早回国的留学生之一。回国后担任过南京高师图书馆主任,清华大学图书馆馆长,中央大学图书馆馆长等职,在 1925 年中华图书馆协会成立大会上,他被选进协会董事部和执行部。

洪有丰是留美专攻图书馆学的专家,归国后又一直从事图书馆实际工作与图书馆学研究,他对图书馆学和国内图书馆建设与研究的认识非常深刻。洪有丰在东南大学讲授图书馆学课程的基础上,编撰了《图书馆组织与管理》一书,1926 年 8 月由商务印书馆出版。《图书馆组织与管理》代表了当时我国图书馆管理研究的最高水平。它于 1933 年和 1935 年二次重印出版。一部专业很狭窄的学术著作在短短的数年内多次再版重印,充分说明了它的学术地位和巨大影响。

《图书馆组织与管理》在图书馆学基础理论领域的贡献可归纳为:

1)独创新的著述体系。该书没有沿袭当时已经比较普遍的全面介绍图书馆概貌的著述模式,而是突出图书馆管理的实务。这首先表现在内容的取舍编排上。作者在该书"凡例"中指出,"本编权衡轻重为立言之标准,故篇目之分合,叙述之繁简,与他种译著本颇不同"。该书 16 章,以"图书馆学之意义"、"图书馆与教育之关系"、"图书馆沿革"、"图书馆之种类"等四章作了图书馆基础理论的探索,后面的 12 章对图书馆创建、日常管理和各种业务工作进行了全面的阐述,较好地达到了著者"本编命名为图书馆组织与管理,列举组织管理必要之方法,俾读者皆了然于图书馆之建设与运用,而图书馆之效果,得昭著普及于社会,则编者之望也"的编撰目的。

2)联系实际,有很强的指导性。比如在藏书整理方面,增加有"鉴别"、"装订修补"等章,介绍中国传统的藏书整理经验。全书对图书馆的创立和日常运作都有详细的介绍,大到图书馆创立筹备委员会的设置、人员安排、经费来源,小到书桌、出纳台、报架、书架的具体尺寸、实物图样,专至卡片目录的实物图样,对"私人捐助"表彰的 6 种方法等等,无不详细备至,能够实物显示的都附有图示样张,并标明具体尺寸。在第三章"图书馆沿革"附《通俗图书馆规程》、《图书馆规程》等,在论及学校巡回图书馆时,又专门收录中华教育改进社关于《各市区小学校应就近联合于校内创设巡回儿童图书馆,以补充教室内教育之议案》全文,这些资料对指导当时图书馆实际运作的重要意义是不言而喻的。

3）观点独特，具有理论深度。洪有丰先生是一位对图书馆学有精深研究的专家，对许多图书馆学问题有自己独特的看法。比如对图书分类编目，作者就认为"中籍之分类装订等问题，近研究图书馆者曾有新意见发表。笔者不愿为极端之主张，于旧法亦不欲过于屏斥，以为此等问题，殊有参酌之余地，但凭理想所及，轻事更张，实事比多阻碍，故不敢苟同也"。但由于对本书的写作有明确的定位，因此对有争议的问题他并没有作正面的阐述，因为他知道"图书馆学在解决图书馆事业设施上之种种问题，与他种学术有各殊之点，故本编不欲多空泛之理论，武断之批评，而关于图书馆学之实事，特广为搜集，以飨读者之研究参考之资料，任其自行抉择，想为明达之所许乎"。

（4）杜定友

杜定友（1898—1967）是我国著名图书馆学家。杜定友原籍广东南海，生于上海。1918年毕业于上海工业专门学校（南洋公学的前身），因成绩优异，被保送到菲律宾大学，攻读图书馆学。1921年毕业，获文学士、教育学士、图书馆学士三个学位。回国后曾任复旦大学、交通大学、中山大学等图书馆的馆长或主任。杜定友回国后致力于"新图书馆运动"，创办我国第一所"图书馆管理员养成所"，创办上海国民大学图书馆学系，组织上海与全国图书馆协会，创办《图书馆杂志》。在图书馆学理论方面，杜定友辛勤耕耘，著作等身，其图书馆学理论生涯从1920年代到1960年代，从不曾中断。在图书馆学基础、图书分类、汉字排检法、校雠学等领域，杜定友均有非常出色的研究成果。主要成果有《图书馆通论》（1925年）、《图书馆学概论》（1927年）、《学校图书馆学》（1928年）等重要著作，发表过《图书馆学之研究》（《图书馆杂志》1925年创刊号）、《图书馆学的内容和方法》（《教育杂志》1926年9—10期）等重要论文。在这批论著中，杜定友全面论述了图书及图书馆学的原理,在许多问题上有创造性认识,并形成了自成一体的图书馆学说。

杜定友的学术贡献主要有:

1)科学阐述图书馆的定义与属性。杜定友在《图书馆通论》中指出,作为图书馆,一是"能保全图籍,作一定之科学方法,以处理之",二是"能运用图籍,使之流通,任何人士,皆有享阅之利益",只要能满足这二条,无论大小与藏书多少,都是图书馆①。在《图书馆学概论》中,杜定友进一步指出,"图书馆是一个文化机关,利用书籍以发扬文化,是现代新进事业之一",图书馆要能够做到3点才能称为完善:"(一)要能够积极的保存;(二)要有科学的方法,以处理之;(三)要能够活用图书馆,以增进人民的智识和修养。"②

2)抽象地认识图书馆的性质、职能。杜定友一再指出图书馆的开放性,除在上述图书馆定义时总是描述图书馆的开放性外,1921年杜定友在广州市民大学讲演时,对图书馆的开放性进行了充分的说明:"今之图书馆,则为公共之机关,为市民之产物。盖书籍,天下之公器也,自当公诸同好,为社会公众求利益。此则图书馆新旧不同也。"杜定友进一步描述了公共图书馆的作用:一是"市民修养之中心点",二是"市民游乐之中心点",三是"市民之继续学校",四是人们的参考咨询机构,即"商人之兵工厂,工人之试验场,工商之询问部,经济家之参考室,各界之俱乐部也"③。这种认识与现代图书馆学已非常接近。

3)关注图书馆与社会。1928年,他对"图书馆与社会"的命题

①　杜定友.图书馆通论.上海商务印书馆,1928年再版:38－39

②　杜定友.图书馆学概论.上海商务印书馆,1927:1－2

③　杜定友.图书馆与市民教育(市民大学第一期讲义录).广州市民大学出版部,1921

进行了高度的科学抽象,指出"图书馆的功用,就是代社会上一切人记忆一切的,实际上就是社会上一切人的公共脑子"①。他的这一论述甚至早于美国"芝加哥学派"。

4)探讨图书馆的基本问题。1932年,杜定友在《图书馆管理法上之新观点》中指出:"整个图书馆事业,其理论基础实可称'三位一体'。三位者,一为'书',包括图与书等一切文化记载;次为'人',即阅览者;三为'法',图书馆之一切设备及管理方法管理人才是也。"②这一认识被当代图书馆学家当作关于图书馆学研究对象的"要素说"的源头。在《图书馆学之研究》和《图书馆学的内容和方法》中,杜定友对图书馆学的起源、意义、研究范围、研究方法等进行了探讨。

5)中国化、实用化的理论价值取向。杜定友在留学期间就留意到了中国图书馆的特殊性,"外国的图书馆学未必能适应中国的情况"。他在《图书馆学之研究》一文中指出,"除了一般的图书馆学之外,还有一种同时进行而很有价值的科学,就是我们中国向来所有的校雠之学"。1922年杜定友编制了《世界图书分类法》,开始了中国图书馆学家在图书分类领域的创新。杜定友首先研究中文著者号码表编制方法,建议增补百家姓,按汉字检字法排列,使每姓有固定号码,并于1925年出版《著者号码编制法》,实现他的想法。在中文编目方面,杜定友的《图书目录学》也是当时论述较为详细的专著。

(5)刘国钧

刘国钧(1899—1980)是江苏南京人,我国著名图书馆学家。刘1920年毕业于南京金陵大学,留校从事图书馆工作,旋即出国,在美国威士康星大学哲学系、图书馆专科学校及研究生院留学,获

---

① 杜定友.研究图书馆的心得.中大图书馆周刊,1928(1)
② 杜定友.图书馆管理法上之新观点.浙江省立图书馆月刊,1932(9)

哲学博士学位。1925 年回国,任金陵大学图书馆主任兼教授、北平图书馆编纂部主任等职。刘国钧是我国近代图书馆学奠基人之一,他参与了中华图书馆协会的建设,是该协会会刊《图书馆学季刊》的主编。

从 1921 年起,刘国钧开始研究图书馆的性质、特征及近代图书馆的功能,发表过《近代图书馆之性质与职能》等重要论文。1934 年,刘国钧的《图书馆学要旨》由中华书局出版。《图书馆学要旨》是一部以介绍图书馆常识为主的普及性读物,很多内容都是公认的基本原理,还有些刘国钧过去观点的重新介绍。书中也提出了一些新的观点,比如对图书馆要素的分析。因为该书比较系统地讨论了图书馆学基本问题,是刘国钧早期代表作,现代图书馆学将其看作一部经典著作。

在描述近代图书馆特征时,刘国钧提出自动(自行用种种方法引起社会上人人读书之兴趣)、社会化(将注重对象由书籍而变为其所服务的人,使图书馆成为社会之中心)、平民化(应为多数人所设)的新观点[①]。其中"自动"一点相当于强调图书馆的主动服务,它较当时强调图书馆的"开放性"、"服务性"又进了一步。在分析图书馆构成时,刘国钧将杜定友的人、书、法"三要素"作了适当扩充,并指出对这些要素的研究便成为图书馆的各种专门学问。

(6)李小缘

李小缘(1897—1959),江苏南京市人,1921 年去美国留学,获图书馆学学士及社会教育学硕士。1925 年回国后任金陵大学教授及图书馆馆长、东北大学图书馆馆长等职。李小缘是中国近代图书馆学奠基人之一,他参与"新图书馆运动",为近代图书馆的大发展发挥了重要作用。他的《全国图书馆计划书》产生了很大

① 刘国钧.近代图书馆之性质及功用.金陵光,1921,12(2)

的影响。他是中华图书馆协会创始人之一。1927年,他筹建了我国最早的图书馆学系之一的金陵大学图书馆学系,为近代图书馆教育的发展作出了重要贡献。李小缘的图书馆学研究范围较广,在图书馆学基础领域,有两点贡献特别值得提及。

1)图书馆学基础。李小缘在1926年作了《藏书楼和公共图书馆》的演讲,在论述美国公共图书馆的六大意义时,指出图书馆是"传播消息及知识的总机关"。在1927年出版的《图书馆学》一书中又进一步加以阐发。李小缘还表明图书馆应该成立参考部,搜集各种工具书,从事 Public Affair Information Service[①]。

2)公共图书馆。李小缘的《对鲍士伟博士来华之感想与希望》直接谈到公共图书馆的免费服务问题,而《藏书楼与公共图书馆》、《公共图书馆之组织》、《公共图书馆计划书》等公共图书馆研究论文,更是全面而系统地研究了公共图书馆理论,讨论了面向大众的无区别服务:"人人皆有资格为读者。皮匠、铁匠、小工、瓦匠、木工、学生、住家的、有钱的、无钱的、老的、少的、男的、女的,没有界限,一齐欢迎"[②];免费服务:"公共图书馆乃人之公共产生,人人得而管理之,扶助其经济使之进行顺利。尤要者公共地方人民得不出资而利用之,是以物主之义而名图书馆者"[③]。

3)图书馆立法。李小缘也是最早关注立法问题的图书馆学家,他在1926年的《公共图书馆之组织》一文中说,公共图书馆建设"首必有法律上之根据,或受法律之许可。关于设立图书馆之规定,多载在各城各省各国之典章宪法","既有法律根据,图书馆从而基始"。李小缘还对中国人不重视立法的现象进行了尖锐的批评。关于立法的作用,李谈到了管理体制入法的问题,也谈到了

---

① 李小缘.藏书楼与公共图书馆.图书馆学季刊,1926(3)

② 李小缘.藏书楼与公共图书馆.图书馆学季刊,1926(3)

③ 李小缘.公共图书馆之组织.图书馆学季刊,1926(4)

经济,"经济之来源及其筹备方法,皆载在法律"①。

(7)马宗荣

马宗荣(1896—1944)是我国近代著名教育家,图书馆学家。马宗荣是贵阳人,1918年公费留学日本,先学工科,后改学教育,1929年学成回国。回国后任过教育部主任秘书、社会教育司司长等许多教育学职务以及贵阳文通书局编辑所所长,马宗荣任图书馆职务不多,只担任过大夏大学图书馆馆长。在图书馆学基础理论领域,马宗荣1923年起动手编撰图书馆学系列著作。他利用长期留学日本的资料便利,系统研究图书馆学基础理论,1928年出版《现代图书馆序说》(商务印书馆),此后又陆续出版了《现代图书馆经营论》(商务印书馆,1933年)、《现代图书馆事务论》(中华书局,1934年)等著作,比较全面地讨论了近代图书馆学基础理论问题。

3."新图书馆运动"时期的理论特点

"新图书馆运动"时期是我国图书馆学理论奠基时期,这一时期的理论特点鲜明,主要有:

(1)由"取法日本"转而"追逐美国"

中国近代图书馆学的两大理论来源地,是日本与美国。日本在近代一直积极学习西方图书馆学,创建了非常"西化"的图书馆学。19世纪末到20世纪初,向日本学习是我国图书馆界的共识。早期热心宣传图书馆的人士如梁启超、罗振玉、王国维、李大钊均有在日本生活的经历,他们向国人介绍的也是日本的图书馆。1918年李大钊刚上任北大图书馆主任不久,就曾两次专门致函在日本的留学生,详细了解日本早稻田大学图书馆的机构设置情况和具体的管理方法,以为管理北大图书馆借鉴。即便是沈祖荣在留美学成后,还专门赴日本考察,以寻求解决"许多图书管理上的

---

① 李小缘. 公共图书馆之组织. 图书馆学季刊,1926(4)

难题"①。1917年北京通俗图书馆翻译了日本图书馆协会编著的《图书馆小识》,对我国图书馆发展具有一定的影响。该书1918年又由顾实以《图书馆指南》为名译出。

1917年沈祖荣回国后,在国内介绍美国图书馆学的论著逐渐增多。1917年沈祖荣"仿杜"图书分类法出版,在图书分类领域掀起了学习美国的高潮。1921年戴志骞在北京高师的讲演,系统介绍美国图书馆方法,使国人学习图书馆学的眼光转向美国。而1923年《图书馆学》的出版则是被当作两种潮流的综合。刘国钧说,我国图书馆发展,在民国初学习日本,自戴志骞的《图书馆学术讲稿》后美国图书馆观念逐渐传遍全国,"而综合此两大潮流,为有系统之序述者则杨昭悊之《图书馆学》"②。

(2)理论研究与事业发展同步

"新图书馆运动"时期的中国图书馆学,理论研究与事业发展相互促进。当时的理论家们十分关注图书馆事业的发展,他们赴各地演讲,宣讲新的图书馆观念,促成新式的公共图书馆与大学图书馆大批涌现。理论家们对图书馆事业的关注促成图书馆教育的发展、推动图书馆协会的出现、促使图书馆学术杂志的成批产生,使中国图书馆事业基本形成。理论界对公共图书馆理论的研究促成民国政府几部重要图书馆法律法规的出现。理论界对新的分类、编目等图书馆学方法的研究,推动新的分类法和编目工具的出现,促进了新的图书馆工作方法的创立与工作水平的大幅提高。这种理论与事业相互促进、同步发展的大好局面,在图书馆学史上并不多见。

(3)学习与创新并重

不论取法日本还是追逐美国,都是学习他国的图书馆学。而

---

①　沈祖荣. 在文华公书林过去十九年之经验. 文华图书科季刊,1(2)
②　刘国钧. 现时中文图书馆学书籍评. 图书馆学季刊,1926,1(2)

对中国图书馆学,更为重要的任务是在学习基础上的理论创新。"新图书馆运动"时期,理论家们意识到了理论创新的重要,开始从努力学习它国先进的图书馆学,转向创建中国图书馆学。1925年中华图书馆协会成立,第一任董事长梁启超在协会成立会演说中明确提出建设"中国图书馆学"的任务。

实际的理论创新最先出现在应用图书馆学领域。1917年沈祖荣、胡庆生编制的《仿杜威书目十类法》,从名称看这仅仅是一个学习西方图书分类法的产物,其实它的内容包含着图书分类的创新。杜定友评价它"是第一个为中文图书而编的新型图书分类表"。"对于中国图书馆的管理方法上,特别是对于分类编目上,起了很大的革新和推动作用"①。此后,杜定友、刘国钧、皮高品、王云五等人的分类法也在一步步尝试建立更加符合类分中国文献的新式分类法。在编目领域,杜定友首先研究中文著者号码表编制方法,于1925年出版《著者号码编制法》。刘国钧在中文编目实践基础上,1928年发表《中文图书编目条例草案》。理论创新也出现在图书馆学基础理论领域。杜定友的"要素说"、"公共脑子"说,就是这种创新的表现。

(4)基础理论与应用研究并重

图书馆学是一门应用学科,应用研究在图书馆学中往往占有很大的比重。但在从古代藏书楼向近代图书馆过渡的历史转折时期,图书馆界有很繁重的理论观念更新与理论体系重建的任务,这时,基础理论的作用就显得非常重要了。"新图书馆运动"时期,理论家们正是在这两个方向同时出击,推动了基础理论与应用研究的同步发展。

"新图书馆运动"期间,随着图书馆学家对近代图书馆认识的深入,理论家们清楚地了解了公共图书馆问题在近代图书馆事业

---

① 杜定友.图书分类法.广东图书馆学刊,1987(1)

中的地位,了解了当时的公共图书馆精神。李小缘发表《藏书楼与公共图书馆》这样系统讨论公共图书馆精神的论文,刘国钧《美国公共图书馆概况》中讨论了公共图书馆精神。认识了公共图书馆,理论家们则能从图书馆社会职能的演变研究近代图书馆问题。杜定友在《图书馆学概论》中将图书馆的发展分为三个时期:保守时期、被动时期、自动时期,刘国钧在《图书馆学要旨》中将图书馆的发展分为自动、社会化、平民化,均表现出很高的宏观思维水平。

"新图书馆运动"期间图书馆学应用研究得到大发展。以1917 年沈祖荣、胡庆生《仿杜威书目十类法》编制为起点,应用图书馆学进入大发展阶段。1917 年朱元善的《图书馆管理法》在商务印书馆出版,是国内较早的有关图书馆管理的著作。洪有丰、杜定友、刘国钧、李小缘、马宗荣等名家均有出色的图书馆管理学著作。1937 年陈友松、刘伍夫合著《图书馆》也很有代表性,尽管该书篇幅不大,但论述颇为详细。书中引进了不少现代管理的理论观点,如第三章《图书馆之创设行政及经费》中,作者指出了组织和计划在图书馆管理中的作用①。在读者研究领域,1926 年杜定友对读者进行了比较详尽的分类研究,认为图书馆读者可以分成普遍读者和特殊读者(各种专业人士)两类②。陈友松、刘伍夫的《图书馆》中有"阅读对象之分析"一章,并且具体分析了依据读者来制定选购图书的标准和开展读者服务③。刘国钧《儿童图书馆与儿童文学》讨论了儿童读者的阅读问题④。在图书分类领域,出现了金步瀛的《图书之分类》(1926 年)、刘子钦的《分类之理论与实际》(1934 年)等专著,以及一大批论文。在杜定友希望开设的

① 陈友松,刘伍夫.图书馆.商务印书馆,1937:17
② 杜定友.图书馆学内容和方法.教育杂志.1926,18(9 – 10)
③ 陈友松,刘伍夫.图书馆.商务印书馆,1937:19 – 20
④ 刘国钧.美国公共图书馆概况.新教育,1923,7(1)

图书馆课程中,包括"图书选择法"、"图书分类学"、"图书目录学"(即图书编目)、"图书参考法"等4种应用性课程,另"图书馆行政学"中也有图书馆建筑、图书流通、典藏等应用图书馆学内容。在图书编目领域,1925年杜定友出版《著者号码编制法》,1928年刘国钧在中文编目实践基础上发表《中文图书编目条例草案》。这一时期应用研究的成果与价值,至今还远远没有被全部挖掘出来。

四、新时期图书馆学的理论变革

1949年以后,中国图书馆学理论遭受无妄之灾。尽管理论工作还在进行,但反复无常的政治斗争和学术批判,以及与国际图书馆学的近乎隔离的局面,使得图书馆学家们小心翼翼,无法开展实质性的理论探索。"新图书馆运动"时期建立起来的图书馆学理论几乎被完全切割。1978年思想解放运动开始后,理论家们开始理论的重建。大规模的理论重建持续到1980年代末,理论重建的结果是:图书馆学的科研禁区不复存在,图书馆学恢复了了对于国际图书馆学研究的极端关注,图书馆学论文和学术专著井喷式增长,学术观点出现百家争鸣的局面。理论重建的另一个特点是它始终伴随着对经验图书馆学的反思与批判,反思与批判导致理性主义思潮,并推动以宏观研究和理性思辨为主要特征的新型图书馆学的产生。

1. 新时期的图书馆学

1976—1979年期间图书馆学的发展是理论变革的学科背景。随着国家科学研究的复兴,图书馆学理论研究逐渐恢复了。尽管图书馆学研究恢复之初,理论的水平较低,研究的气氛较为平淡。但第一代图书馆学家中的幸存者重新活跃起来,他们保持着良好的理论大局观和对新思想的洞察力。如刘国钧先生1977年发表《用电子计算机编制图书目录的几个问题》，1978年发表《现代西方主要图书分类法评述》。直到今天，刘国钧《现代西方主要图书分类法评述》仍是我们研究现代图书分类理论的重要参考文献。

尽管1977—1979年间理论研究较为平淡，图书馆学研究体制却得以恢复与重建。高校图书馆学恢复了高考招生与正常的人才培养，各级图书馆学会及其他图书馆组织成立，图书馆学期刊也纷纷复刊或创刊。经过恢复与重建，中国图书馆学研究体制的完整性超过了以往任何时期，这一体制对图书馆学理论研究的影响，也逐渐显示出来。

（1）图书馆学教育

1977年，北京大学、武汉大学两校的图书馆学系正式恢复高考招生。这一事件成为我国图书馆学教育体制恢复与重建的开始。1978年以后，许多高校陆续创造条件新办图书馆学系或专业。1981年，国务院学位委员会批准北京大学、武汉大学两校具有图书馆学硕士授予权。到1980年代中期，一个包括研究生、本科生、专科生，包括全日制教育和成人教育的新的图书馆学教育体制基本形成。图书馆学教育的恢复对我国图书馆学研究的发展与变革产生了不可估量的影响。这种影响大致有三个方面：第一，高校教师是重要的科研力量。在1970年代到1980年代初，我国最优秀的图书馆学理论家大多数是北京大学、武汉大学两校图书馆学系的教师，如图书馆学基础领域的周文骏、黄宗忠、吴慰慈、郭星寿、沈继武、张树华等。一批新图书馆学系成立后，很快发展成为新的图书馆学研究基地，宓浩、倪波等优秀理论家就在这类新学校中。第二，高校学术性氛围的影响。高校具有浓郁的学术氛围，多学科交融的学术环境更能激发理论家们对经验图书馆学的反思。有些高校图书馆学系还成立了专门研究部门，创办理论刊物，组织或承办理论研讨会。这种学术氛围，使理论研究有了不同于"新图书馆运动"时期的理论特点。第三,高校的人才培养作用。在当时特定的历史条件下,高校的人才培养对图书馆学理论变革产生了特别的影响。1981年起,恢复高考后入学的大学生、研究生走上理论舞台,他们为图书馆学理论的发展注入了一种特有的活力。

(2)图书馆学组织

图书馆学管理组织的出现是图书馆学走向成熟的重要标志,现代中国图书馆学的管理组织,最主要的是1979年成立的中国图书馆学会和各省市图书馆学会。中华图书馆协会消失后,成立图书馆学会是中国图书馆学界一直盼望的事,1956年成立过一个中国图书馆学会筹备委员会,后中止。1978年由北京图书馆再次开始筹备,1979年,中国图书馆学会成立,并于当年在山西太原召开了理论研讨会。中国图书馆学会成立前后,各省、市、自治区图书馆学会及其他地方性或行业性图书馆学会也相继成立。

中国图书馆学会既是一个行业协会又是学会,表现"学会"功能的主要是下设的学术委员会。中国图书馆学会学术委员会下有10多个专业分委员会,包括图书馆学基础理论专业分委员会。这些专业分委员会一般由国内该领域最具有影响力的知名专家担任组长,成员中包括大多数在该领域具有相当研究能力的专家学者。中国图书馆学会组织的许多重要的学术研讨会,就是学术委员会或下设的专业分委员会组织的。中国图书馆学会的成立改变了1949年以后中国图书馆学缺乏组织的局面。除图书馆学会外,其他一些图书馆管理组织也承担了推动图书馆学研究的作用,如全国和地方的高校图书馆工作委员会。全国高校图书馆工作委员会(高校图工委)成立于1981年,1987年改名为全国高校图书情报工作委员会。高校图工委的职能不同于以推动学术研究为主的学会,它是高等学校图书情报事业的协调、咨询、研究和业务指导机构。但在实际上,高校图工委具有行业性学会的职能。它有自己的学术刊物,能通过举办学术研讨会、组织调研等方式对图书馆学研究进行组织。

（3）图书馆学期刊

1977年起,图书馆学专业刊物开始出现。1979年,中国图书馆学会会刊《图书馆学通讯》正式出版。1979年前后,数十种由图书馆学会或其他图书馆管理组织举办的图书馆学刊物创刊。除了学会办的学术期刊外,还有一些由一个图书馆或图书馆学系举办的刊物。大批学术刊物的出现,使图书馆学理论工作者有了发表图书馆学研究成果的阵地。在1980年代中期以前,《图书馆学通讯》对理论的变革产生了较为重大的影响。它特别关注对经验图书馆学的批判,发表过彭修义的《关于开展"知识学"的研究的建议》(1981年)、邱昶和黄昕的《论我国新时期的图书馆学研究》(1982年)、张晓林的《应该转变图书馆研究的方向》(1985年)等批判色彩极浓的论文,并组织各种讨论。

（4）图书馆事业新进展

1979年到1981年间,中国图书馆事业中出现了许多重大进展。1979年,北京图书馆完成了对1974年版《中文图书著录条例》的修订,正式出版了《中文普通图书统一著录条例》。这一条例体现了中国文献著录的特点,内容较为详尽,为实现中文图书著录统一创造了条件。它也是我国文献著录标准化前的最后一个著录规则。1980年,《汉语主题词表》正式出版。这一词表是著名的"748工程"的配套项目,1975年启动,中国科技情报所和北京图书馆等500多个单位参加编制。《汉语主题词表》编制工程浩大,采用的技术较为先进,曾多次获大奖。《汉语主题词表》的编制为我国图书馆开展情报服务提供了一种很好的工具,也为图书馆编制小型的专业性的主题词表提供了一个参考依据。同年,《中图法》第二版出版。此前的《中图法》产生于"文革"中,"文革"结束后它已无法继续使用。1979年3月,北京图书馆等单位召开《中图法》修订工作会议,讨论了修订的方式与原则,成立了修订小组。由于此次修订较充分吸收了国外图书分类新成果,《中图法》第二版的科学性与实用性较上一版有很大提高。此后,该分类法逐渐成为我国使用者最多的图书分类法。上述图书馆重大技术成果的相继产生,表明中国图书馆事业已经完全从"文革"动乱中走了出来。

1980年5月,中共中央书记处第二十三次会议讨论了我国的图书馆工作,听取了刘季平关于图书馆问题的汇报,并通过了《图书馆工作汇报提纲》。这一提纲表明国家对图书馆事业的前所未有的重视,它对图书馆事业的恢复和发展仍起到了很大的推动作用。1980年8月丁志刚和梁思庄以个人名义参加国际图书馆协会联合会(IFLA)第46届大会。会上,他们与IFLA主席、秘书长商定中国图书馆学会参加IFLA的前提条件和若干技术性问题,达成八点正式书面协议。1981年5月,中国图书馆学会恢复了在IFLA中的国家协会会员的合法席位。

2. 一批图书馆学著作出版

在1980年代图书馆学理论大进军进程中,学术著作起到了重要的作用。以下这些著作都是我们承担的课题中筛选出来的重要文献。

(1)《图书馆学基础》

图书馆事业的新进展和大批应用图书馆学成果的出现,势必推动图书馆学基础理论的发展。为满足图书馆学本科正规教育的需要,教育部在1977年着手组织北京大学和武汉大学两校图书馆学系联合编写图书馆学"统编教材",《图书馆学基础》就是其中一部。这部教材经过周文骏、郭星寿、吴慰慈、沈继武、张树华等著名图书馆学家多年共同努力,终于在1980年召开了教材审稿会,1981年由商务印书馆出版。《图书馆学基础》涉及的领域是图书馆界普遍关心的基础理论领域,编写者是最有影响的北京大学和武汉大学图书馆学系的具有丰富教学经验的专家,因而该书出版后对图书馆学产生了巨大的影响。《图书馆学基础》的特点是:1)在拨乱反正、肃清极"左"思潮影响方面做得比较彻底;2)对图书馆学一些基本概念及原理作出了较新的解释,如把图书馆学定义为"是研究图书馆事业的发生发展、组织形式以及它的工作规律的一门科学";3)吸收了部分图书馆现代化的研究成果,如"图书馆现代化"、"图书馆网"等研究主题,在教材中都以专门章节出现;4)完整构建了经验图书馆学基础理论的内容体系。内容中不但有图书馆学原理的论述,还有关于图书馆和图书馆事业建设、图书馆业务工作和图书馆现代化的全面论述。

从理论史的角度看,《图书馆学基础》出版前,没有一部教材能够对当时的经验图书馆学作一个比较系统的介绍。而《图书馆学基础》完全排除了此前教材的政治批判性色彩,能够以科学的态度系统总结图书馆学的理论成就,因此它被当作一部"总结经验图书馆学的理论成就、集经验图书馆学大成之作"。《图书馆学基础》出版后,理论家们通过它更清楚地了解了经验图书馆学的内在理论缺陷,因此,它的出版引起了人们对经验图书馆学的集中批评,新图书馆学的理论建设探索也从此大规模展开。从这一意义上说,《图书馆学基础》在中国图书馆学史上有着里程碑的意义:"一部《图书馆学基础》前后,呈现着两种截然不同的图书馆学。在中国图书馆学史上,还没有哪一部著作能如此清晰地分割开两个不同的理论时代。"①

(2)《图书馆学概论》

1985 年,由吴慰慈、邵巍编著的《图书馆学概论》由书目文献出版社出版,这是杭州会议后第一部较有影响的图书馆学基础教材。《图书馆学概论》是作为中央电视大学教材出版的,作者认为

---

① 范并思.新旧图书馆学变更的历史见证.图书馆,1991(5)

它是帮助学生从整体上认识图书馆学这门学科的"担负着专业启蒙教育的任务"的教材,因而作者并不追求其理论特色。但是,吴慰慈、邵巍仍然在这部教材中写下了自己对图书馆学基础理论的认识。《图书馆学概论》在表述图书馆的属性时,将其分为图书馆的一般属性与本质属性。图书馆的一般属性主要有社会性、依辅性、学术性,而图书馆的本质属性却是"图书馆本身所固有的,并且对图书馆的社会职能、服务对象、机构设置、领导体制、方针任务、方向道路、内容方法等等都起制约作用的一种属性"。作者认为这个本质属性就是中介性,它派生出其他属性,并"对图书馆的存在起了决定性的作用"[①]。

(3)《文献交流引论》

1986年,周文骏的专著《文献交流引论》由书目文献出版社出版。当时的图书馆学概论性出版物大多是教材类出版物,教材的特点限制了它们尽情地展开作者的思想。也许不愿受这种限制,周文骏将《文献交流引论》编写成一部只有短短的10来万字的著作。在这部著作中,周文骏系统展开了他在1979年《图书馆工作的传递作用、体系和发展》和1983年《概论图书馆学》两篇论文中已确立的"文献交流"思想,并进一步把交流理论从图书馆学情报学领域的"情报交流"扩展到了目录学、档案学、文献学和出版发行等学科,从而为这些学科的研究提供了新的视角和方法。文献交流论的研究对象是"作为交流主体的文献,文献交流的产生、发展、功能、内容、渠道、方法、效果,以及组织交流的相关机构等等"[②]。

《文献交流引论》表明,周文骏的图书馆学思想已完全摆脱了对图书馆具体工作的解释、说明和描述的局限,站到了新图书馆学

---

① 吴慰慈,邵巍.图书馆学概论.书目文献出版社,1985:61

② 周文骏.文献交流引论.书目文献出版社,1986

的高度上重新审视图书馆学的研究内容。尽管《文献交流引论》内容也不够丰富，其理论解释也没有超过西方1970年代以"情报交流"解释图书馆学情报学基础的观点，但它所提供的新的视角，即以社会交流系统这个图书馆活动的外部环境为背景考察图书馆学理论，使人们有可能从各种涉及文献交流的学科中吸取理论素材，从而升华图书馆学的理论解释力。

(4)《理论图书馆教程》

1986年，倪波和荀昌荣任主编，由南开大学等11所高校图书馆学专业老师集体编写的《理论图书馆学教程》出版。这部教材并没有因编写者人数众多而失去其理论风格，恰恰相反，在众多专家的共同努力下，这部教材成为1980年代出版的几部图书馆学基础理论教材中理论性较强、理论风格较为鲜明的一部。《理论图书馆学教程》执"文献信息交流"的观点，认为"图书馆学是研究图书馆进行文献信息交流理论和方法的学科"[①]。除了"文献信息交流理论"这样很有特色的理论观念外，该教材基本不涉及具体的图书馆工作，不涉及应用图书馆学，资料工作也做得很细致。这些，都突出了它的"理论图书馆学"的特色。

(5)《图书馆学导论》

1988年，黄宗忠出版了《图书馆学导论》。此前，这部教材已内部出版印刷。《图书馆学导论》是黄宗忠图书馆学基础领域的代表作，该书出版后多次重印及获奖。《图书馆学导论》以丰富的资料介绍了国内外图书馆、图书馆事业和图书馆学领域的研究成果，是一部很有特色的教材。在理论上，黄宗忠在这部教材中对他自己20年前提出的"矛盾说"进行了发展。黄宗忠首先将图书馆学研究对象的表述界定为图书馆，接着对国内外关于图书馆学研究对象的多种提法进行分析比较，进一步明确了作为图书馆学研

---

① 南开大学图书馆学系等.理论图书馆学教程.南开大学出版社,1986:30－31

究对象的"图书馆"的内在含义。其认识已超过了 1960 年代的"矛盾说"的水平。

(6)《图书馆学原理》

《图书馆学原理》由宓浩主编,宓浩、刘迅、黄纯元编写,华东师大出版社 1988 年出版。在《图书馆学原理》中,宓浩等人再一次系统阐述了知识交流论,并且将这一学说作为该书体系建设的基础。

宓浩在该书前言中说,进入八十年代,"图书馆学基础理论研究已经摆脱了就图书馆论图书馆,只着眼于技术方法的窠臼,它正在从经验描述向科学抽象阶段发展","编写《图书馆学原理》新教材,正是为了适应这种变革的理论需要"。因此,作者的追求是"必须在课程内容上除旧布新,去繁求精,把握图书馆活动的内在机制与社会联系,力求反映当代图书馆学研究的新成就,敢于发展新思想、新观点,形成新学派"①。

《图书馆学原理》全书分为上、中、下三篇,上篇由知识、文献引出知识交流中的图书馆活动,从社会知识交流的历史进程来探讨图书馆的起源演化,说明图书馆活动的社会化进程。这部分内容以知识交流说的理论逻辑导出了图书馆学基础。中篇按知识交流认识的图书馆活动内在要素,分别讨论了图书馆的工作对象与服务对象——文献与读者,图书馆工作内容及其内容机理。下篇主要介绍图书馆学理论。尽管该书除上篇直接论述知识交流的内容之外并没有特别多的新内容,但从其内容体系的特别安排看,它的确是在尽最大力量将知识交流的理论转化为一种完整的理论体系,可以称之为一部"教材式专著"。

3. 理论特点与学科前沿

(1)图书馆学的理论特点

---

① 宓浩.图书馆学原理.华东师范大学出版社,1988:(引言)2 - 3

1980 年代的图书馆学理论变革,也表现为图书馆学研究中的科学思想变革。其中最有影响、最有代表性的四个方面的变革是:

1)从经验描述到科学精神。在早期图书馆学的文献中,有许多论文的内容是简单介绍个别图书馆的个别工作环节、工作过程或体会。在早期的一些图书馆学基础理论教科书中,介绍的虽然不是个别图书馆而是全体图书馆的工作,但其内容也是人们可从图书馆工作中通过直接观察、简单记录可以得到的结论。这种科研方式可称为经验描述,它是导致图书馆学理论整体上落后、脆弱的主要原因。

从经验描述到科学精神的转变发生在整个 80 年代。一批接触过现代科学方法或了解西方先进图书馆学思想的青年在这一转变中起到很大作用。1981 年芝加哥学派被介绍过来,1982 年谢拉的《关于图书馆学的基本原理》译出。刘迅的《西方图书馆学流派及其影响》正面批评了以经验描述为核心的我国经验图书馆学。1984 年前后,图书馆学基础领域内的各种新学派均十分注意对研究对象进行科学抽象,以科学的精神研究图书馆问题。在 1980 年代的大部分时间里,抽象思辨、数理方法、调研论证等代表科学的、理性的图书馆学精神的方法受到崇尚。尽管 80 年代后期出现过反复,但变革经验描述式图书馆学研究的潮流并未逆转。

从经验描述到科学精神的变革是图书馆学理论变革中最重要的变革。这场变革所触及的是自有图书馆学以来“致用”的科研传统所积淀的东西,也是经验图书馆学中那种与图书馆现代化建设不相适应的东西。它试图破坏传统的“理论文化”,确立一种新的图书馆学精神。如此深刻的变革在 1980 年代没有完成,但新图书馆学已展示了变革的前景。

2)从微观领域进入宏观领域。黄宗忠《图书馆学导论》将基础理论当作宏观研究,而我们则更倾向于陈源蒸《宏观图书馆学》中的看法,将“从图书馆事业的整体去研究各项业务的社会化问题"及"图书馆与社会的关系"、"图书馆之间的关系"等当作宏观研究①。宏观研究的兴起,是1980年代图书馆学理论变革的重要特征,它表明图书馆学正在从"馆内"科学变为"社会"科学。

近代图书馆学产生于图书馆事业的早期。理论要解决的是以个体图书馆活动为中心的技术问题,而不是图书馆事业的整体组织问题。改革开放前,西方图书馆学转入宏观研究的新变化并未及时引起我国图书馆学界对经验图书馆学的反思。即使在1980年代前期,我国政策制定与政策研究脱节的现实仍使理论家无法真正涉足宏观领域。理论中要么是技术问题研究,要么是基础问题研究。1980年代初的理论开拓过程中,图书馆管理和图书馆立法等问题受到关注,这标志着微观研究已开始向宏观研究转化。1985年图书馆事业发展战略研究开始后,调研、论证或研究才真正出现。图书馆事业发展战略和文献资源建设研究兴起后,中国图书馆学才真正完成了从微观领域到宏观领域的变革。《宏观图书馆学》一类专著的出现,标志着图书馆学的宏观研究已为理论界认可。

3)从批判式研究到建设式研究。从1950年代对资产阶级图书馆学的批判开始,中国图书馆学继承苏联图书馆学的批判式风格。在批判式研究的理论氛围中,理论建设困难重重,新思想很难产生。1980年代理论变革开始后,由于传统理论与现代图书馆学思想格格不入,主张变革的人们再掀批判高潮。批判的目标是对着理论中"左"的东西和经验的东西。这次批判与以往的批判有了质的变化,理论批判的目的是为建设开道。在批判经验图书馆学的同时,新的理论也雨后春笋般出现。1985年前后,仍有一些人在反复地批判1981年以前的图书馆学。批判的惯性力时常诱导人们在一些概念上咬文嚼字,争论不休。这种争论看似理论繁

---

① 陈源蒸. 宏观图书馆学. 北京大学出版社,1989

荣,实际却并不能带来新的思想。虚假的理论繁荣消耗了理论家们的精力,导致了经院式研究风气的泛滥。

1986年武汉青年会以后,建设式图书馆学的呼吁出现了。呼吁者主张以建设新理论的责任感代替批判旧理论的危机感,绕开一些一时争论不清的概念,用理论建设的实践来检验理论的真理。此后那些围绕"学科自我完成"的经院式课题逐渐退出了理论舞台,理论宽容的风气也逐渐形成了。

4)理论格局从一元化走向多元化。图书馆学家曾坚信理论的统一性,无论什么新思想的提出,都会与原有思想发生碰撞,导致反复的批判。这种思想方式延续到80年代。1984年,事情有了转变。杭州会议后,代表们放弃了编一本大一统教材的想法。这实质上开辟了走向多元化之路。执不同见解的人可以编不同教材,在不同的教材中展示自己对图书馆学基础问题的认识,这使以往那些概念上的纠纷立即成为多余。关于这次会议的一篇综述提到鼓励出学派。1986年,出现了系统地为多元化格局辩护的文章。至此,走多元化道路,通过学派建设来发展理论已成为共识。多元化格局造就了一种宽松的理论环境,建设新理论的成功与否成了学术竞争的主要因素。中国图书馆学家对多元化理论格局的认同,使中国图书馆学理论基本告别了经验图书馆学。

(2)新图书馆的理论前沿

在1980年代的理论变革过程中,一批新的研究领域和应用图书馆学研究取得了很大研究进展,成为图书馆学变革的理论前沿。这些学科前沿领域对图书馆学的理论观念与方法论产生了深刻的影响。

1)图书馆现代化研究。我国的图书馆现代化研究起步较早,早在1970年代刘国钧就开始关注MARC,"文革"结束后,图书馆现代化研究迅速起步,并吸引了众多资深的理论家。1980年代初,理论界围绕图书馆现代化的基本理论问题开展过一场讨论。

1984年前后,新技术革命问题再次引起人们对图书馆现代化的关注。1986年起,对图书馆现代化的研究在技术领域逐步深入,并形成"图书馆现代技术"的新学科。随着以电子计算机为核心的图书馆现代技术的普及,我国图书馆工作的整体水平有了质的提高。

1980年代,图书馆现代化研究领域出版了10多部专著,这些专著多数是专论技术问题,但也有张琪玉等的《图书馆现代化简介与展望》等少量基础性著作。这一领域的专题研究论文举不胜举,1980年还创刊了《计算机与图书馆》的专门性杂志。从文献的情况可以清楚地看到这一领域的繁荣。

与图书馆现代化相关的还有其他应用领域的研究进展,如文献编目领域大力推行中国文献著录标准。1983年,按《国际标准书目著录》的原则和基本特点制定的《文献著录总则》以国家标准名义公布,从而启动中文文献编目领域的编目思想与方法的变革。这一标准及随后陆续公布的文献著录标准虽然不尽完善,但它非常及时地为计算机在图书馆的应用打好了基础。

图书馆现代化研究成为久盛不衰的热门课题,其理论意义巨大。它标志着图书馆学已从对手工操作问题的研究进入到对自动化的研究。它改变了图书馆学的形象,使图书馆学的形象在"考证"式人文科学形象和"工作描述"式经验科学形象之外,增加了"试验"、"论证"式技术科学的新形象。它从整体上改变了图书馆学家的知识结构、思维方式和方法论基础。

2)检索语言研究。图书分类是传统图书馆学的最重要的研究领域之一,这一领域的研究成果对于改进图书馆服务,提高图书馆工作效率,有着非常重要的应用价值。但是,自古代起,我国的图书分类研究最关心的不是图书分类的技术问题,而是知识分类问题,如分类法的大类目数量应该是四分、六分、十分还是其他的分法,或者某个类目该不该设置,应该放前面还是后面。1949年以后,知识分类问题又与意识形态问题混淆,成为理论批判的一个"战场"。"文革"结束后,图书分类领域关于分类法"三性"问题的讨论,使图书分类研究仍然无法摆脱意识形态的困扰,这些都严重干扰了图书馆学对分类技术的研究,妨碍了图书馆学的进步。1980年代初,张琪玉等学者干脆放弃图书分类的名称,另外开辟一个"情报检索语言"领域,在检索语言的名义下专门研究包括分类法在内的各种检索语言的技术问题。这一创新,使理论家完全摆脱知识分类等意识形态问题,以检索效率为中心,在新的领域中全神贯注地研究分类法的技术问题。

我国情报检索语言领域的开创者是张琪玉。张琪玉1930年生于上海南汇,1954年毕业于北京大学图书馆学系,曾在武汉大学图书情报学院和空军政治学院图书档案系任职。1983年张琪玉出版《情报检索语言》,该书系统讲述了情报检索语言的一般问题,情报检索语言的基本理论和基本方法,各种类型情报检索语言的原理、编制法、使用法、性能,以及情报检索计算机化与情报语言学的发展等等。该书以严谨的理论体系与富有理论实质的内容一扫图书馆学论著缺少理论深度的不良形象,它一度成为当时许多年青人投身检索语言研究的动力。

3)文献资源建设研究。文献资源建设研究是1980年代图书馆学理论变革时的理论前沿。文献资源建设是图书馆对文献资源进行有计划的积累和合理布局,以满足、保障社会发展需要的全部活动。我国文献资源建设的概念是在藏书建设概念的基础上形成的。1950年代末,我国图书馆学中出现藏书建设的概念,但理论发展相当缓慢。在经验图书馆学中,这一学科主要研究单个图书馆内藏书的选择、采集、组织、复审、剔除等微观问题。但这一领域还有宏观性问题,宏观决策的需求引导理论界关注宏观问题。1981年,肖自力开始注意藏书建设中的宏观理论问题,陆续发表了《试论藏书结构》①、《藏书稳定状况理论的由来及发展》②等论文,使我国图书馆学界很快了解了国际藏书建设理论过去几十年的新进展。在1984年召开的全国藏书建设会议上,有人建议以文献资源建设取代藏书建设。关注藏书建设宏观研究的肖自力立即意识到这一概念的重要,当年《大学图书馆学报》即发表了肖自力用此概念作为标题的论文《我国文献资源建设和高校图书馆的使命》。此后文献资源建设的概念广泛传播,迅速被我国图书馆学理论界普遍认可,基本取代了以往的藏书建设。"七五"期间,肖自力得到国家社会科学基金资助,进行全国文献资源调查与布局研究。这一项目有力地推动了全国范围的文献资源调查,促使一批优秀的理论家投身文献资源理论研究工作,导致一大批文献资源建设宏观调研报告的产生。

1980年代中国的文献资源建设研究,尽管取得了许多应用性成果,但从理论方面看创新并不多,多数理论成果是借鉴国外"法明顿计划"等成果。但是文献资源建设研究领域仍然可以看成新图书馆学的一个前沿领域。文献资源建设研究把一个单纯微观的研究领域发展为一个宏观、微观并重的领域。这种从微观到宏观的变化是图书馆学理论变革的另一个缩影。

4)图书馆事业发展战略研究。发展战略研究是1980年代兴起的一种新型的图书馆学研究。它的目的是为图书馆事业发展的宏观调控提供政策思想、决策依据和方案,具有"软科学"研究性质。发展战略研究使图书馆学既摆脱了"馆内科学"的局限,又避免了以往宏观课题的空洞,被人称为宏观现实问题研究。

在图书馆事业的早期,事业规模小,社会化程度不高,不需要国家对其发展进行宏观调控。因此,传统图书馆学中没有发展战

---

① 肖自力.试论藏书结构.图书情报工作,1981(1)
② 肖自力.藏书稳定状况理论的由来及发展.图书情报工作,1982(6)

略研究。我国图书馆事业发展战略研究萌芽于理论急剧变革的1983年,当时有人研究了国民经济与社会发展计划中的图书馆事业。1985年上海结合城市文化发展战略对该市图书馆事业发展战略进行研究,使该研究转入集团作战。1986年武汉青年会以后,以概念研究为中心的图书馆学基础理论研究逐渐转入低潮,而图书馆事业发展战略研究形成一个热点。湖南《图书馆》编辑部组织的"图书馆事业发展战略研究"征文活动和全国高校图工委组织的"高校图书馆事业发展战略"研讨会,在中国图书馆界产生了很大的影响。1987年华东师范大学举办的第二届青年会也将图书馆事业发展战略研究列为会议主题。一时间,图书馆事业发展战略研究受人关注。在图书馆事业战略研究中,人们所取得的共识是:要以国家经济、文化、教育和科学技术发展方针为依据,制定全国图书馆事业的发展规划,并将其纳入国家和地方的国民经济和社会发展计划之中,要改变传统的图书馆观念,站在信息开发和知识传递的高度上,全面发挥图书馆的社会功能,各类型的图书馆的发展,要以国家财力为前提,既注重数量,又保证质量,既注重馆舍、设备的建设,又要加强内部的科学管理。

在1980年代图书馆学的各个前沿学科中,发展战略研究起步晚,论著数量和参与者人数不多。但它仍被看作一个新的重要的研究领域,因为它是图书馆学的对象从馆内的、技术性问题向社会的、管理性问题转变的产物。1989年出现的一些新思潮,如"降低理论层次"、研究"宏观现实问题",都与发展战略研究有关。正如韩继章在一篇纪念图书馆事业发展战略研究十周年的文章所指出的,"图书馆事业发展战略研究对于中国现代图书馆建设,更多的亦在其具有的积极思想启蒙意义"①。

---

① 韩继章.发展战略研究——中国图书馆现代化的思想启蒙.图书馆,1996(4)

五、20世纪学术著作的不足

1993年,我发表了《从经验图书馆学到新型图书馆学》一文,文中我指出了经验图书馆学的著作方式的3个特点,并高度评价了当时的著作方式的变革。

中国经验图书馆学的著作方式,一般说来有3个特点:由于学科具有职业教育性,因而著作往往具有教材的性质;学科的主要理论是外来的,因而译著较多;由于学科的应用性强,著作中有大量工具书及使用说明。图书馆学早期著作多兼有教材和编译两种特性。各种"仿杜"分类法是工具书。只有目录学史方面有著作例外。80年代前期的情形也差不多,教材(含教学参考资料、自学或业务辅导资料等)、译作(含编译)和工具书(含使用说明),再加上论文集,便构成了学术著作的主体,"著书不立说"现象十分普遍,能够成为学科经典或学派旗帜的著作极难出现。

1986年出现转机,一本薄薄的《文献交流引论》问世。这是一本有鲜明理论倾向的书。此后几年,又出现一批值得一提的著作。1986年《宏观图书馆学》,其框架不是"基础—应用"或"一般—具体"的传统学科式,而是问题,如"社会化"、"文献资源"、"计算机"等。1988年的《图书馆学原理》,是一部专著式教材,"知识交流学派"的经典。1989年《图书馆定量管理》是通过对一个图书馆的流通工作进行大量研究,由此形成的系统的定量管理思想体系的著作。1986年后开始的著作革命,目前还在进行中。①

纵观20世纪图书馆学的著作演变,就总体来看,教材+工具书+论文集的著作模式没有受到根本的挑战。特别是在反映学科

---

① 范并思.从经验图书馆学到新型图书馆学.中国图书馆学报,1993(2)

最高水准的专业教材领域,20世纪所取得的突破十分有限。"新图书馆运动"时期的教材,基本未能摆脱"经验描述"的著述方式,主体内容是低层次职业培训的内容。而1980年代的几部教材普遍存在两个问题:1)未能反映国际图书馆学教材理论前沿,与现代图书馆理念有较大距离。对于图书馆的职业精神、公共图书馆制度、公平服务和人性化服务、图书馆学理念与技术的关系等问题,基本未能涉及。2)资料水准参差不齐,一方面忽略了许多重要的图书馆文献(如公共图书馆宣言)和人物(如李小缘、徐家麟),一方面对不少西方图书馆的事实进行了错误的描述(如对理念派和实用派之争的描述)。上述缺陷有其特定的历史背景,如新图书馆运动时期的大多数学者因为战争而错过了对西方图书馆学"芝加哥学派"兴起和《公共图书馆宣言》问世的关注和研究,而1980年代的学者更关注理论体系的重建而来不及关注现代图书馆理念对教材的指导。进入1990年代后著作情况有了明显的改变,如吴建中的《21世纪图书馆展望》对现代图书馆理念和国际图书馆学前沿的把握远超出同时代的著作,对图书馆事业的推动作用十分明显,可惜该书是类似论文集的访谈录;徐引篪、霍国庆的《现代图书馆学理论》在体例上挑战以往的教材风格,史料水准也有明显的提高,可惜其对现代图书馆理念的挖掘不够,它们都未能在改变20世纪图书馆学著作的整体状况方面走得更远。

20世纪初我国图书馆学家在图书馆学本土化中的贡献

刘兹恒（北京大学信息管理系）

中国社会自晚清以降，在许多有识之士的不懈努力下，教育救国/富国思想逐渐深入人心，而图书馆作为推行社会教育的重要机构和场所，也被当作"启民智、申民权、利民生"[1]的工具，在中国获得了发展的社会基础。特别是1920年前后，以沈祖荣、杜定友、刘国钧等为代表的一批在国外学习西方图书馆学的留学人员回到祖国，他们利用自己掌握的西方图书馆学知识，身体力行地为中国图书馆事业的发展奔走呼号，兴起了以图书馆宣传、创办、研究、教育为主要内容的"新图书馆运动"。在这期间，以文华大学图书科的兴办、中华图书馆协会的建立、《图书馆学季刊》的创刊和一批高水平图书馆学专著的出版为标志，中国的图书馆学体制得以正式形成。

当源于西方的图书馆学迅速在中国普及的时候，1925年6月，著名学者梁启超先生在中华图书馆协会成立大会上又发出了"建设中国的图书馆学"的倡议，他说："学问无国界，图书馆学怎么会有'中国的'呢？不错，图书馆学的原则是世界共通的，中国诚不能有所立异。但中国书籍的历史甚长，书籍的性质极复杂，和近世欧美书籍有许多不相同之点……从事整理的人，须要对中国的目录学(广义的)和现代的图书馆学都有充分智识，且能神明变化之，庶几有功。这种学问，非经许多专门家继续的研究不可，研究的结果,一定能在图书馆学里头成为一门独立学科无疑,所以我们可以叫它做'中国的图书馆学'。"[2] 从此,"建设中国的图书馆学"作为"图书馆学本土化"的同义语逐渐成为了当时图书馆学家共同的追求,其中,沈祖荣、杜定友和刘国钧等人的图书馆学研究和实践,对加速图书馆学本土化即中国化做出了巨大的贡献。

一、沈祖荣关于图书馆学本土化的思想和实践

沈祖荣(1883—1977),字绍期,湖北宜昌人,1903 到武昌文华书院上学,毕业时因受韦棣华女士热心图书馆公益事业精神的影响,到文华公书林担任协理。1914 年,赴美国纽约公共图书馆学校留学,1917 年学成回国。

作为留学美国的图书馆学家,沈祖荣先生虽然系统地掌握了西方图书馆学的理论与方法,但他在思考中国的图书馆学问题时,却并不"崇洋"。还在留学期间,他就发表了一篇强调中国图书馆事业建设必须符合本国实际,坚持本土化的论文——《中国能够采用美国图书馆制度吗》。文中提到,"藏书宏富之巨型大理石图书馆建筑实为社区亦或国家之骄傲与荣耀,然此等建筑并非中国目前之必需者,盖因中国经费拮据,而又风气未开,民众智识欠缺,堂皇豪华之外观,反倒令人望而生畏,阻碍图书馆运动之发展"[3]。可见,他很早就看到了中美两国之间巨大的经济差异对各自国家图书馆事业发展的影响,认识到不能照搬美国的图书馆制度来发展中国的图书馆事业。因此,反映在他后来的图书馆学活动中,无论是在进行图书馆宣传还是进行中国图书馆现状调查,也无论是在推广图书馆学新技术、新方法,还是在兴办图书馆学教育的过程中,他都强调不要照抄照搬外国,要坚持走中西结合的本土化之路。

首先，沈祖荣先生发现，在中国大量兴建的图书馆中，由于中西文献、新旧图书并藏，使图书馆对这些藏书进行统一的分类出现了很大的困难。在这种情况下，他和胡庆生先生一起，根据中国图书馆的实际，仿照杜威分类法，编制出了《仿杜威书目十进法》(1917)。该法把原杜威体系中的宗教与哲学合并为一个大类；将政治、经济升格为一个大类，形成了一个符合中国国情的"十大类"，即：经部及类书；哲学宗教；社会学与教育；政治经济；医学；科学；工艺；美术；文学及语言学；历史等。他还以《美国国会图书馆标题表》为蓝本，编译成供中国图书馆使用的《标题总表》，在内容上增加了许多有关中国的条目[4]。《仿杜威书目十进法》不仅在类目上摆脱了中国传统"四部分类"的束缚，而且率先尝试了用标记符号来代表类目，并编有检索索引，方便了使用。尽管这部分类法还不够完善，在实际类分旧书时仍比较困难，但由于它是中国图书馆学者第一次运用新技术编制的图书分类法，因此其创新意义是显而易见的，它也为以后中国图书分类法编制中的"仿杜"、"补杜"、"改杜"等本土化措施的施行起到了探路的作用。

对比中西图书馆事业的发展，沈祖荣先生深感封建藏书楼观念对中国图书馆事业的不利影响。他认为，"学校外之教育机关甚多，其性质属于根本的，其效果属于永远的，莫如图书馆。……盖吾国士人，多持曹仓邺架之谬见，尚未明了图书馆之性质，不在培养一二学者，而在教育千万国民；不在考求精深学理，而在普及国民教育。此中国图书馆不能发达之一远因也"[5]。因此他认为，中国图书馆事业要发展，首先要提高整个社会的图书馆意识，要把图书馆看作社会教育机构。为了进一步找到中国图书馆事业发展的症结，沈祖荣先生从图书馆调查入手，以求"取长弃短，以为改良之借鉴"。为此，他亲自设计了图书馆调查表发到各地，对各图书馆的类别、藏书数量、每季读者人数、书籍能否借出、图书目录的编制、阅览证券是否收费、图书馆每年经费等进行了问卷调查。针对调查中反映出来的问题,他提出了改进中国图书馆事业的六项建议,其中包括:①中国幅员辽阔,人口众多,但全国图书馆的总数不及美国一个城市,藏书总量也不及巴黎一个国民图书馆。而国内图书馆少,国内读书的人必然就少,这对提高民族素质是不利的,因此,只有政府提倡、人民支持,图书馆事业才能发达。②中国读书的人少,人民求学之心薄弱,这是无庸讳言的。然而,许多图书馆还实行收费阅览,这就更把一些求学者挡在了图书馆外,这是很不应该的。因为图书馆是公共求学的场所,因此"必须实行开放主义,不取分文"。③图书馆的书籍,不在于收集完备,而在于切合当地人民的需要。今后图书馆补充藏书,"应以能培养国民之常识为要旨,所有高古书籍,及大学参考之书,概从缺略"。这样可以省下经费,多办一些适合一般民众阅读需要的图书馆。④"图书馆是有助于国民提高各种学问水平的重要机关,是导致国家富强的社会教育机关。故各国不惜花费较多之资财,投入图书馆事业,始有今日普及之效果"。希望政府能够认识到图书馆与国家富强有很大的关系,筹集更多的经费,设置更多的图书馆。也可以请富商大贾捐资兴办图书馆,或者由学校师生、实业协会共同捐资,以弥补政府财力之不足。只有这样,"中国图书馆之发达可冀矣"[6]。这次调查,可以看成是中国图书馆学研究者对中国图书馆事业进行实证研究的开端,实属中国图书馆学研究中采用调查研究方法的首创。

要发展中国的图书馆事业,首先需要有一大批图书馆学专门人才。沈祖荣先生提出,这些人才必须由中国自己来培养。因为"海外留学,所费不赀,远涉重洋,谈何容易? 纵令虚往实归,而枯枳变异,势所必然;所学各件,在外国称合法,在中国不能完全采用。由是言之,欲推广图书馆事业,务须在中国组织建立培养人才之机关,使学生将来学业有成,可以供图书馆之任用"[7]。为了促成图书馆学教育的本土化,他积极协助韦棣华女士在武昌文华大学建立了图书科,并亲自担任"图书馆编目"等课程的讲授,力争使中国的图书馆学教育能够适应中国的图书馆事业。1929年,文华大学图书科发展为独立的武昌文华图书馆学专科学校,成为我国培养图书馆学专门人才的重要基地。

在图书馆学研究方面,沈祖荣先生认为:对于新式图书馆学术事业,从外国介绍到中国,已经有20余年了,接下来应该做的,则是要研究怎样把图书馆办成"中国式的图书馆"。他明确指出,中国式的图书馆,应该有纯粹的中国色彩,合乎中国人情,合乎中国书刊出版物的字形与装帧式样。"我们虽然取用了人家的科学管理方法,但应在具体工作上变为中国化的图书馆,如分类、编目、存贮和使用设备等,都以代表中国文化的姿态,从图书馆里体现出来"[8]。他还强调,中国的图书馆学研究不能割断历史,因为"中国现代图书馆是接受固有图书馆遗留产业的机关",数千年来对文献收藏、保护、汇集、处理、传布、应用等一切遗规旧范,都曾在历史上起到了一定的作用,应予以有分析有批判地继承;对于金匮、石室、秘阁以及藏书楼等机构,都曾在历史上起到了保护文献的作用,应有公正的评价;对历史上的通儒大师、校书郎、艺文志作者、经籍志作者以及目录学家等,应予尊重,对他们的创作研究成果,应一代一代地流传下去。这些论述即使在今天看来,对我们如何在图书馆学研究中处理好传统与现代、中国和外国的关系也是很有帮助的。应该说,沈祖荣先生是中国图书馆学史上最早系统提出图书馆学本土化思想并付诸实践的一位伟大的图书馆学家。

二、杜定友关于图书馆学本土化的理论与实践

杜定友(1898—1967),原籍广东南海。1918年毕业于上海工业专门学校,后被保送到菲律宾大学学习图书馆学,1921年学成

回国。

杜定友先生在他的图书馆学毕业论文 Chinese Book and Libraries(中国的图书与图书馆)里,就在该论文的第 18 章 Library School(图书馆学校)中明确指出:"没有一所外国的图书馆学校能够养成完全的图书馆学者,以适应中国图书馆的需要。"[9]他在当时已经意识到,中国的图书馆事业有其悠久的历史渊源和独特的现实特点,外国的图书馆学未必能够适应中国的情况,中国的图书馆员只能够由中国自己来培养。在这种思想的主导下,杜定友先生回国后,一方面大力宣传欧美的图书馆精神和制度,培养图书馆人才,一方面又深入了解中国社会和中国图书馆的实际,进行图书馆学研究,从而形成了他自成一体的本土图书馆学说。

杜定友先生认为,中国的图书馆学研究者要对世界的图书馆学有所贡献,必须使自己的研究体现出中国特色,而我们所能做的,就是要对中国传统图书馆学思想中的精华加以光大。他在《图书馆学之研究》(1925)一文中指出:"除了一般的图书馆学之外,还有一种同时进行而很有价值的科学,就是我们中国向来所有的校雠之学。这种学问,是图书馆学者必需的,所以我把它归纳在书目学内。""这种科学,实先于图书馆学,不过一向没有什么人去做科学的研究。到了现在,一般外国图书馆学者,方着力于是。我国早有是科,我们现在只要继续先贤的事业,比较他们便当得多。不过有一点不同的,他们研究校雠版本之学,是拿世界的科学的眼光研究的,我们往往居于一部分或主观的方法,这是我们要注意的。"[10]他希望图书馆学研究者能够采用国外先进的研究方法来继续中国传统的书目学研究,并在这方面有所作为,使中国化的图书馆学能够被世界所承认。

杜定友先生是 20 世纪初我国力主学习西方图书馆学的学者之一,但他更强调结合中国国情对西方图书馆学做有选择的吸收和借鉴,即要对西方图书馆学进行中国化的改造。这个时期,杜定友先生图书馆学本土化的主张和对图书馆学中国化实现途径的研究,集中地体现在他的《图书馆学的内容和方法》(1926)这篇论文中。他针对当时许多在国外留学的图书馆学者纷纷回国,而大量西方图书馆学知识也源源不断地被引进中国这一现实,在文章中提问道:"现在一班留学外国回来的图书馆学者,他们对于外国图书馆管理法,也许有很明白、很深刻的研究,但是这种是否适合于现在中国的情形呢?"他自我回答道:"中国图书馆有中国的特别情形、特别应用,不是把外国的东西贩运过来,就可以用的。"[11]为此,他在文章中引用了梁启超先生在中华图书馆协会成立大会上关于建立"中国的图书馆学"的讲话,借以表达他极力倡导图书馆学本土化的强烈心声。他在该文中的《图书馆学校的宗旨、种类和组织》一节中,还具体指出了中国图书馆学本土化的途径:

"我以为中国图书馆学校应认定我们特殊的宗旨和目的。而且对于中国,对于世界,有特殊的使命。现在我简单的列举如下:

(一)提倡图书馆专门学术 图书馆学成为专门的学术,虽经学界承认,但在一般人——尤其是中国——看来,以为没有专门研究的价值。所以图书馆学校应当对于外界有所表示。到底图书馆学专门在什么地方?何以有独立成科的价值?图书馆学在学术界,在社会上,其关系如何?

(二)养成图书馆学专门人才 图书馆既是专门事业,当然要专门人才去干。现在我国此项人才,异常缺乏。所以应由图书馆学校培养出来。我们非但要养成一般通俗图书馆或学校图书馆管理人员,而且要养成一班高深的图书馆学者,以建设中国图书馆学。

(三)研究欧美图书馆管理方法 图书馆学,中国虽是有了数千年,毕竟和外国的望尘莫及。他们的方法,都是很经济、很有效率的。我们不得不采人之长,补我之短。

(四)发挥中国图书馆学术 我国固有的图书馆学,于图书馆

78

学者,也有特殊的贡献,前面已经说过,我们应该发扬之、光大之。本来图书馆学没有什么国界和新旧,不过向来中国图书馆学者和外国图书馆学者没有接触,于是各执一端,遂发生不同的趋向。我们现在适当其冲,应设法有以会通之、融合之。

(五)培养图书馆服务精神　图书馆为慈善事业、教育事业、社会事业、文化事业。所以服务其中者,应有特殊的服务精神。一方面要像处女一般,埋头伏案;一方面又要各处奔走,提倡文化,其中包含着无限的奋斗、牺牲、忍耐、沉默的精神,高尚、清洁的人格,和蔼、慈善的态度。不然,虽有高深的学问,若无图书馆服务精神为其背景,于人群也是没有用的。

(六)图谋图书馆事业之发展　中国图书馆事业,现在还幼稚得很,非有一般人竭力提倡,其发展的程度一定很慢。所以图书馆学校的学生,一方面作死的功课,在学校里研究学术;一方面要作活的功课,在社会上提倡图书馆事业,以力谋发展。"[12]

从杜定友先生以上论述可以看出,他对中国图书馆学饱含着深切的人文关怀,主张中国的图书馆学不仅要符合中国的实际,而且对于世界也要承担特殊使命,应该为世界的图书馆学发展做出自己的贡献。因此,无论是研究欧美的图书馆学,还是发挥中国图书馆学术,都是为了一个目标,即建设"中国的图书馆学"。杜定友先生的思想非常明确,即研究外国的图书馆学是为了采用或应用它们的先进方法和有效的基本原理,这是图书馆学中国化的基础性工作;而要建设中国的图书馆学,又必须弘扬和发挥中国图书馆学的优秀成果,不割裂传统,以保持中国图书馆学本身应该具有的特色;而培养起一大批掌握了图书馆学理论、方法并熟悉中国国情的本土图书馆学者,则是保证中国图书馆学建设能够得以实现的根本保证。杜定友先生能够在 20 世纪初就对图书馆学本土化有这么精辟的认识,如果不是他对中国的图书馆学具有深厚的感情,是决然不可能的。

杜定友先生同时也是一位图书馆学本土化的实践者。除了在理论上不懈地探讨图书馆学本土化的必要性和实现途径外,他还在具体的图书馆工作中进行了大量本土化的探索,如编制《杜氏图书分类法》,以适应中国图书分类的实际;研究推广《汉字排检法》,以提高中文文献检索的效率;创造明见式目录,以符合中国读者的特点、满足其多人同时使用图书馆目录的需要等。

由此可见,在 20 世纪初中国图书馆学的发展阶段,不仅能够明确主张图书馆学本土化,并且能够在理论和实践上努力探索中国化图书馆学建设途径的,杜定友先生首屈一指。

三、刘国钧关于图书馆学本土化的思想和实践

在杜定友先生努力探索如何建立中国化的图书馆学并将图书馆学本土化付诸实践的同时,我国另一位著名的图书馆学家刘国钧先生,也在为中国的图书馆学建设进行着卓有成效的工作,与杜定友先生的图书馆学本土化理论研究和实践活动形成了南北呼应。

刘国钧(1899—1980),字衡如,江苏南京人。1920 年南京金陵大学哲学系毕业后留该校图书馆工作,1922 年赴美国威斯康星大学学习图书馆学,1923 年获得图书馆学硕士学位。后又攻读哲学,并于 1925 年获得哲学博士学位,同年返回国内。

作为中国近代图书馆事业和图书馆学的领军人物,他积极介绍西方图书馆学知识,提倡新式图书馆的办馆方针和方法,并针对中国图书馆实际,构建中国的图书馆学理论体系;他致力于吸收西方先进的图书分类、编目原则和方法,并按中国国情创立了《中国图书分类法》和《中文图书编目条例草案》,解决了西方图书馆技术方法不能直接在中国应用的难题。他的图书馆学思想既有哲学

的高度,又有理论联系实际的特点,同时还具有中国化的特色[13],长期以来一直对中国图书馆学的本土化建设有着重要的影响。

1926年,刘国钧先生在为《图书馆学季刊》创刊号所拟的"办刊宗旨"中明确提出:"本新图书馆运动之原则,一方参酌欧美之成规,一方稽考我先民对于斯学之贡献,以期形成一种合于中国国情之图书馆学。"[14]他主张,建设中国的图书馆学,一方面要吸收、借鉴西方图书馆学的先进成果,一方面要继承、发扬中国藏书传统的思想精华,二者不可偏废。这是刘国钧先生在当时全国轰轰烈烈学习西方图书馆学的"新图书馆运动"中提出来的观点,体现了他对图书馆学本土化深刻的认识。因为他深知,中国传统藏书活动中,有许多经验和学说需要整理和研究,这是中国图书馆学的任务。他指出:"我国藏书源流甚古,然重藏不重用,且不过极少数人之事。虽典藏之道,亦语焉莫详;况流通管理之术乎。孙庆增之《藏书纪要》,号称精当,犹不能探求原理,参稽异同,考核得失,以成一有系统的著作。况其他乎。则我国之图书馆学固极有待于发扬也。"[15]他提醒图书馆学研究者,不要把研究精力完全放在介绍和研究西方图书馆学方面,也要研究中国传统的图书馆学思想和方法。我们建设中国的图书馆学,千万不能丢掉原本是来自于中国本土的图书馆学传统。他认为,对中国古代图书馆学思想和方法的研究是大有可为的。

刘国钧先生在进行图书馆学研究中,一直将"中学为体,西学为用"的思想作为自己的原则。在图书馆学基础理论研究方面,他对图书馆的性质、任务,图书馆学的研究对象等有着独到的见解。他在总结西方图书馆经验的基础上,结合我国的实际,提出了近代图书馆应该具有的八个特征,即:公立;自由阅览;自由出入书库;儿童阅览部之特设;与学校协作;支部与巡回图书馆之设立;科学的管理;推广之运动等[16]。这些特征的提出,使我国图书馆的发展有了追求的具体目标,并成为区分藏书楼与图书馆的基本标准。关于图书馆的性质，刘国钧先生用了"自动"、"社会化"和"平民化"来概括。他认为，图书馆应该主动（自动）地为读者服务，"不能安作待人之来索取书籍，而必自行用种种方法引起社会上人人读书之兴趣"；图书馆是具有社会性（社会化）的教育机构，"其注重之对象已由书籍而变为其所服役之人"，"近世之图书馆渐为社会之中心"；图书馆必须服务于社会上的所有民众（平民化），因为图书馆是"为多数人而设，而非为少数人者"，"故其目的在使凡有阅读之能力者，不问其年龄阶级与性别之如何，皆得有其适当之读物"[17]。这是非常切合当时中国图书馆现实需要的理论，为中国图书馆事业的发展指出了正确的方向。关于图书馆学的研究对象，刘国钧先生认为是组成图书馆的各个要素，为此，他在陶述先先生和杜定友先生的"三要素说"之后，提出了图书馆学要研究图书、人员、设备、方法这四个要素[18]。他还以此为基础，构建起了我国最早的图书馆学基本学科体系。刘国钧先生的"四要素说"以及后来提出的"五要素说"，是迄今为止最具有中国特色的图书馆学理论之一，也是迄今为止中国图书馆学研究者对图书馆学研究对象最完整和最基本的认识，它对指导具有中国特色的图书馆学理论建设具有重要的意义。

在图书分类方面，刘国钧先生也是一位本土化的开拓者。他在图书馆图书分类工作的实践中，以及在对我国许多图书馆类分图书时所遇到的问题进行考察后，"深感四库分类法不能适用于现在一切之中籍，且其原则也多互相刺谬之处，不合图书馆之用；而采用新旧并行制，往往因新旧标准之无定，以至牵强附会，进退失据，言之似易，行之实难；至于采用西人之成法，则因中西学术范围方法问题不同者太多，难于一一适合，勉强模仿，近于削足适履"[19]。因此，中国的图书馆急需一种实用的、能够方便各种图书分类的工具。而在各种中国图书分类法编制的方案中，刘国钧先生极力主张采用《杜威十进分类法》的原理和技术，但不采用它的体系，独立创制一种适用于中外文新旧图书的统一分类法。为了实现这一主张,他自1925年起便亲自开始研究、编制《中国图书分类法》,历时4年,终于在1929年完成并公开发表,使一部融合了中西文化的、适用于中国图书馆的、富有创新意义的图书分类法在中国的土地上诞生。《中国图书分类法》后来被中国图书馆界广泛采用,成为中国近代图书馆学史上生命力最强的一部图书分类法。这部分类法也被看成是中国图书馆学本土化最成功的范例之一。

在图书编目方面,刘国钧先生集中精力研究了解决我国长期未有定规的编目法的问题,力求实现中西编目法的交融合璧,使之既与国际潮流接轨,又符合中国国情。由于当时在中文图书编目方法上,不少学者主张直接采用欧美西文图书的编目方法,致使编目工作的国际化与民族化之间的矛盾比较突出,出现了"以著者款目为主"还是"以书名款目为主"的争论,前者是英美西方国家的做法,后者则是中国传统的做法。而刘国钧先生这时已经洞察到文献编目发展上的国际化趋势,认识到中国图书馆文献编目的改革已是大势所趋。因此,他一方面向中国图书馆界介绍西方编目法为达到满足读者多方面检索需求,以多种款目组成多种目录,多种目录互相补充,形成完整检索体系的先进思想;一方面从我国图书特征、读者检索习惯、社会的认同性以及中国目录编制传统等四个角度来论证中文图书编目应以书名为主要款目的观点,既不全盘否定中国传统的编目思想,又不排斥西方先进的编目理论。特别是他以一个图书馆学研究者的高度责任感,决定自行编制一部《中文图书编目条例》,以统一中文图书的编目工作。为此,他"绅绎宋元以来之公私著录,抉其通例,征之于西方目录学家之规定,而略为变通,笔之于纸"[20],终于1929年底编制完成,结束了中文文献编目长期缺乏标准的状况。这部根据英美编目理论并结合中国目录学传统而编成的适合中国图书馆使用的编目规则,不仅被国立北平图书馆、中央图书馆和一些大学图书馆采用,更为以后在全国实行中文文献统一编目奠定了基础。这是刘国钧先生为中国图书馆学建设做出的又一个重大贡献。

四、20 世纪初我国图书馆学本土化活动给我们的启示

20 世纪初,在梁启超先生"建设中国的图书馆学"的号召下,在沈祖荣、杜定友、刘国钧等人的具体组织与推动下,图书馆学本土化逐渐成为了中国图书馆学界的一种学术活动,并被广大图书馆学研究者自觉或不自觉地融入了自己的学术研究之中。这就使得 20 世纪初中国图书馆学本土化的内容广泛而深入、成果形态丰富而多样:既有如图书馆学研究对象"要素说"一类的本土化理论问题研究原创型成果,也有如图书馆学体系建构或图书馆学的比较研究等理论、方法的修正——创新型成果,更有如《中国图书分类法》、《中文图书编目条例草案》等为代表的本土图书馆实际问题解决型的应用性成果。总之,在 20 世纪初的世界图书馆学格局中,中国的图书馆学取得了引人瞩目的发展,形成了自己的学术风格,产生了较大的社会影响。当时的中国图书馆学研究从整体上看,即使没有全面达到世界最先进的水平,但至少也在发展中国家处于一个领先的地位。这与中国图书馆学研究者持续不懈的本土化努力是分不开的。总结历史的经验,我们可以从中获得许多有益的启示:

1. 中国图书馆学的发展必须面向世界,对国外先进的图书馆学知识要积极引进、合理借鉴,同时要善于继承中国古代藏书研究中的传统精华,勇于创新

这是 20 世纪初中国图书馆学本土化过程中的一条极其宝贵的经验。它具体体现在以下三个方面:一是注重及时引进国外图书馆学研究的主要成果,从当时我国图书馆学家介绍和引进的国

外图书馆学研究成果看,无论是图书馆学的理论,还是图书馆学的技术、方法,都及时反映了国际上图书馆学研究的最新、最高水平,这就为中国图书馆学建设的高起点提供了很好的参照;二是对国外的图书馆学理论和方法不迷信、不盲从,而是结合中国国情,以实事求是的态度对其进行认真的分析和研究,一方面对其有用的成分实行拿来主义,直接为我所用,另一方面对其不符合中国国情的部分给予大胆的批判,并通过研究加以改造,使其能够适合中国图书馆的实际;三是以有利于中国图书馆学的发展为基本出发点,继承我国古代藏书研究中优秀的学术传统,并将其融合到现代图书馆学的理论建设和方法创新之中,既非全盘西化、生搬硬套,又非抱残守缺、囿于"传统",而是在借鉴与继承的基础上有所开拓,追求创新,使中国近代图书馆学理论和方法具有中西合璧的特点。

2.要使图书馆学本土化活动由"自在"变成"自为",需要发挥图书馆学学术团体的组织和引导作用

尽管从西方图书馆学被引进中国开始,图书馆学本土化就伴随着图书馆学在中国的逐步建立而存在了,但如果没有相应的学术团体的倡导、组织,没有明确的目标和导向,仅靠个体图书馆学研究者无意识的努力,图书馆学本土化的进程将是缓慢的,取得的成果也不会有较高的水平,其产生的影响也自然是非常有限的。中国图书馆学本土化建设自 1925 年以后发展迅速,成果不断(1937 年以后抗战爆发,图书馆学发展缓慢甚至停顿,是不可抗力的影响所致),一个重要的原因就是中华图书馆协会的建立。而其在倡导、组织、推进"中国的图书馆学"建设方面所起的作用是怎么评价也不会过分的。作为以促进"中国的图书馆学建设"为宗旨之一的全国性图书馆学术团体,中华图书馆协会不仅明确提出了图书馆学本土化的目标,而且在其主办的各种学术活动中(包括出版图书、期刊,召开学术会议,开展人员培训等),也无不贯穿着图书馆学研究必须本土化的思想。它还充分发挥自己在广

大图书馆学研究者中的纽带作用,努力为图书馆学研究者营造出了一个探讨、交流、争鸣的学术氛围,为图书馆学本土化提供了良好的学术环境,这就使图书馆学本土化的观念很快成为中国图书馆学研究者学术研究的追求。

3. 图书馆学本土化需要有一批爱国、敬业、知识渊博、求实创新的高素质图书馆学人才

应该说,20 世纪初中国还处在一个社会非常动荡、经济十分落后的环境中,图书馆事业、图书馆学的发展条件相当不利。然而,正是在这个时期,中国却完成了从封建藏书楼向近代图书馆的过渡,图书馆学也从无到有,形成了中西结合的、且具有一定中国特色的近代图书馆学。这是什么原因呢?从前面的论述中我们很容易发现,是因为有一批爱国敬业、学贯中西、求实创新的图书馆学家不为名利所诱,始终坚守在图书馆学这块贫瘠的土地上辛勤耕耘。通过他们的不懈努力,才使得中国特色的图书馆学获得了较大的发展。在这些图书馆学家身上确实体现出了一种图书馆职业精神的魅力!

20 世纪初我国图书馆学家所拥有的图书馆职业精神主要包括以下一些方面:①强烈的民族自尊、自信、自强精神。当时的图书馆学家,许多是从国外留学归来的学者,但他们无一不具有强烈的社会责任感和忧国忧民的意识。在一个社会动荡、经济落后、民不聊生的环境下,他们正是本着“国家兴亡,匹夫有责”的强烈民族意识投身到图书馆事业的发展和图书馆学研究中去的。他们把“建设中国的图书馆学”与提高民众的知识水平、振奋民族精神、最终实现富国强民的目标联系到一起。如杜定友先生就曾说过,“举世扰乱之秋,正是我们努力之时。国事濒危,岂敢稍图苟安。所以卧薪尝胆之心,未让勾践”[21]。这是何等高尚的图书馆精神!正是这种图书馆精神的巨大力量,激励他们把全部的精力都奉献给了中国的图书

馆事业和图书馆学研究。②强烈的职业自豪感和奉献精神。当时的图书馆学家由于大多具有国外专业教育的背景,他们如果想要在社会上谋取一个地位高、收入丰的职业本来不是一件难事。但是他们却都义无反顾地选择了条件差、收入低的图书馆职业,还把能够从事图书馆工作看成是无上的光荣和莫大的幸福,对图书馆工作充满了职业的自豪感。杜定友先生认为,从事图书馆工作"胜过做大总统"[22],他们把这种职业自豪感反映在图书馆学研究与实践活动中,就形成了突出的奉献精神。不管条件多么艰苦,环境多么不利,他们始终对图书馆事业充满信心,对"建设中国的图书馆学"追求不息。③大胆的吸收、探索、改革和创新精神。当时的图书馆学家大多具有通今博古、学贯中西的知识结构,他们既受过西方先进的图书馆学教育,又对中国图书馆实际有着深刻的了解。他们深知中国传统的藏书理论和方法不能适应近代中国图书馆的发展,于是大胆地引进西方先进的图书馆学理论和方法,成为了研究国外图书馆学的先驱者。但与此同时,他们又不是照抄照搬国外现成的理论与方法,而是结合中国的实际对其进行大胆的探索、改革和创新,成为了中国特色图书馆学理论与方法的开拓者。正是由于他们的努力,才使来源于西方的图书馆学逐渐实现了中国的本土化。

总之,20世纪初我国图书馆学家在中国图书馆学本土化中的贡献给我们留下了宝贵的历史遗产,为我们今后加快建设中国的图书馆学树立了很好的榜样。

参考文献

1. 李小缘. 全国图书馆计划书. 图书馆学季刊, 1927, 2 (2)

2. 梁启超. 中华图书馆协会成立会演说辞. 中华图书馆协会会报, 1925, 1

（1）

3. 转引自：程焕文. 中国图书馆学教育之父——沈祖荣评传. 台湾：学生书局，1997：31

4. 中国大百科全书·图书馆学情报学档案学. 北京：中国大百科全书出版社，1993：371－372

5. 沈祖荣. 中国全国图书馆调查表. 见：丁道凡编注. 中国图书馆界先驱沈祖荣先生文集（一九一八——一九四四）. 杭州：杭州大学出版社，1991：1

6. 沈祖荣. 中国全国图书馆调查表. 见：丁道凡编注. 中国图书馆界先驱沈祖荣先生文集（一九一八——一九四四）. 杭州：杭州大学出版社，1991：2－9

7. 沈祖荣. 民国十年之图书馆. 见：丁道凡编注. 中国图书馆界先驱沈祖荣先生文集（一九一八——一九四四）. 杭州：杭州大学出版社，1991：16－17

8. 沈祖荣. 我国图书馆事业之改进. 见：丁道凡编注. 中国图书馆界先驱沈祖荣先生文集（一九一八——一九四四）. 杭州：杭州大学出版社，1991：179－183

9. 王子舟. 杜定友和中国图书馆学. 北京：北京图书出版社，2002：46

10. 杜定友. 图书馆学之研究. 见：钱亚新，白国应编. 杜定友图书馆学论文选集. 北京：书目文献出版社，1988：6

11. 杜定友. 图书馆学的内容和方法. 见：钱亚新，白国应编. 杜定友图书馆学论文选集. 北京：书目文献出版社，1988：16

12. 杜定友. 图书馆学的内容和方法. 见：钱亚新，白国应编. 杜定友图书馆学论文选集. 北京：书目文献出版社，1988：17—18

13. 徐引篪，霍国庆. 现代图书馆学理论. 北京：北京图书馆出版社，1999：113

14. 刘国钧. 本刊宗旨及范围. 图书馆学季刊，1926，1（1）

15. 刘国钧. 现时中文图书馆学书籍评. 见：史永元，张树华编. 刘国钧图书馆学论文选集. 北京：书目文献出版社，1983：14

16. 刘国钧. 近代图书馆之性质及功用. 见：史永元，张树华编. 刘国钧图书馆学论文选集. 北京：书目文献出版社，1983：2

17. 同上。

18. 刘国钧. 图书馆学要旨. 上海：中华书局，1934：11－15

19. 刘国钧. 中国图书分类法：自序. 见：史永元，张树华编. 刘国钧图书馆学论文选集. 北京：书目文献出版社，1983：52－53

20. 刘国钧. 中文图书编目条例草案：导言. 见：史永元，张树华编. 刘国钧图书馆学论文选集. 北京：书目文献出版社，1983：61

21. 俞君立. 中国文献分类法百年发展与展望. 武汉：武汉大学出版社，2002：24

22. 程焕文. 筚路蓝缕、鞠躬尽瘁——试论图书馆学家、图书馆学教育家杜定友先生对中国近代图书馆事业的卓越贡献. 见：杜定友纪念室编. 杜定友学术思想研讨会论文集. 广东图书馆学刊（专辑），1988：41

藏书建设研究历程分析

徐建华　卢正明(南开大学商学院信息资源管理系)

一、藏书建设研究演变

我国图书馆的藏书建设研究,在概念上经过了由图书采访——藏书建设——文献资源建设——信息资源建设的转变,这一转变是基于图书馆实践和不同时期图书馆的工作侧重点而来的,同时,也影响了有关藏书建设的学术研究。

依据这一概念演变,我国图书馆的藏书建设研究,大致可以划分为以下几个阶段:

(一)建国以前,漫长的图书采访阶段

馆藏建设有一个建立和发展的过程,在中国古代和近现代,这一过程可称为图书采访。

1. 古代,图书采访着眼于搜集和保管

在中国古代藏书楼的管理活动中,最主要的一项就是图书采访。

在这其中,从古代开始就一直编制的目录起到了很大的作用,如中唐时期唐武宗会昌废佛运动之后,佛教寺院藏经和藏书的恢复就是依据唐玄宗时期著名僧人智昇的《开元释教录》的"入藏

录"开展的,并且,为了方便携带,还专门将其独立出来,形成专门的《开元释教录略出》行世。

北宋时代,政府藏书还采取了类似后世呈缴本制度的方式,规定官修和新撰书,都要上交样本,贮藏馆阁,先后有窦仪等上《重定刑统》30卷、《编敕》200卷,薛居正上《五代史》150卷,卢多逊等上《开宝通礼》200卷、《义纂》100卷等[1]。

古代的图书采访工作中,已有运用较科学的方法,如比较的方法。南宋官方也曾以书目为手段访求遗书:一方面征集公私藏书目录,与国家藏书相比较,决定取舍,按录索书;另一方面是公布缺书目录,进行图书的采集[2]。此时有关图书采访的成就是完成了相应的理论总结,如郑樵著名的"求书之道有八论",也就是"求书八法"即是其中的代表。"求书八法"依次为:即类以求、旁类以求、因地以求、因家以求、求之公、求之私、因人以求、因代以求。

然而,限于中国古代藏书楼的藏书观念是以"藏"为主,而当时文献生产的数量也不多,因此,图书的采访更注重的是搜集和保管,即尽可能地搜集所有文献并进行严密的保管,而不需要面临过多的图书选择问题。

2. 近现代,图书采访内容的扩展

进入近代以后,旧式藏书楼开始向近代图书馆转变,公共图书馆和通俗图书、高等学校图书馆及其他类型的图书馆自上而下地普遍设立。在这种情况下,图书馆的图书采访工作也随之发生了一些变化,由于图书种类与出版数量日益增多,出版物新类型(杂志、报纸、教科书等)的诞生,翻译书的大量出现,资本主义经营方式的出版企业的出现等等,图书馆的图书采访工作必然面临着一个图书的选择性入藏问题。随着图书馆管理工作的加强,采访工作面的拓宽,继而出现了一些有关图书采访的理论著作。

清末民初,是我国藏书机构由古代的政府、书院、私家三种主要类型向正规的近代团体与公营类型图书馆转变之际,藏书建设方面的研究主要涉及选书和图书入藏标准(如《图书馆之书籍选择法》[3]、《通俗图书馆底选择法》[4]、《图书馆选择书籍之原则》[5])、募集(如《图书馆与募书运动》[6]、《征集海内图书启》[7])等问题。

此时,有关图书采访工作还出现了相应的规章制度,如1910年清政府学部拟定的《京师图书馆及各省图书馆通行章程折》第十条及第十一条就明确规定:"中国图书,凡四库已经著录及四库未经采入者,及乾隆以后所有官私图籍,均应随时采集收藏。其有私家收藏旧藏精钞,亦应随时假钞,以期完备。惟近时私家著述有奉旨禁行及宗旨悖谬者,一概不得采入。""海外各国图书,凡关系政治学艺者均应随时搜采,渐期完备,惟宗旨学说偏驳不纯者不得采入。"

作为对图书采访的补充,有的图书馆还订立了与分馆之间的图书交换与互借规定,如1919年京师图书馆与分馆订立了交换阅览图书简则和阅览互借图书暂行规则。

民国年间,随着图书馆运动的开展,图书馆采访工作在理论上和实践上都得到了发展,并出现了一些图书采访的专著,如杜定友的《图书选择法》(1926)、顾颉刚的《购求中国图书计划》(1927)、林德斯的《儿童读物选择法》(1931)、吕绍虞的《图书之选择与订购》(1934)等。

整个近现代,由于现代图书馆的诞生,图书采访实践发生了很大的变化。相应地,图书采访的研究也有了很大进步,与古代的仅仅注重搜集相比,增加了图书选择中对于新文献类型的研究、图书采访规章制度的研究等内容。更为重要的是,出现了一些图书采访专著。

(二)建国至"文革"以前,藏书建设的提出与实践

经过近现代图书馆事业的发展和采访理论的总结,到20世纪

50年代,采访一词,已不足以概括这一工作的全过程,当时多用"图书补充"、"藏书补充"、"藏书组织"等来称呼这一工作。1961年《图书馆》杂志上较早发表文章,提出藏书建设的概念,如陈鸿舜"关于提高藏书建设质量的两个问题"。藏书建设概念的提出是与当时的图书馆学认识和实践相适应的:新中国成立以后,科学技术的飞速发展,一方面导致了新的文献急剧增加,另一方面也导致了旧的文献内容不断失效;此外,图书馆藏书建设在古代的搜集、近代的选择基础上增加了藏书复选与剔除和藏书协调等内容。

由此,藏书建设被定义为:按照一定的原则,确定图书馆采购标准和收藏范围,有计划、有目的地选择入藏各种文献,并将它们进行科学的组织与保管,以及不断地剔除确实不为读者所需的文献资料的工作[8]。

在藏书建设提出与实践的同时,资源共享问题也被提了出来。1957年先后颁布的《全国图书协调方案》和《高等学校图书馆馆际互借办法(草案)》,都是为了使图书资料得到更广泛的利用。其中,《全国图书协调方案》的任务之一是建立中心图书馆,而建立中心图书馆则是为了协调采访,达成全国和地区性的藏书规划,使藏书布局合理。

50年代末,受当时"大跃进"的影响,一些图书馆盲目追求数量,提出了过高的诸如发展读者、流通图书、建立农村图书室的"指标",使图书馆的发展超越了当时客观经济所能给予的条件,出现了脱离实际的浮夸风,造成了图书的较大量丢失和损害,致使图书馆藏书建设发展遭受一定的挫折和损失。1962年,在总结经验、教训的基础上,经过整顿,藏书建设在新的基础上又得到了巩固和发展。

十年"文革"动乱,我国的经济、文化、社会建设都受到重创。这个时期老一代图书馆学家都被作为资产阶级学术权威靠边站了,整个图书馆学研究基本停滞,出版业萧条,图书馆事业发展停顿,无数的古籍与珍贵书刊资料被当作"封、资、修"的"黑货"、"毒草"遭到损毁,图书馆的收藏除马列和毛泽东著作外,其他得到保存和使用的图书很少。

1977—1978 年,虽然在一定程度上纠正了"文革"的错误,但图书馆事业和藏书建设还是没有恢复元气。

在这个阶段,藏书建设的概念刚刚被提出,藏书建设的研究也处于初步阶段,藏书建设研究的基本内容包括:藏书体系基本模式规划、藏书选择与补充、藏书组织与管理、藏书协作协调和藏书建设基本理论与方法研究。

(三)改革开放至1995 年,从藏书建设到文献资源建设

1. 1979—1984 年,藏书建设的恢复与发展

改革开放后,经历了十年动乱磨难的图书馆事业及其藏书建设均得到恢复与发展。1979 年 7 月,中国图书馆学会成立,标志着我国图书馆事业迈入一个新纪元。1982 年 8 月,中国图书馆学会和黑龙江省图书馆学会联合召开了"全国图书馆藏书建设专题学术讨论会",积极推动了藏书建设理论与实践的发展。

这一阶段,图书馆藏书建设的研究达到高潮:藏书建设的研究成为图书馆学研究的热点之一,大量研究论文出现,从国外引进了许多理论,许多关于藏书建设的理论专著诞生。随着图书馆事业的发展而充实,除图书采选的原理原则和征集图书的技巧与程序外,关于图书馆藏书发展的计划,文献资源的分配与共享,促进图书馆业务自动化等实质问题和概念问题,都直接注入了图书馆藏书建设的范畴。同时,理论上开始了向专门化研究发展,对藏书选择、采集、组织、复选、剔除等专题进行了较为深入的探讨;书目控制论、藏书结构理论等也对藏书建设产生了重大影响。

2. 1984 年—1995 年,从藏书建设到文献资源建设

1984 年,肖自力在《我国文献资源建设和高校图书馆的使命》

中，第一次系统阐述了文献资源建设的理论与实践问题[9]。1986年11月，中国图书馆学会在南宁召开"全国文献资源布局学术讨论会"，讨论了我国文献资源布局的可行性模式问题，产生了我国宏观文献资源建设理论研究的一批重要成果[10]。1987年10月，文化部、国家科委、国家教委、中国科学院等15个部委联合成立了"部际图书情报工作协调委员会"，下设文献资源专业组，其职责是调查研究全国文献资源布局与开发利用现状，了解各系统在文献资源建设方面需要协调的共性问题，组织落实文献采购协调、编制联合目录、开展馆际互借等具体协作项目。从1988年至1990年，该委员会组织了以掌握我国文献资源积累完备程度和支持研究决策能力为目的的"全国文献资源调查"，其规模之大，范围之广，影响之深远，堪称史无前例。

文献资源建设概念的提出源于两个原因：首先是文献类型更加复杂，已非"藏书"所能涵盖；其次是合作藏书与资源共享活动的广泛开展，"藏书建设"无法确切反映这一领域理论与实践的发展。

宏观意义上的文献资源建设，是指一个地区、一个国家乃至国际间众多的文献情报机构对文献资源的规划和协作、协调发展，形成一个整体。微观意义上的文献资源建设，是指各个文献情报机构对现有文献资源的收集、组织、管理、贮存等工作，也就是原来意义上的藏书建设，只是我们多把文献资源建设理解为整体建设。文献资源建设和藏书建设相比，其内涵和外延更加丰富、宽泛。文献资源建设使藏书建设从一馆文献收集发展到多馆的、地区的、国家的甚至国际间的合作或文献资源的整体建设，最终建成强有力的文献保障体系。也可以说，文献资源建设是藏书建设从微观走向宏观、从局部纳入整体的必然结果。

文献资源建设的研究从建立文献资源保障体系的视角与高度，将各类文献收藏视为一种社会资源来加以审视和研究，将馆际协作、文献资源整体化建设和资源共享、建立联合目录报导体系等一系列宏观文献资源建设理论纳入我们的研究视野。藏书的协调协作研究是先从外文期刊开始的,按地区或系统进行,后又从微观的文献资源建设(藏书建设)扩大到宏观的文献资源建设研究。全国文献资源调查与布局研究被列为全国社科基金课题而在全国各地大规模展开,使文献资源建设理论研究结合实际应用达到了高潮。

(四)1995 年至今,信息资源建设的提出与实践

文献资源建设理论的提出,很快便获得了图书情报界的普遍认同;然而,仅仅相隔 10 年左右,即 90 年代中期,一些学者就提出了文献资源建设要向信息资源建设发展。

20 世纪 90 年代以后,由于信息环境的巨大变化,特别是网络的迅速发展,图书馆赖以提供服务的资源基础,已不局限于馆藏的物理形态的文献,数字化信息迅速地涌入图书馆,人们获取信息的载体形态、获取方式、传递手段都发生了重要变化。1994 年 4 月中国正式联入因特网,尤其是 1995 年万维网技术成熟之后,海量的电子信息资源如狂飙从天而降。作为以向社会提供信息服务为己任的图书馆,若要从网上获得信息资源,就必须向网上输送信息资源。因此,图书馆虚拟馆藏建设的研究被提上日程,而这一重要的组成部分是文献资源建设理论所没有容纳的,因此,文献资源建设理论已涵盖不了我国图书馆馆藏建设实践和理论研究内容,有必要加以丰富和发展。

我国学者意识到文献资源建设理论的局限性大约是在 1996 年前后,代根兴在"中国文献资源建设研究理论的回顾与展望"一文中提出将文献资源建设深化为信息资源建设的观点,同年,吴晞在"文献资源、信息资源和信息资源建设"一文中也提出了相似的观点,并做了较详尽的论述。

信息资源建设的研究可划分为文献信息资源建设研究和网络信息资源建设研究。文献信息资源建设的研究又可包括两部分：宏观上，文献信息资源共建共享的内容、模式、原则等；微观上，馆藏建设的规划、采选、补充、组织、复选与剔除等。网络信息资源建设则主要研究网络信息资源的采集、组织、开发以及数据库的建设。

二、藏书建设研究的主要内容评述

通过上面的叙述可知，中国图书馆的藏书建设研究历经了图书采访——藏书建设——文献资源建设——信息资源建设的理论嬗变。现在，藏书建设、文献资源建设和信息资源建设的概念仍在一定程度上混用，但它们之间的关系还是比较清晰的，我们认为可以用下图来表示：

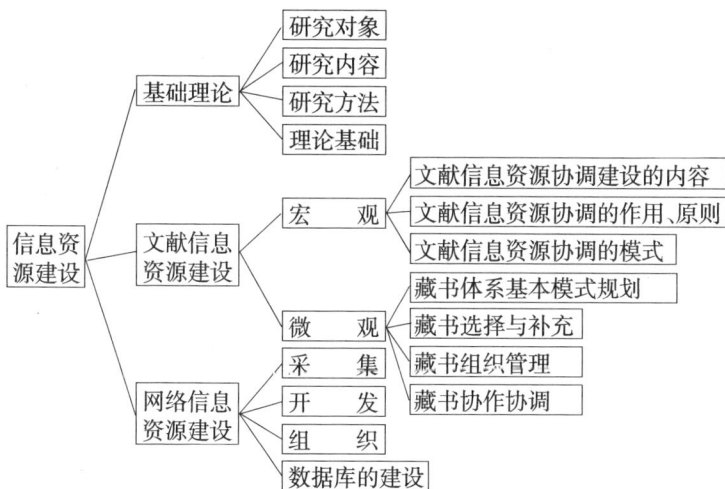

图1：藏书建设、文献资源建设与信息资源建设

中国藏书建设的研究有一个特点:即随着藏书建设、文献资源建设与信息资源建设概念的相继提出,每当一个新的概念出现后,研究的焦点就会转移到这个概念上。现在,关于传统藏书建设的研究已很少见,关于信息资源建设的研究,更多的是集中在新出现的概念,如网络信息资源的建设、数据库的建设、信息资源保障体系等方面。然而,现实的情况是,随着中国图书馆事业的繁荣与发展,新建图书馆数量增多,且各图书馆发展水平不一致,而很大一部分的图书馆传统的藏书建设还存在诸多问题。因此,实践仍需要加强和加深对传统藏书建设的研究。本文即从传统藏书建设的概念出发,对已有的藏书建设研究内容做一综述,以期找到相关研究的不足和需要改进的地方,加强对实践的指导和影响。

(一)关于藏书结构的研究

藏书结构是 70 年代美国图书馆学界提出的一种新概念、新理论。1981 年,肖自力发表的《试论藏书结构》一文,将这一概念引入我国,引起强烈反响,并逐渐成为我国文献资源建设理论研究的核心和热点。这一研究所探讨的主要问题有藏书结构的概念、意义、依据;藏书结构与藏书体系;最佳藏书结构的标志;藏书结构一览表;五级藏书的数量关系及其计算方法;各类型图书馆的藏书结构等。

面对文献数量剧增、文献需求迫切而书价上涨、文献收藏费用增加这一尖锐矛盾,图书馆的对策之一就是要调整馆藏结构,实现藏书整体功能的优化。对于馆藏结构理论的探讨,肖自力的研究比较系统,他提出:"图书馆必须根据自己的对象和任务,把不同学科、不同水平、不同语文、不同形式的知识情报载体,收集、整理、组成一个有纵有横,有专有博,互相配合的整体。"肖自力关于藏书结构的构想,主要考虑了五个方面:

(1)学科结构方面:学科结构处于知识面、使用面和藏书组织面的结合点上，是重点接口，提出以《中图法》大类为依据，确定了二百多个专题；

（2）等级结构方面：藏书的等级结构反映藏书内容的深浅程度、完整程度和读者水平；

（3）时间结构方面：藏书的时间范围是查询知识情报的一个重要因素，应予以反映；

（4）语文结构方面：语文是文献记录的重要特征，是表示馆藏水平、读者需求水平与能力的重要因素；

（5）文献类型结构方面：不同类型的文献各有特色和不同的作用，应在藏书结构中得到反映。

肖自力在藏书结构中明确提出，藏书结构具有整体性概念，是各种图书组成部分的搭配和排列，是组成一个系统的各个因素之间的排列组合。这个整体概念的评价，不是以某一部分图书的多少为依据，而是以图书馆藏书整体可能满足自己读者对象的需求程度，以及完成自身所承担的任务的情况为标准[11]。

对馆藏结构的要素和关系的构想不只是一家之言，有人提出了新的观点，张学华在不同层次上揭示了藏书的组成结构关系构想，他认为品种和复本是藏书最基本要素，构成藏书结构的最基本划分，称之为原级结构。

图书的内容是读者产生阅读欲望的主要因素，在这个主要因素之后才考虑文献类型的易读性与获得性。因此，藏书又可划分出内容和类型两个结构亚层，称之为内容结构和类型结构。内容结构层包括学科结构、时间结构和等级结构，类型结构包括语文结构、类型结构（出版类型、记录方式）等。

另外，在藏书结构的探讨中，各种图书馆根据自己的性质任务和读者对象提出了适用于本馆特点的藏书结构设想，如政法高等院校图书馆的藏书结构分核心藏书、基础藏书、一般藏书、交叉藏书和备用藏书，军校图书馆的藏书结构按学习型、参考型、研究型、信息型、政治理论型、文化普及型划分等[12]。

(二)关于藏书的再选择与更新的研究

图书馆藏书再选择是图书馆藏书建设与采访工作逆向联系的重要环节之一。在探讨藏书再选择问题的同时,涉及到图书馆藏书再选择原因的讨论。过去,对图书馆藏书再选择原因的典型说法有四种:藏书的老化、文献量的激增、书库危机和业务工作的调节。

有文章认为,从局部看以上诸说法是有道理的,但这些说法仅限于表面,没有道出事情的本质。比如,藏书的老化是藏书再选择的标准,而不能作为原因,书库危机是没有进行藏书再选择的结果,也不是原因,因采购偏向造成的无用藏书也仅占4%左右,以上四种原因都不能完满解释藏书再选择所包含的内容:即确定书刊资料的利用程度,为对馆内藏书进行调整、处理和补充提供依据[13]。所以, 以上诸说的根本缺陷是把藏书再选择看成是一项消极被动的活动,而忽视了藏书再选择的主要原因是社会生活的变化,国民经济以及科学技术的发展带来图书馆观念和职能的变化。文章作者认为,藏书再选择原因有两方面:1. 主观原因,藏书是为了使用,藏书多并不是好事,无用藏书影响藏书效率,剔除无用藏书可提高藏书利用率, 因此, 应该用藏书再选择代替单纯的增加藏书。2. 客观原因,图书馆全面入藏方针逐渐转变为有选择、有重点、专业分类、资源共享的方针,剔除不符合本馆特点的书,调拨到可使其发挥更多作用的地方去,给藏书再选择提供了更明确的依据[14]。

为了提高藏书质量,图书馆应及时剔除无用藏书。有的国家认为,藏书少则三年,多则二十年,就得全面更新一次。虽然,我国目前不可能做到,但为了方便读者利用图书馆藏书,就应对藏书更新知识进一步了解,对藏书更新问题进行周密的考虑,使图书馆藏书更新的速度符合国内外文献更新的水准,才能吸引读者,使藏书得到充分利用。因此,读者利用文献的水平就成了评价图书馆藏书更新及其工作程序的主要标准。低的藏书更新率会招致更低的藏书周转率,如果藏书更新太慢,就不能满足读者需要,但如果更新太快,读者又会来不及利用文献。因此,更新率的最佳值应该在于保证最高的周转率。通过统计说明,藏书的更新率与周转率之间不一定成正比关系,但较高的更新率会产生较高的周转率[14]。在被调查的一些图书馆中,藏书更新大都介于5%—13%之间,集中化图书馆体系中各分馆内藏书更新率为8%—9%,由此产生的藏书周转率300%[16]。

(三)关于藏书质量评价的研究

我们通常说一个图书馆藏书质量好,是认为这个图书馆藏书量多,或在某一学科范围内藏书是很好的,可持这种观点评价藏书却忽略了图书馆藏书的好坏是看其满足应服务范围读者群的需求程度的一方面。数量本身不是衡量藏书质量优劣的标准,但人们往往将其视为一种尺度。那么,什么是优质藏书,什么是低劣藏书?如果定量方法论只是一种假想,不存在藏书评价的具体方法,那么,有没有一种能衡量藏书优劣的途径呢?

有文章认为,合理的藏书结构应是评价藏图书质量的主要标准。藏书的合理结构主要依据于图书种数、册数和复本率,以及相应计算出来的图书种数百分比和图书册数百分比。评价藏书质量的标准可采用《中图法》五大部类、二十二大类图书所占的合理比例进行评估。当然,在确定比例时应考虑本馆读者需求的实际情况[17]。

有文章认为,五级藏书结构不宜作为藏书质量的标准,因为,五级藏书结构只是在理论上说得过去,实际上任何图书馆划分五级藏书结构的标准都难以掌握,没有统一的标准,则很难正确划分,用这种方法评价图书也不妥当。

那么,衡量藏书质量的标准究竟是什么呢? 目前图书馆界看法颇不一致, 大致有五种观点[18]:

(1)衡量一个图书馆藏书质量的高低关键是看它的藏书结构是否合理;

(2)藏书中有无众多珍善本,其藏书是否系统完整;

(3)以图书资料的实用价值为其藏书质量标准;

(4)满足读者需要的程度、水平、范围、质量和数量;

(5)"四率"标准,即图书馆书刊采购率、利用率、阅读率和拒借率。

在众说纷纭的价值标准中,评价是否有路可行? 我们评价藏书的目的是什么? 是希望了解工作的好坏,还是想了解藏书满足读者需求情况? 藏书系统的好坏是在我们建设它的时候判断,还是在评价它的时候来判断? 从图书馆购入到评价它的时候,其价值是否发生了变化? 藏书是不是一个不断变化的实体? 如果它处在不断变化、不断增长的过程中,我们在时间上选择哪一点进行评价? 如果一个藏书系统,它服务的社会群体、服务的目的以及制度都处于不断变化中,那么藏书也必然是一个不断变化的系统,对它的评价则呈现动态特性,不可能是永恒的[19]。我们在研究中提出了许多尚不能回答的问题以及许多能回答但没发现的问题,留待我们去探讨和发现。

(四)关于藏书数量控制的研究

1974 年, 美国的 G. 丹尼尔发表了《向亚历山大告别》一文,第一次提出了藏书零增长的观点[20]。第二年英国大学拨款委员会发表了著名的阿金森报告, 较为系统地阐述了控制藏书增长的理论——零增长理论(后发展为稳定状态理论)。20 世纪 80 年代初,这一理论被介绍到国内,引起我国图书馆界的高度重视。

讨论的主要问题有两个:一是最佳藏书量的确定问题,大体有四种代表性意见:①是以藏书流通率和读者满足率为依据,认为当藏书流通率为100%(一说在60%—100%之间),读者满足率在80%左右时,则此时的藏书量就是最佳藏书量;②是仅以读者满足率为依据,认为当一个图书馆的藏书能满足读者需求80%—90%(另一说为75%—80%)时,此时的藏书就称得上最佳规模;③是以藏书保障率为依据,并考虑读者人数与学制,分别得出最小藏书量和最大藏书量,其计算公式为:读者人数×藏书保障率=最小藏书量,读者人数×藏书保障率×学制=最大藏书量;④是以国家颁布的高校图书馆规划面积定额为依据,最佳藏书量=书库面积×每平方米实际放书量[21]。

讨论的第二个问题是如何控制藏书数量?有人主张通过精选图书,经常复选和剔除,分工协调,联合存贮,资源共享,制定标准,规定最佳藏书量,大力开展文献复制,减少复本等办法来实现[22]。有人则提出应根据图书流通率来限制藏书数量,凡流通率低于规定的基数时,在初选时削减其复本量,若实践证明长期无人借阅,则在复选时予以剔除[23]。还有文章提出了"适度藏书"、"适度不便"的概念。所谓"适度藏书"就是一个图书馆运用系统分析的方法,对影响藏书的诸因素进行合理的调节,使藏书在既定条件下能取得满足本馆读者需求的最大值。"适度不便"则是一种普遍的客观规律,图书情报部门应确认这一原理,并将之作为藏书建设的一个重要原则[24]。

(五)关于藏书布局的研究

在我国,藏书布局的传统形式是单一典藏制,这是藏书楼的典型形式。到了近代,普遍出现了分藏制,即基本书库、辅助书库和特藏书库[25]。可随着馆藏数量的激增,文献有效期的缩短,书库空间紧张以及读者对馆藏需求的提高,这种分藏制也越来越不能适应读者工作的需要。因此,图书馆界有人提出借鉴国外三线典藏制的经验,即将藏书根据读者利用率的高低,文献使用价值的大小及其新旧程度,将利用率最高的放第一线——开架阅览或外借,利用率较高的放第二线——辅助书库,利用率最低的集中到第三线——基本书库。

"三线典藏制"的划分标准是利用率,突出的优点是方便读者,有利于高效快速地传递图书,使藏书经常处于新陈代谢的流动中,降低拒借率[26]。同时,第三线藏书是利用率最低的藏书,为剔旧打下了基础。

虽然"三线典藏制"的优点很多,但根据我国现状,完全实施,也存在一些问题。如:改用"三线典藏制"许多图书馆将受到原有藏书组织布局和建筑的限制;目前各馆文献资源开发能力较低,对文献的加工、分析研究跟不上形势,在这种基础上划分藏书,难以把握;藏书利用率受时间和形势变化,为保持一线藏书的新颖性,要随时调各线藏书,如协调不好,会引起工作上的混乱。

虽然在推行"三线典藏制"中存在困难,但它毕竟是一种先进的管理方式,因此,可以考虑根据我国图书馆现状,建立起适合我国馆情的"三线典藏制"。首先,利用现有馆舍条件,建立一线书库,尽量使一、二、三线书库位于同一平面,减少调整藏书所带来的劳动量,或将一、二、三线书库分别设在一、二、三层楼;其次,使书库带阅览室统一由流通典藏部门管理,减少不必要的交接手续;第三,实行开架借阅;第四,加强图书馆的利用率分析,不断进行调整和剔旧;第五,也可只在外借书库设置"三线制",叫"小三线"。

(六)总结

综述藏书建设的上述 5 个方面的研究内容,可以看到:藏书建设在藏书质量评价的研究上还存在分歧和有待解决的问题,而藏书质量评价的研究,对提高馆藏质量有着非常重要的作用,也是图书馆实践迫切需要的研究。另外,对于藏书采选,仍是偏经验总结的比较多,且多为原则、技巧方面的论述,缺乏能够具体用于指导实践的研究。除此之外,藏书采选、藏书复选与剔除和馆藏评价,这几个研究内容是相关联的,也是理论与实践结合不足的地方,有待更深一步的研究。

参考文献

1. 高波,吴慰慈. 从文献资源建设到信息资源建设[J]. 中国图书馆学报, 2000(5):24 - 27

2. 陈富良. 中国文献资源建设历史轨迹的考察[J]. 图书馆 1994(4):6 - 8

3. 陈颂. 图书馆之书籍选择法[J]. 文华图书科季刊,1929.1(2)

4. 田村盛一,于式玉. 通俗图书馆底图书选择法[J]. 图书馆学季刊,1930.4 (8 - 4)

5. 于震寰. 图书馆选择书籍之原则. 中华图书馆协会会报,1931.7(2)

6. 马宗荣. 图书馆与募书运动[J]. 大夏周报,1930.4.9

7. 福建公立图书馆. 征集海内图书启. 福建教育厅教育周刊,1929(12)

8. 吴慰慈,刘兹恒. 图书馆藏书[M]. 北京:书目文献出版社,1991

9. 肖自力. 我国文献资源建设和高校图书馆的使命[J]. 大学图书馆通讯, 1984(6):3 - 14

10. 吴慰慈. 全国文献资源布局学术讨论会观点综述[J]. 图书馆学研究, 1987(1):10 - 14

11. 黄宗忠. 改革开放以来中国图书馆事业的回顾与展望[J]. 图书馆,2004 (5):1 - 10

12. 肖自力. 关于文献资源建设的思考[J]. 图书馆杂志,2007(7):25 - 27

13. 徐恩元. 零增长理论研究[J]. 四川图书馆学报,2005(4):9 - 13

14. 肖希明. 藏书发展模式的选择:拥有还是存取[J]. 图书馆论坛,2002(2): 56 - 59

15. 肖自力. 三论藏书结构[J]. 图书情报工作,1984(6):11 - 16

16. 刘永胜. 藏书结构研究综述[J]. 大学图书馆学报,1991(3):50 - 62

17. 宛章齐. 论高校馆藏质量的宏观控制[J]. 图书馆杂志,1991(3):2 - 5

18. 张小蓉.关于近几年图书馆藏书建设研究成果综述[J].四川图书馆学报,1990(3):72－77

19. 沈继武,肖希明.文献资源建设[M].武汉:武汉大学出版社,1991

20. 张玉礼.文献资源建设理论体系设计[J].图书馆工作与研究,1996(3):4－8

21. 曹作华.图书馆信息资源建设与评价[M].北京:中国矿业大学出版社,2003

22. 钟建法.十年来我国藏书发展政策研究综述[J].大学图书馆学报,2004(6):43－46

23. 上海图书馆.图书馆工作手册[M].北京:中国国际广播出版社,1990

24. 吴慰慈,刘兹恒.图书馆藏书[M].北京:书目文献出版社,1991

25. 吴慰慈.全国文献资源布局学术讨论会观点综述[J].图书馆学研究,1987(1):10－14

26. 林申清.宏观文献资源布局模式研究[J].图书情报工作,1991(4):1－7

百年经典 世纪华章
——《20世纪中国图书馆学文库》解析

程焕文（中山大学资讯管理学院）

学科文献的结集既是一个时代学术兴盛的标志,亦是一个时代学术传承的宝藏,佛藏如此,道藏如此,儒藏(《四库全书》)亦如此。

学科文献的结集有赖于学科历史的长久积累和学科层面的充分展开。中国拥有数千年的藏书思想史,但是,图书馆学在中国成为一门独立的学科不过是20世纪的事情,迄今只有百余年历史。从这种意义上讲,20世纪的中国图书馆学术大抵能够代表中国图书馆学术史。

百年图书馆学术历史并不短暂,但是,20世纪中国图书馆学术的发展,时断时续,且反复重构,鲜有时机充分展开。1920—30年代中国图书馆学术的昂进因抗日战争而英年早逝,1950—60年代中国图书馆学术的新生因"文化大革命"而夭折,直到1980年代以后中国图书馆学术的凤凰涅槃才因社会稳定而得以持续发展,学科层面随之渐次展开,学科文献的结集方始出现。

1988年,为庆祝中华人民共和国成立40周年,吉林省图书馆学会、四川省图书馆学会和成都东方图书馆学研究所三家合作,由张德芳和金恩晖担任主编,出版过50种当代中国图书馆学学者的个人自选集——《图书馆学论丛》(成都:成都东方图书馆学研究所,1988 年),是为 20 世纪期间中国图书馆学科文献绝无仅有的一次结集。可惜的是,当时的中国图书馆学术研究正处在恢复重建时期,"当代中国图书馆学学者"的学术研究并未完全舒展开来,学术研究成果的积累尚处在起始阶段,特别是成都东方图书馆学研究所亦非正式出版机构,缺乏充足的经费支持,以致 50 种个人自选集每种只有数万字,且印刷发行量十分有限,因而这部《图书馆学论丛》如今已鲜为人知。

迈入 21 世纪以后,中国图书馆学术研究已有 30 余年(1977—2012)的不间断发展,学术研究的层面已完全展开,呈现出一派兴盛的气象,因而学科文献的结集亦纷至沓来。

一、《当代中国图书馆学研究文库》

中国图书馆学术经历 20 世纪 80 年代以后近 30 年的持续发展,在新世纪初基本上完成了 20 世纪 50—60 年代成长起来的第三代图书馆学人与 20 世纪 80 年代成长起来的第四代图书馆学人的更迭。在两代图书馆学人更迭之际,第三代图书馆学人率先垂范,发起编辑出版第四代图书馆学人著述的《当代中国图书馆学研究文库》。因此,《当代中国图书馆学研究文库》既是新世纪图书馆学科文献的第一次结集,也是第三代图书馆学人对第四代图书馆学人的一种奖掖与认可。

被列为国家"十一五"重点出版规划项目的《当代中国图书馆学研究文库》由北京人天书店有限公司组织策划,吴慰慈、陈源蒸主编,国家图书馆出版社出版,迄今已出版三辑 30 种著述,其间陈源蒸先生做了比较多的工作。陈源蒸先生首倡编辑出版《当代中国图书馆学研究文库》动议,协助申请国家"十一五"重点出版规划项目,约请第三代图书馆学人组织编委会,策划选题,规划出版,辛劳备至,感人至深。

2007年7月出版的《当代中国图书馆学研究文库》第一辑,收录了10位第四代图书馆学人的著述:

(1)陈传夫著《信息资源公共获取与知识产权保护》

(2)程焕文著《图书馆精神》

(3)范并思著《图书馆学理论变革:观念与思潮》

(4)富平著《从传统图书馆到数字图书馆》

(5)黄纯元著《知识交流与交流的科学》

(6)刘兹恒著《图书馆学研究的本土化思考》

(7)吴建中著《公共图书馆发展战略思考》

(8)叶继元著《期刊信息资源建设研究》

(9)张晓林著《数字图书馆理论、方法与技术》

(10)朱强著《高校图书馆现代化建设之探索》

2008年10月出版的《当代中国图书馆学研究文库》第二辑,以文献学和目录学为主题,收录了8位第四代图书馆学人的著述:

(1)王国强著《古代文献学的文化阐释》

(2)王余光著《文献学与文献学家》

(3)王新才著《中国目录学:理论、传统与发展》

(4)柯平著《从文献目录学到数字目录学》

(5)倪晓建著《目录学与文献利用》

(6)徐雁著《藏书与读书》

(7)陈力著《文献学与文献服务》

(8)土世伟著《历史文献研究》

2010年8月出版的《当代中国图书馆学研究文库》第三辑,收录了12位第四代图书馆学人的著述:

(1)吴晞著《天下之公器》

(2)曹树金著《情报检索语言与信息组织探微》

(3)肖希明著《信息资源建设的变革与发展》

（4）顾犇著《信息资源建设的实践和思考》

（5）李广建著《图书馆信息系统：技术、实现与应用》

（6）王松林著《从文献编目到信息资源组织》

（7）叶鹰著《科学化图书情报学探索》

（8）沈固朝著《信息服务与图书馆学教育》

（9）徐建华著《传统特色文献整理与收藏研究》

（10）孟连生著《文献计量学与中国图书馆事业发展》

（11）刘炜著《数字图书馆的语义描述和服务升级》

（12）杨沛超著《中国图书情报事业发展研究》

《当代中国图书馆学研究文库》已出版三辑 30 种著述，加上专门收录女性学人著述的第四辑也在编辑出版中，大致囊括了第四代图书馆学人中的佼佼者，虽然每一种著作只收录了入选者在个别图书馆学术研究领域的著述文字，但是，从中仍然可以窥见第四代图书馆学人的基本学术风貌。

二、《图书馆学家文库》

《图书馆学家文库》则是第四代图书馆学人对第一代、第二代、第三代图书馆学人学术思想与事业精神的继承与弘扬。

进入新世纪以后，为系统研究和总结 20 世纪图书馆学家的学术思想与成就，笔者陆续启动了《周连宽文集》和《杜定友文集》的收集、整理、编辑工作。2009 年，为庆祝谭祥金、赵燕群两位老师 70 华诞，笔者策划、组织出版了《谭祥金赵燕群文集》(上下卷，中山大学出版社)，在学界产生了颇为广泛的积极影响。有感于此，在 2011 年 2 月初公共图书馆研究院在广州增城召开的院务委员会会议上，笔者动议策划编辑出版一套图书馆学人文集，获得与会者的一致赞同。其后，笔者与谭祥金、赵燕群、吴晞、刘洪辉、杜秦生等广东图书馆界要人在中山大学图书馆召开了图书馆学家文集的策划会议,商定了编委会人员构成、编辑原则、编辑方法、入选条件、出版方式、发行办法等主要事宜:

(1)编辑委员会:顾问周和平,编辑委员会委员(按姓氏拼音顺序排列):程焕文、杜秦生、李国新、刘洪辉、倪晓建、邱冠华、谭祥金、吴建中、吴晞、谢灼华、赵燕群,主编谭祥金,副主编程焕文、吴晞(常务),编辑部主任杜秦生,副主任赵燕群(常务)、肖容梅。

(2)选题原则与收录范围:系统编辑出版20世纪以来杰出图书馆学家的个人文集,包括个人已发表和未刊发的全部文章;必要时还包括个人已出版和未出版的全部著作(即个人著述全集)。首选年龄在70岁以上尚未出版个人文集的第一代、第二代和第三代杰出图书馆学家,编辑出版其个人文集;待三代杰出图书馆学家个人文集的编辑出版达到一定程度时,再考虑是否遴选第四代杰出图书馆学家,入选《图书馆学家文库》。三代图书馆学家不仅限于中国大陆,还包括港澳台杰出图书馆学家和对中国图书馆事业与学术贡献卓著的海外华人图书馆学家。

(3)出版方式与发行办法:按照16开精装、红色封面、烫银文字的统一出版样式,由中山大学出版社统一出版,同时不排除其他出版社参与出版。将业已出版的《谭祥金赵燕群文集》列入《图书馆学家文库》,重新印刷装帧。通过募集资金和自办发行的方式,筹集编辑出版发行经费。不以营利为目的,以发行收入滚动出版《图书馆学家文库》,如有盈余,则可充实中山大学资讯管理学院现有的图书馆学奖学金基金或者设立新的图书馆学奖学金,以奖掖图书馆学学子。

2011年11月17日,公共图书馆研究院、中山大学图书馆、广东省立中山图书馆和深圳图书馆在深圳联合举办的李华伟博士图书馆学术思想研讨会上举行了《李华伟文集》和《谭祥金赵燕群文集》首发式,《图书馆学家文库》正式问世。

目前,已出版和正在编辑的《图书馆学家文库》个人文集如下:

(1)《谭祥金赵燕群文集》(上、下册),中山大学出版,2011年10月。

(2)《李华伟文集》(上、下册),中山大学出版社,2011年11月。

(3)《杜定友文集》(30余册,将由广东人民出版社于2012年10月出版)

(4)《刘国钧文集》(编辑中)

(5)《谢灼华文集》(编辑中)

(6)《周连宽文集》(编辑中)

(7)《胡述兆文集》(编辑中)

(8)《李德竹文集》(编辑中)

(9)《沈宝环文集》(编辑中)

(10)《黄宗忠文集》(编辑中)

(11)《朱天俊文集》(编辑中)

(12)《来新夏文集》(编辑中)

中国国家图书馆馆长、中国图书馆学会名誉理事长周和平在《图书馆学家文库》总序中言:"《文库》首批出版的是业界老一辈学人的成果。这批令人肃然起敬的前辈长者们,或身居学术研究前沿,或奋斗于事业发展一线,或身居海外关注指导中国图书馆,都是成就卓越的大家。他们当中的很多人都是在极其艰苦的条件下,孜孜以求,不懈努力,为我们的图书馆学和图书馆事业做出了不可磨灭的贡献。他们在业界竖起了一座座丰碑,高山仰止,后人受惠无穷。可以说,没有他们,就没有中国图书馆的今天。这次通过编撰《文库》,使他们的成果得以完整保存,并发扬光大,有着重要的意义和价值。"《图书馆学家文库》的出版"在中国学术界并创了在一个学科领域完整编辑出版学人文集的先河"。

三、《20世纪中国图书馆学文库》

《20世纪中国图书馆学文库》是新世纪我国图书馆学界编辑出版的第三部大型图书馆学丛书。

2011年春，鉴于"20世纪的图书馆学著作，不但民国时期的，即使是1980年以前出版的，都已很难买到，对图书馆学教学与研究产生了诸多困难。许多人对国外学者的论述了如指掌，但对国内学者的论述却知之不多，主要原因之一就是很难见到这些原著。因而学者们迫切希望能从20世纪出版的图书馆学著作中，选择一些经典性作品进行再版，以满足教学与研究的需要"，于是，人天书店开始策划编辑出版《20世纪中国图书馆学文库》，计划从20世纪已出版的图书馆学著作中遴选大约100种学术水平高、在业界影响大、在教学与研究中迫切需要的著作，重印出版，以保存图书馆学专业学术文献，为学者研究提供方便。人天书店邀请陈源蒸、李万建、宋安莉三人担任主编，负责初选书目，同时聘请图书馆学界15位专家对书目进行审订。2011年10月21日，在网络征询初选书目意见的基础上，在北京组织召开了有关《20世纪中国图书馆学文库》入选书目的专家审定会议，吴慰慈、胡越、朱强、倪晓建、程焕文、范并思、刘兹恒、王子舟、肖希明、于良芝十人与会，就收书范围、选书原则和入选书目等各自发表了不同的看法。其时，入选《20世纪中国图书馆学文库》的百余种著作已基本完成了前期编辑出版的准备工作，因此，会后有关入选著作的调整十分细微。

《20世纪中国图书馆学文库》收录了120多位图书馆学人（含第二著者、第三著作和团体著者）在20世纪出版或刊印的101种独著或合著的图书馆学著作，其主旨是遴选、刊印和传播20世纪图书馆学领域的学术成果。

20世纪中国究竟出版了多少图书馆学著作,目前尚无权威的统计数据。谨慎地估计,民国时期出版的图书馆学著作应该不低于1000种,1950—1990年代出版的图书馆学著作应该在3000种以上。以李钟履编《图书馆学书籍联合目录》(中华书局,1958年)为例,该联合目录共收录清末到1957年间出版的图书馆学著作1026种。虽然其中收录的民国时期图书馆学著作不足1000种,但是由于各种原因该目录遗漏颇多,如果加上遗漏的著作数量,应该不低于1000种。这些著作大部分出版在1927—1937年的十年间。共和国成立的前30年(1949—1979)图书馆学著作的出版数量较少,1980年代以后出版的数量一直在呈几何级数增加,1980—1999年的二十年间出版的图书馆学著作显然不会低于3000种。

在数千种图书馆学著作中遴选大约100部图书馆学著作,这是一件非常艰辛与困难的工作,既涉及到对著作本身的理解与把握,又涉及到对图书馆学人和图书馆学学科的理解与把握,仁者见仁,智者见智,莫衷一是,乃势所必然。同时,编辑出版《20世纪中国图书馆学文库》又是一项浩大的工程,不仅需要耗费大量的人力与物力,而且需要耗费大量的财力,实属不易,可嘉可奖。

从《20世纪中国图书馆学文库》书目来看,其大致情况如下:

(1)年代分布

入选《20世纪中国图书馆学文库》的最早著作是1909年出版的孙毓修著《图书馆》,最晚著作是1999年出版的徐引篪、霍国庆著《现代图书馆学理论》,具体年代分布情况见表1:

表1 《20 世纪中国图书馆学文库》收录著作年代分布情况

年代	1900	1910	1920	1930	1940	1950	1960	1970	1980	1990	总计
数量	1	2	9	15	4	6	0	0	32	32	101

　　1920—1930 年代和 1980—1990 年代是 20 世纪图书馆学发展的两个兴盛时期，《20 世纪中国图书馆学文库》收录的著作分别为 24 种和 64 种(共 88 种)，占全部收录著作的 87% 以上，其他年代或为图书馆学初创时期，或为式微时期，或为停滞时期，收录的著作仅有 13 种，不足 13%。由此可见，《20 世纪中国图书馆学文库》收录的图书馆学著作在年代分布上与 20 世纪中国图书馆学发展的历史阶段保持了一致性。

　　(2)主题分布

　　从入选书目来看，《20 世纪中国图书馆学文库》收录的图书馆学著作大致可以划分为 13 个主题，其主题分布情况见表 2：

表2 《20 世纪中国图书馆学文库》收录著作主题分布情况

主　题	数　量	主　题	数　量
图书馆概论	8	分类法与主题法	9
图书馆学概论	14	文献编目	15
专门图书馆学	8	文献检索	3
比较图书馆学	2	参考咨询	3
图书与图书馆史	8	现代化技术	5
图书馆管理	7	期刊管理	3
图书馆建筑	2	如何利用图书馆	3
藏书建设与读者工作	9	研究方法论	2
		总计	101

从表 2 可知,《20 世纪中国图书馆学文库》收录的著作在主题分布上大致可以分为三个层级:第一层级为图书馆学概论(14 种)和文献编目(15 种),收录的著作最多;第二层级为图书与图书馆史(8 种)、藏书建设与读者工作(9 种)、分类法与主题法(9 种)、图书馆概论(8 种)、专门图书馆学(8 种)和图书馆管理(7 种);第三层级为其他分支学科或领域,收录的著作在 5 种以下,数量较少。三个层级大致涵盖了 20 世纪中国图书馆学的主要学科领域。总的来看,其收录重点是图书馆学理论著作和藏书建设、分类编目等传统方法论著作,其他领域的图书馆学著作,特别是现代化技术及其相关著述,不是收录的重点,仅象征性地收录,盖因此类著作时效性较强,内容更新较快,学术与史料价值相对较低之故。

以第一层级为例,《20 世纪中国图书馆学文库》收录图书馆学概论方面的著作共有如下 14 种:

戴志骞《图书馆学术讲稿》(1922)

杨昭悊《图书馆学》(1923)

杜定友《图书馆学概论》(1927)

李小缘《图书馆学》(1927)

刘国钧《图书馆学要旨》(1934)

北京大学图书馆系、武汉大学图书馆学系《图书馆学基础》(1981)

吴慰慈、邵巍《图书馆学概论》(1985)

桑健《图书馆学概论》(1985)

倪波、荀昌荣《理论图书馆学教程》(1986)

宓浩等《图书馆学原理》(1988)

黄宗忠《图书馆学导论》(1988)

陈源蒸《宏观图书馆学》(1989)

金恩晖《图书馆学引论》(1989)

徐引篪、霍国庆《现代图书馆学理论》(1999)

《20世纪中国图书馆学文库》收录文献编目方面的著作共有如下15种：

裘开明《中国图书编目法》(1931)

何多源《图书编目法》(1933)

柳宗浩《图书、杂志、报纸处理法》(1935)

楼云林《中文图书编目法》(1947)

沈祖荣《俄文图书编目法》(1955)

刘国钧、陈绍业、王凤翥《图书馆目录》(1957)

李纪有、沈迪飞、余慧芳《图书馆目录》(1982)

北京大学图书馆学系、武汉大学图书馆学系《图书馆古籍编目》(1985)

黄俊贵、罗健雄《新编图书馆目录》(1986)

傅椿徽《图书馆文献编目》(1989)

谢宗昭《文献编目概论》(1990)

段明莲、关懿娴《西文文献编目》(1991)

许绵、李泡光《图书馆在版编目手册》(1994)

王松林《现代文献编目》(1996)

王作梅、严一桥、孙更新《西文文献编目》(1997)

从上述两个主题来看，20世纪的经典著作或者影响较大的著作大多赫然在列，且同一主题不同时期的代表作均有收录，较好地反映了同一主题图书馆学著作的发展脉络，具有重要的学术史价值。

（3）著者分布

《20世纪中国图书馆学文库》共收录了120多位图书馆学人（含第二著者、第三著者和团体著者）在20世纪出版或刊印的101种独著或合著的图书馆学著作。按照笔者提出的20世纪图书馆学四代人理论，仅以第一著者为计算依据，入选《20世纪中国图书馆学文库》的图书馆学人共有94人，具体情况见下表：

表 3 《20 世纪中国图书馆学文库》收录著作著者分布情况

世 系	姓 名				人 数	著作数量
第一代学人	孙毓修 戴志骞 沈学植 沈祖荣	朱元善 杨昭悊 杜定友	顾 实 洪有丰 刘国钧	蔡 莹 李小缘 蒋复璁	13	16
第二代学人	马宗荣 何多源 吕绍虞 俞素昧 洪焕椿 邓衍林	金敏甫 柳宗浩 程伯群 卢震京 王重民 程长源	裘开明 赵建勋 徐 旭 邢云林 陈鸿舜	李钟履 赵福来 蒋元卿 楼云林 皮高品	22	22
第三代学人	白国应 张琪玉 沈迪飞 于鸣镝 宓 浩 黄万新 金恩晖 吴龙涛 钟守真 刘少泉 徐引篪	倪 波 黄俊贵 桑 健 卢子博 黄宗忠 陈源蒸 傅椿徽 谢宗昭 许 绵 刘圣梅	刘久昌 刘湘生 鲍家声 沈继武 杨威理 陈和平 赵燕群 郑莉莉 李希孔 谭祥金	李纪有 吴慰慈 张树华 陈光祚 王崇德 来新夏 杨子竞 周继良 杜 克 袁名敦	41	42+3
第四代学人	赖茂生 段明连 吴建中 程焕文 朱建亮	刘 荣 侯汉清 汪 冰 肖希明 张厚生	郑 挺 于湖滨 王松林 王作梅	孟 绂 赵云龙 吴 晞 袁 琳	18	18
总 计					94	101

118

说明:(1)每个著者不论收录了多少著作只记1人次,著作数量则如实计算;(2)团体著者不计入著者人数统计,但是列入著作数量统计,北京大学图书馆系编著的《图书分类》(1983),以及与武汉大学图书馆学系合编的《图书馆学基础》(1981)、《图书馆古籍编目》(1986)3种著作列入第三代图书馆学人的著作数量统计之中,用"+"号予以区分。

从上表可知,《20世纪中国图书馆学文库》收录著作的著者数量排序依次为:第三代图书馆学人(第一作者41人,著作45种),第二代图书馆学人(第一作者22人,著作22种),第四代图书馆学人(第一作者18人,著作18种),第一代图书馆学人(第一作者13人,著作16种)。

在图书馆学人与图书馆学著作数量的关系上,《20世纪中国图书馆学文库》大致保持着每人只收1种著作的收录原则,超过1种著作的仅有以下4端:

杜定友2种:《图书馆学概论》(1927)和《新中华图书管理学》(1932)。

刘国钧3种:《图书馆学要旨》(1934)、《图书馆目录》(1957)、《现代西方主要图书分类法评述》(1980)。

吴慰慈2种:《图书馆学概论》(1985)、《图书馆藏书》(1991)。

北京大学图书馆系与武汉大学图书馆学系3种:《图书馆学基础》(1981)、《图书分类》(1983)、《图书馆古籍编目》(1985)。

总的来看,《20世纪中国图书馆学文库》共收录了94位第一著者的101种图书馆学著作,大致保持了1人1种著作的平衡。

《20世纪中国图书馆学文库》的编辑出版具有十分重要的历史意义、现实意义和学术价值,但是,仅收录101种著作并不足以全面反映20世纪中国图书馆学著作的全貌,也不能完全满足学人对20世纪中国图书馆学著作的多样化需求。因此,颇有必要在目前的基础上再接再厉,增广其事,陆续出版第二批、第三批、甚至第四批、第五批 20 世纪中国图书馆学著作,每批大约 100 种,总量为大约 500 种的图书馆学著作当可构成 20 世纪中国图书馆学传世经典之大要。

在《20 世纪中国图书馆学文库》续编的编辑出版中,可重点考虑如下因素:

(1)重点收录民国时期的图书馆学著作。民国时期的图书馆学著作流传至今不仅数量稀少,难得一见,而且纸张大多已经脆化,不可触摸,一二十年后恐怕都会变成碎末,亟待抢救。对于民国时期的图书馆学著作,不应仅限于理论著作或者学术著作,即使是图书馆概况之类的非学术经典亦应全面收录,因为这类著作同样具有十分重要的史料价值和学术价值。目前,《20 世纪中国图书馆学文库》仅收录了 31 种民国时期的图书馆学著作,与已知的大约 1000 种民国时期图书馆学著作相去甚远,今后进一步遴选、编辑、出版的空间甚大。

(2)进一步拓展收录著作的学科范围。目前,《20 世纪中国图书馆学文库》在收录著作的学科范围上基本上囿于 20 世纪欧美图书馆学传入中国后产生的新的图书馆学理论与方法,并未包括目录学、版本学、文献学、古籍整理、书史、文献保护等传统学科领域,部分 20 世纪产生的学科领域,如检字法、索引法之类,亦未在收录范围之内。这些学科领域有许多著作具有十分重要的学术价值和深远的学术影响。例如:刘国钧的《中国书史简编》(1958)开创了 20 世纪中国图书馆学的一门专门史,不仅多次修订重印,而且也是迄今为止被海外翻译出版最多的著作。姚名达的《中国目录学史》(1936)一直被反复重印出版,在目录学史的成就上迄今无人超越。钱亚新的《索引和索引法》(1930)则是 20 世纪初索引运动与检字法的代表之作。诸此种种均应收入《20 世纪中国图书馆学文库》的续编之中。

（3）进一步扩大杰出图书馆学人的入选范围。目前的《20世纪中国图书馆学文库》只收了101种图书馆学著作,因此,在四代图书馆学人中有不少杰出图书馆学家及其著作尚未收入其中。《20世纪中国图书馆学文库》续编可进一步扩大杰出图书馆学人的入选范围,收录其著作。例如:第一代图书馆学人中可增加王云五、袁同礼、柳诒徵等人,第二代图书馆学人中可增加徐家麟、汪长炳、毛坤、桂质柏、张遵俭、钱亚新、周连宽、姚名达、万国鼎、顾廷龙、赵万里、张秀民、钱存训等人,第三代图书馆学人中可增加鲍振西、陈誉、彭斐章、周文骏、朱天俊、谢灼华、詹德优等人。这些图书馆学人在20世纪中国图书馆学历史上贡献卓著,成就非凡,影响广泛,其学术著作理当列入《20世纪中国图书馆学文库》续编之中。

综上所述,《当代中国图书馆学研究文库》、《图书馆学家文库》和《20世纪中国图书馆学文库》三种图书馆学文库的编辑出版蔚为大观,共同彰显了中国图书馆学的百年经典与世纪华章,此乃中国图书馆学之盛,更是中国图书馆学之幸。

部分作者简介

作者简介按正文目录次序排列。资料所限,未能将所有作者给出简介,已列内容亦或有误。请识者给予补充,斧正。

孙毓修(1871—1922) 秀才,师从缪荃孙习版本目录学。光绪末年入商务印书馆任高级编辑,编辑中小学教科书,并为涵芬楼鉴别所购古籍版本。1909 年起主编《少年杂志》与《童话丛书》等。对版本学与目录学有所研究,著有《中国雕版源流考》等。

朱元善 民国初年教育家与出版家。曾在商务印书馆主编《教育杂志》与《学生杂志》,出版《职业教育真义》等专著,撰写了论述发展中国教育的许多论文。在 1917 年编写的《图书馆管理法》,是我国第一部图书馆管理著作。

顾 实(1878—1956) 古文字学家,曾在东南大学与无锡国专等校教授中古文学。通多国语言,既研先秦史籍,又理西方学术,古今地理,东西洋史,无不涉猎。著有《汉书艺文志讲疏》、《中国文字学》等。

蔡 莹(1895—1952) 著名曲学家。擅诗词曲、古文辞,为曲学大师吴梅的弟子,曾任圣约翰大学国文系主任。著有《元剧联套述例》、《中国文艺思潮》等。卒后其夫人与女儿蔡雪并友人为其编印《味逸遗稿》一册。

戴志骞(1888—?) 1920—1930 年代曾任上海圣约翰大学、北京清华学校(清华大学)等名校的图书室主任或图书馆馆长,我国最早的地方性图书馆联合团体——北京图书馆协会会长,中华图书馆协会首任执行部部长。在各种报刊上发表多篇图书馆学论文。

杨昭悊(1891—1939) 1921 年毕业于北京大学政法系,1923 年赴美国攻读图书馆学,获博士学位。1927 年回国,历任上海暨南大学、浙江大学教授,江西省立图书馆馆长。曾创建"杨太夫人图书馆",毕生致力于图书馆学的研究。

洪有丰(1892—1963) 1916 年毕业于南京金陵大学,1921年获纽约州立图书馆学院学士学位。曾任清华大学等校图书馆馆长与图书馆学教授。建国后任华东师范大学图书馆馆长,并被聘为国务院科学技术委员会图书组成员。著述甚丰。

李小缘(1897—1959) 1920 年毕业于金陵大学,1923 年获纽约州立图书馆学校学士学位,1925 年获哥伦比亚大学社会教育学硕士学位。回国后任金陵大学图书馆学系主任与图书馆馆长等,新中国成立后任南京大学图书馆副馆长。著述甚丰。

杜定友(1898—1967) 1921 年获菲律宾大学学士学位。历任上海复旦大学图书馆、交通大学图书馆、广州中山大学图书馆、广东省图书馆和广州市图书馆馆长。1925 年在上海民国大学创建图书馆学系,任系主任兼教授。撰写专著 86 种,学术论文512 篇。

马宗荣(1896—1944) 1918 年留学日本习图书馆学,1929年回国后任大夏大学图书馆馆长。1941 年,负责筹建与主持中央民众教育馆,在各个专、县创办的民众教育馆内建立图书阅览室,热心推动我国图书馆事业发展与理论建设,有系列图书馆学著作。

沈学植(1899—1966) 1924 年毕业于金陵大学文学院。曾任复旦大学图书馆主任,清华大学图书馆参考员,浙江大学教授、图书馆馆长。在江苏省立教育学院讲授过图书馆学课程,1944 年被选为中华图书馆协会监事。

金敏甫（1907—1968） 1926年在上海国民大学图书馆学系肄业。先后在暨南大学图书馆、浙江大学图书馆、铁道部图书馆、广东省中山图书馆工作。早期主要关注中国图书馆学术史的研究，1930年代后转入编目学的探讨。发表学术论文40余篇，出版著作多部。

裘开明（1898—1977） 1922年毕业于文华图书馆学专科学校。1924年赴美国进修图书馆学和经济学，1933年获哈佛大学博士学位后即在哈佛大学负责哈佛—燕京图书馆业务，主要著作有《汉和图书分类法》、《哈佛—燕京图书馆中文善本书目》等。

何多源（1909—1969） 1926年毕业于广州宏英英文专门学校。曾任岭南大学图书馆代理馆长，广州大学图书馆主任，华南联合大学图书馆主任，中山大学图书馆副馆长，副教授。著有《中文参考书指南》等。

李钟履（1906—1983） 1931年毕业于武昌文华图书馆专科学校。为北京图书馆资深馆员，编有《图书馆学论文索引》（清末至1949年9月）与《图书馆学书籍联合目录》等。

刘国钧（1899—1980） 1920年毕业于金陵大学。1925年获美国威斯康星大学博士。曾任金陵大学教授、图书馆馆长、文学院院长，西北图书馆馆长，北京大学图书馆学系教授、系主任，北京图书馆顾问，中国图书馆学会名誉理事。发表论著、译著130余种。

吕绍虞（1907—1979） 1933年毕业于武昌文华图书馆专科学校。曾任大夏大学图书馆、上海鸿英图书馆主任，中央图书馆编纂。1949年任武昌文华图书馆专科学校教授，1953年任武汉大学图书馆学系教授。著有《中文标题总录》等39种，文章146篇。

徐　旭　1923年在国立东南大学暑期图书馆讲习科学习，1928年夏任江苏省立教育学院图书馆主任兼教员，授"民众图书馆学"等课程。期间广泛进行社会调查，撰写有关民众图书馆建设的许多著作。

赵福来　1933 年毕业于武昌文华图书馆专科学校。

卢震京（1906—1968）　毕业于金陵大学。历任国立中央大学农学院图书馆主任、立法院统计处编目主任、国民政府文官处图书馆主任、行政院图书馆专员等,1949 年后任职于中国科学院图书馆。著有《图书学大辞典》、《图书馆学辞典》等。

俞素昧　1930 毕业于复旦大学中国语言文学系。1935 年任厦门大学图书馆主任。出版专著多种,发表论文数十篇。

邢云林　1931 年毕业于武昌文华图书馆专科学校第一届讲习班。曾任齐鲁大学图书馆主任。著有《簿式目录中著录详略之研究》等。

蒋元卿（1905—1999）　早年曾任职于青岛市图书馆。1932 年供职于安徽省立图书馆,曾任馆长。1950 年后任安庆市图书馆副馆长、馆长,1984 年受聘为名誉馆长。著有《校雠学史》、《皖人书录》等。

蒋复璁（1898—1992）　1923 年毕业于北京大学,1932 年德国柏林大学图书馆学院毕业。1933 年任中央图书馆筹备处主任、馆长。后曾任台湾大学、中国文化大学、辅仁大学兼任教授,台湾“故宫博物院”院长,台湾“中央研究院”院士。

洪焕椿（1920—1989）　曾任南京大学历史系教授。1941 年高中毕业后至浙江图书馆工作四年,曾自谓:“在浙江图书馆的四年多,对我来说,等于补了四年的大学文科。”以亲身自学经历,撰写《怎样利用图书馆》一书。

王重民（1903—1975）　1929 年毕业于北京高等师范学校。曾任北平图书馆编纂委员。1934 年至巴黎国家图书馆编制敦煌遗书目录,并至伦敦、罗马、柏林、华盛顿等地访书。1947 年任北京图书馆代理馆长,同时在北京大学创办图书馆学专修科。1952 年任北京大学教授,图书馆学系主任。

沈祖荣（1883—1976）　1911 年毕业于文华大学并留校图书

馆工作。1914年赴美学习,1917年获纽约州立图书馆学校学士学位。1920年与韦棣华等在文华大学创图书科。1929年办武昌文华图书馆专科学校,任校长。1953年任武汉大学图书馆学系教授。

皮高品(1900—1998) 1925年毕业于文华大学。先后在齐鲁大学、燕京大学、青岛大学、武汉大学、浙江大学等图书馆任职。1951年至文华图专执教,1953年任武汉大学图书馆学系教授。主要著作有中英对照《中国十进分类法及索引》。

邓衍林(1908—1980) 1930—1931年就读于武昌文华图书馆专科学校,随后至北平图书馆任职。1945年入美国哥伦比亚大学学习,毕业后在联合国秘书处出版司工作。1957年任北京大学图书馆学系副教授。著有《中文工具书举要》等。

陈绍业 毕业于北京大学图书馆学专修科,曾任北京大学图书馆学系讲师,后至北京大学图书馆担任编目工作。

王凤翥 毕业于北京大学图书馆学专修科,曾任北京大学图书馆学系讲师,后至北京图书馆担任分类工作。

陈鸿舜(1905—1986) 1929年毕业于燕京大学,留校图书馆工作。1941—1946年在美国哈佛大学汉和图书馆与哥伦比亚大学图书馆学院工作与学习。1947年回国任燕京大学图书馆主任。1952年任北京大学图书馆学系教授。

程长源(1908—?) 1934年毕业于武昌文华图书馆学专科学校。曾任兰溪县政府档案室主任、湖北省政府图书馆代主任、江西省九江图书馆馆长。建国后,历任解放日报社资料组副组长、上海市中学教师进修学院图书馆主任等。

白国应(1933—) 1956年毕业于武汉大学图书馆学专修科。曾任中国科学院图书馆研究员、中国科技大学等校兼职教授。主要从事图书分类学的研究,出版专著10部,发表论文350多篇,参编图书20部。

刘久昌(1940—)　1963年毕业于武汉大学图书馆学系,曾任天津图书馆研究馆员、副馆长,天津市图书馆学会副理事长,《图书馆工作与研究》主编。发表论文数十篇。

宁国誉(1939—)　曾任天津市少年儿童图书馆研究馆员、馆长。出版专著多种,发表论文数十篇。

李纪有(1935—1991)　1960年毕业于北京大学图书馆学系。曾任北京大学图书馆学系副教授,副系主任。主要从事图书馆目录的教学与研究,出版专著数种,发表论文10多篇。

余惠芳(1952—)　女,1975年毕业于北京大学图书馆学系。曾任北京大学图书馆学系助教,后至北京大学社会学系工作。

沈迪飞(1937—)　1962年毕业于北京大学图书馆学系。曾任深圳图书馆研究馆员、馆长,中国图书馆学会图书馆自动化专业委员会副主任,主持研制文化部图书馆自动化集成系统(ILAS)。编著图书10多种,发表论文40多篇。

张琪玉(1930—)　1954年毕业于北京大学图书馆学专修科。曾任南京政治学院上海分院军事信息管理系教授、系主任。从20世纪80年代起开拓情报检索语言的研究领域,出版专著17部,发表论文译文350多篇。

陈光祚(1935—)　1957年毕业于北京大学图书馆学系。曾任武汉大学信息管理学院教授、博士生导师。1975年率先开设《情报检索》课程,1991年研制电子图书,探索数字技术在文献领域的应用。出版专著10部,发表论文100多篇。

赖茂生(1946—)　1969年毕业于北京大学图书馆学系。曾任北京大学信息管理系教授、博士生导师、副系主任,中国科技情报学会常务理事。长期从事科技文献检索的教学与研究,出版专著20多部,发表论文70多篇。

徐克敏(1932—)　1953年毕业于北京大学化学系。1979年至北京大学图书馆学系工作,曾任教授,硕士生导师。主要从事文献检索与文献计量学的教学与研究,出版专著数种,发表论文数十篇。

桑　健　曾任大连理工大学图书馆馆长。

刘湘生(1939—)　1964 年毕业于武汉大学图书馆学系。曾任国家图书馆研究馆员、图书馆学研究部主任,《中国图书馆分类法》主编,中国图书馆学会秘书长。主要从事分类法、主题词表的研究、编制、修订、管理与应用工作。出版著作多部。发表论文数十篇。

吴慰慈(1937—)　1961 年毕业于北京大学图书馆学系。曾任北京大学信息管理系主任、中国图书馆学会副理事长等,现为北京大学资深教授,博士生导师。主要研究方向为图书馆学基础理论与文献资源建设,出版专著 10 余部,发表学术论文近 300 篇。

邵　巍　1983 年毕业于北京大学图书馆学系。曾任北京大学图书馆学情报学系教师、教育部留学服务中心副主任,现任中国驻美国旧金山领事馆教育参赞。

卢子博(1936—)　1960 年毕业于北京大学图书馆学系。曾任南京图书馆研究馆员、副馆长,中国图书馆学会常务理事,江苏省图书馆学会理事长,《江苏图书馆学报》主编。出版专著 10 余部,发表论文 80 多篇。

吴正芳　女,南京图书馆工作人员。

于鸣镝(1939—2006)　1962 年毕业于东北师范大学图书馆学专修科。曾任大连轻工业学院图书馆研究馆员、馆长,中国图书馆学会学术委员。出版专著 9 部,发表论文 260 余篇。

张树华(1932—)　女,1953 年毕业于北京大学图书馆学专修科。曾任北京大学信息管理系教授,中国图书馆学会学术委员、图书馆学基础理论研究组组长、图书馆读者服务研究委员会主任。出版专著 10 余部,发表论文近百篇。

赵世良(1931—2009)　1952 年入北京大学图书馆专修科,

1954 年赴苏联莫斯科图书馆学院学习。曾任黑龙江省图书馆研究馆员,《黑龙江图书馆》主编。出版专著 8 种,发表论文数十篇。

张　涵(1941—)　女,1964 年毕业于北京大学图书馆学系。曾任北京大学信息管理系副教授、副系主任。主要从事图书分类的教学与研究,对《中国图书馆分类法》维护与修订。出版专著多部,发表论文数十篇。

黄俊贵(1936—)　1961 年毕业于武汉大学图书馆学系。曾任广东中山图书馆研究馆员、馆长,中国图书馆学会常务理事,秘书长,《中国图书馆学报》主编,全国文献工作标准化技术委员会第六分委会副主任。出版专著 10 余部,发表论文近百篇。

罗健雄(1939—)　1961 年毕业于武汉大学图书馆学系。曾任华南师范大学信息管理系教授、副系主任,广东图书馆学会常务理事、编辑出版委员会主任,《图书馆论坛》主编。出版专著数部,发表论文数十篇。

倪　波(1936—)　1960 年毕业于北京大学图书馆学系。曾任南京大学信息管理系教授、博士生导师,中国图书馆学会文献检索委员会副主任,北京大学等多所院校兼职教授。出版专著数十部,发表论文 100 多篇。

荀昌荣(1938—)　1960 年毕业于武汉大学图书馆学系。曾任湘潭大学图书馆副馆长、信息管理系教授、硕士生导师、系主任。中国图书馆学会学术委员。出版专著 14 部,发表论文 40 余篇。

鲍家声(1937—)　1959 年毕业于南京工学院建筑系。曾任东南大学建筑系教授、博士生导师、系主任,全国高等学校建筑学专业学科指导委员会主任,中国建筑学会人居环境学术委员会委员。出版专著数种,发表论文 50 余篇。

姚宇澄　毕业于东南大学建筑系。曾任江苏省建筑设计院副总工程师。

刘　荣(1947—)　1974 年毕业于武汉大学图书馆学系。曾任武汉大学信息管理学院教授,《汉语主题词表》编辑组成员。主要从事信息资源自动化处理、情报语言学及数字图书馆的研究和教学工作。出版专著多部,发表论文数十篇。

熊传荣　1976年毕业于武汉大学图书馆学系,曾留校任教。

刘家真(1947—　)　女,曾任武汉大学信息管理学院教授、博士生导师、电子文件与政府信息化研究中心主任,教育部档案学教学指导委员会委员,中国档案学会理事。出版专著多部,发表论文数十篇。

沈继武(1937—　)　1960年毕业于武汉大学图书馆学系。曾任武汉大学图书馆学系副教授,武汉大学图书馆研究馆员、馆长,中国图书馆学会学术委员。出版专著种,发表论文30多篇。

王崇德(1938—1998)　1961年毕业于大连工学院化学工程系,曾任桂林市科技情报研究所所长、南开大学分校及天津师范大学信息产业学系教授、系主任、硕士生导师。完成科研项目10余项,出版专著10余部,发表论文200余篇。

黄宗忠(1931—2011)　1958年毕业于武汉大学图书馆学专修科。曾任武汉大学图书情报学院教授、系主任、副院长,《图书情报知识》主编,中国图书馆学会常务理事。主要研究方向为图书馆学基础理论与图书馆管理,出版专著20余种,发表论文170多篇。

宓浩(1932—1988)　1956年毕业于华东师范大学历史系。曾任华东师范大学图书情报学系副教授、系主任,中国社会科学情报学会理事,上海市图书馆学会理事。致力于图书馆学与情报学基础理论的综合研究,发表论文数十篇。

刘迅(1955—2008)　1982年毕业于武汉大学图书馆学系。曾任东北师范大学图书馆学系副教授、副系主任。出版专著数种,发表论文数十篇。

黄纯元(1956—1999)　1983年毕业于华东师范大学图书馆

学系,1997年获日本东京大学教育学博士学位。曾任华东师范大学信息学系副教授,教研室主任。发表论文数十篇。

杨威理(1925—) 1943年就读于日本,1946年入北京大学经济系,1949年参加中国共产党进入解放区。曾任中共中央马恩列斯著作编译局图书馆馆长,研究员。离休后任日本新泻产业大学名誉教授。

黄万新(1923—2005) 1951年毕业于东北人民大学教育系。曾任东北电力学院管理工程系科技情报专业主任、图书馆馆长,吉林省图书馆学会理事、学术委员会主任。出版专著数种,发表论文30多篇。

金恩晖(1938—) 1961年毕业于北京大学图书馆学系。曾任吉林省图书馆研究馆员、馆长,中国图书馆学会常务理事,北京大学信息管理系兼职教授。出版专著30多部,发表论文300多篇。

周继良(1929—) 1956年毕业于武汉大学图书馆学系。曾任武汉大学图书馆学系教授,《中国图书馆图书分类法》编委会委员,教学与研究方向为文献分类学。出版专著数部,发表论文数十篇。

周绍萍(1941—) 女,1965年毕业于武汉大学图书馆学系。曾任武汉大学图书馆学系副教授,教学与研究方向为文献分类和主题语言,参与《中国图书馆图书分类法》和《中国图书资料分类法》的索引编制工作。

俞君立(1942 -) 1966年毕业于武汉大学图书馆学系。曾任武汉大学信息管理学院教授、图书馆学系副主任,中国图书馆学会理事。出版专著6部,发表论文60余篇。

张燕飞(1950—) 1974年毕业于武汉大学图书馆学系。曾任武汉大学图书馆学系副教授,主要研究方向为信息组织与管理。

傅椿徽(1924—2007) 女,1953年毕业于武昌文华图书馆专科学校。曾任武汉大学图书馆学系教授、硕士生导师。主要从事图书馆文献编目的教学与研究,出版专著数种,发表论文数十篇。

陈源蒸(1935—) 1960 年毕业于北京大学图书馆学系。曾任中宣部出版局调研员,研究馆员。主要从事图书馆自动化与数字复合出版的研究,主持多项图书馆应用软件研发项目,编著图书10 余种,发表论文 100 多篇,主编丛书数种。

郑 挺 1983 年毕业于北京大学图书馆学系,1985 年获北京大学图书馆学情报学系硕士生学位。其后,在美国亚拉巴马大学获计算机和信息科学硕士学位;在威斯康星大学获营销学博士学位,并从事 IT 公司的经营业务。

陈和平 曾任兰州铁道学院图书馆馆长。

来新夏(1923—) 1946 年毕业于辅仁大学历史系。曾任南开大学教授、校务委员、图书馆馆长、出版社社长兼总编辑、图书馆学系主任,中国近现代史史料学会名誉会长。主要从事目录学与史料学研究,出版专著 30 余部,发表论文数百篇。

赵燕群(1940—) 女,1963 年毕业于武汉大学图书馆学系。曾任中山大学图书馆馆长,中山大学信息管理系教授,硕士生导师。主要从事图书馆管理与期刊工作的教学与研究,著作甚丰。

谢宗昭(1931—) 女,1952 年毕业于金陵大学教育系。曾任南京大学信息管理学院副教授。此前曾在学校行政部门工作,1978 年到南京大学图书馆从事西文图书编目业务。1984 年至南京大学图书馆学系承担教学工作,讲授西文文献编目、西文工具书课程。

郑莉莉(1936—) 女,1959 年毕业于苏联国立莫斯科图书馆学院图书馆学系。曾任北京大学信息管理系教授、硕士生导师,中国图书馆学会学术委员、儿童图书馆专业委员会副主任。主编专著、译著数部,发表论文数十篇。

罗友松(1926—2005) 1944 年肄业于上海交通大学土木工程系。曾任华东师范大学图书馆学情报学系常务副系主任,上海图书馆学会常务理事,中国索引学会副理事长。

王渡江(1949—1996) 1982 年毕业于武汉大学图书馆学系,曾在华东师范大学图书馆学系任教。

吴龙涛(1930—2008) 1952 年毕业于上海沪江大学外国文学系。曾任上海图书馆研究馆员、副馆长,全国情报与文献工作标准化技术委员会委员,中国图书馆学会教育工作委员会副主任。出版专著与译著数种,发表论文数十篇。

叶奋生(1926—) 女,1952 年毕业于复旦大学外文系。曾任上海图书馆研究馆员,全国情报与文献工作标准化技术委员会第六分会委员。主要从事文献编目与连续出版物处理的研究,出版专著多种,发表论文数十篇。

杨子竞(1930—2009) 1954 年毕业于南开大学历史系。曾任南开大学信息资源管理系教授、硕士生导师。

朱建亮(1944—) 1969 年毕业于北京大学图书馆学系。曾任湘潭大学信息管理系教授,湘潭大学图书馆、华南师范大学图书馆、广东外语外贸大学南国商学院图书馆馆长。出版专著 13 种,发表论文 120 多篇。

刘兹恒(1955—) 1984 年毕业于北京大学图书馆学系,2005 年获博士学位。现为北京大学信息管理系教授、博士生导师,中国图书馆学会理事、图书馆学基础理论专业委员会主任。出版专著 4 种,发表论文 100 多篇。

孟绂(1949—) 学历大专,研究馆员。曾任天津少儿图书馆副馆长,深圳少儿图书馆馆长,中国图书馆学会学术委员会少儿图书馆专业委员会主任,《中国图书馆分类法》(儿童图书馆、中小学图书馆版)副主编、主编等职。出版专著多部,发表论文数十篇。

沈　岩　天津图书馆工作人员。

侯汉清(1943—)　1967 年北京大学图书馆学系硕士研究生毕业。曾任南京农业大学信息管理系教授、博士生导师,中国图书馆学会学术委员。主要从事信息检索与情报检索语言的教学与研究,出版专著多部,发表论文数百篇。

马张华(1948—)　1976 年毕业于北京大学图书馆学系。曾任北京大学信息管理系教授,主要从事信息检索与情报语言的教学与研究,出版专著多部,发表论文数十篇。

段明莲(1950—)　女,1974 年毕业于北京大学图书馆学系。曾任北京大学信息管理系教授,全国信息与文献标准化技术委员会第六分会委员。主要从事文献信息资源编目的教学与研究,出版专著 4 部,发表论文 40 多篇。

关懿娴(1918—)　女,1943 年毕业于西南联合大学外文系,1954 年获英国图书馆协会副会士学位。曾任北京大学信息管理系教授、副系主任,中国图书馆学会常务理事,国际图联教育与培训组常委会通讯委员。出版专著 1 部,发表论文数十篇。

张厚生(1943— 2008)　1967 年毕业于武汉大学图书馆学系,1983 年获武汉大学文学硕士学位。曾任东南大学图书馆副馆长、情报科学技术研究所教授、硕士生导师,江苏省图书馆学会学术委员会副主任。出版专著 10 余部,发表论文 150 多篇。

吉士云(1941—)　1964 年参加工作,曾任南京师范大学图书馆副研究馆员,《中小学图书情报世界》副主编。出版专著数种,发表论文 50 余篇。

于湖滨　曾任浙江大学图书馆馆长。

董新华　曾任华中农业大学图书馆办公室主任。

刘圣梅(1925—)　女,燕京大学肄业。1954 年至南京大学图书馆担任西文图书分类编目,1984 年参加教学工作,任南京大学信息管理学院副教授,1989 年退休。

沈固朝(1953—)　　1981年毕业于南京大学图书馆学系,1997年获南京大学史学博士学位。现为南京大学信息管理系教授、博士生导师、系主任,中国科技情报学会常务理事。主要研究方向为信息检索、服务、咨询与用户研究,出版专著10余种,发表论文30多篇。

钟守真(1937—)　　女,1960年毕业于北京大学图书馆学系。曾任南开大学信息资源管理系教授、系主任,中国社会科学信息学会理事,中国图书馆学会学术委员。主要从事基础理论与比较图书馆学的教学与研究。出版专著数种,发表论文数十篇。

李希孔(1940—)　　1962年毕业于河北农业大学植物保护专业。1972年任校科研处科研科副科长,1978年任科技情报室副主任,1983年随隶属科研处的科技情报室合并入图书馆工作,任副馆长。

杜　克(1938—2003)　　1961年毕业于北京大学图书馆学系。曾任文化部图书馆司司长,北京图书馆研究馆员、常务副馆长,中国科学协会全国委员会委员,中国图书馆学会副理事长。出版专著多部,发表论文数十篇。

吴建中(1956—)　　1978年毕业于华东师范大学外语系,1992年获英国威尔士大学哲学博士学位。现任上海图书馆研究馆员、馆长,中国图书馆学会副理事长,国际图联专业委员会委员,华东师范大学等校兼职教授。出版专著多种,发表论文百余篇。

王松林(1953—)　　1976年毕业于复旦大学外语系,1987年获上海外国语学院硕士学位。现任南京政治学院军事信息管理系教授、博士生导师,主要从事信息资源组织的教学与研究,出版专著多种,发表论文百余篇。

吴　晞(1955—)　　1982年毕业于北京大学图书馆学系。现任深圳图书馆研究馆员、馆长,中国图书馆学会常务理事,《中国图书馆学报》副主编。主要研究方向为文献资源建设、现代图书馆管理与图书馆史,出版专著多种,发表论文百余篇。

谭祥金(1939—) 1963 年毕业于武汉大学图书馆学系。曾任北京图书馆副馆长,中山大学信息管理系教授、系主任,信息科学技术学院副院长,中国图书馆学会副理事长。出版专著数十部,发表论文数百篇。

肖希明(1955—) 1983 年毕业于武汉大学图书馆学系,1995 年获理学博士学位。现任武汉大学信息管理学院图书馆学系教授、博士生导师、系主任,中国图书馆学会理事。主要从事文献资源建设的教学与研究,出版专著 8 种,发表论文百余篇。

程焕文(1961—) 1983 年毕业于武汉大学图书馆学系,2003 年获中山大学历史学博士学位。现任中山大学资讯管理学院教授、博士生导师,图书馆馆长,校长助理,广东图书馆学会名誉理事长,教育部高等学校图书馆学学科教学指导委员会副主任委员,国务院学位委员会全国图书情报专业学位教育指导委员会委员。出版著作 20 多部,发表论文 200 多篇。

王作梅 1969 年毕业于武汉大学图书馆学系,曾留校任教。

严一桥 1978 年毕业于武汉大学图书馆学系,曾留校任教。

孙更新 1978 年毕业于武汉大学图书馆学系,曾留校任教。

袁名敦(1928—2010) 1952 年毕业于北京师范大学物理系。曾任北京师范大学图书馆馆长,北京师范大学图书馆学情报学系教授、硕士生导师、系主任,中国图书馆学会学术委员。出版专著、教材 7 种,发表论文 40 多篇。

耿骞(1965—) 1986 年毕业于北京师范大学图书馆学系,2005 年获北京大学信息管理系博士学位。现任北京师范大学管理学院副院长,信息管理系教授、博士生导师。主要从事信息管理技术的教学与研究。出版专著数种,发表论文几十篇。

汪冰(1970—) 1991 年毕业于武汉大学图书情报学院,1997 年获中国科学院文献情报中心博士学位。现在美国。

袁　琳(1956—)　女,1978 年毕业于武汉大学图书馆学系。现任武汉大学信息管理学院副教授、硕士生导师。长期从事信息需求与服务、图书馆与信息中心管理等课程的教学与研究工作。出版专著数种,发表论文几十篇。

徐引篪(1943—)　女,1964 年毕业于北京大学图书馆学系。曾任中国科学院图书馆研究馆员、馆长、博士生导师,中国图书馆学会副理事长。主持多项国家级或省部级研究项目,主编、合著(译)专业著作 20 余部,发表论文 40 多篇 。

霍国庆(1965—)　1999 年获中国科学院管理学博士学位。曾任山西大学信息管理系副教授、副系主任。现为中国科学院研究生院教授、博士生导师。参加或主持国家级和省部级多项课题,合作出版专著 3 部,发表论文 60 余篇。

20 世纪中国图书馆学书目

（1909—1999）

说　　明

1. 本书目收录图书馆学基础理论、资源建设、分类编目、读者服务、文献检索、技术应用、建筑设备等方面在大陆出版的著述；相关学科内容，如目录学、情报学、文献学一般不收，其个别与图书馆学融为一体者酌收。

2. 1949 年以前正式出版与内部出版的皆收；1949 年以后的，只收正式出版物（有个别例外）。

3. 本书目按出版年排列，每年内以作品书名汉语拼音为序，著录书名、著者、译者、丛书名、出版者、出版地、出版年。

4. 虽经多方搜集资料，反复比对，但遗漏及错误难免，请识者指正。

1909 年

山东省图书馆章程　山东省图书馆编　该馆印　济南　1909 年

图书馆　孙毓修著　《教育杂志》　上海　1909—1910 年分 8 期
连载

1910 年

图书馆教育　（日）户野周二郎著　谢荫昌译　奉天图书发行所
1910 年

1911 年

梁祠图书馆章程　梁鼎芬编　编者刊　1911 年

1912 年

巡回书库普及法　谢荫昌编　编者刊　1912 年

1914 年

河南图书馆暂行规则　河南图书馆编　该馆　开封　1914 年

1915 年

无锡县立图书馆第一周年报告　无锡县立图书馆编　该馆　无锡
1915 年

云南图书馆阅书报规则　云南图书馆编　该馆　昆明　1915 年

浙江公立图书馆年报　浙江公立图书馆编　该馆　杭州
1915 年

1916 年

无锡县立图书馆第二周年报告　无锡县立图书馆编　该馆　无锡

1916 年

1917 年

仿杜威分类法（仿杜威书目十类法）　沈祖荣　胡庆生编　文华
　公书林　武昌　1917 年

图书馆管理法（教育丛书第三集）　朱元善著　商务印书馆　上
　海　1917 年

图书馆小识　日本图书馆协会编　通俗教育研究会译　该会　北
　京　1917 年

浙江公立图书馆年报（民国五年）　浙江公立图书馆编　该馆
　杭州　1917 年

1918 年

北京高等师范学校图书馆细则　北京高等师范学校图书馆编　该
　馆　北京　1918 年

常熟县图书馆报告册　常熟县图书馆编　该馆油印　常熟
　1918 年

个人会员录　中华图书馆协会（地方性组织）编　该会　1918 年

汉字索引制　林语堂编　著者自刊　1918 年

京师小学教育巡回文库简章　教育部编　编者刊　1918 年

图书馆指南　顾实编纂　丁福保校阅　医学书局　上海
　1918 年

中华全国图书馆调查表　沈祖荣编　编者刊　1918 年

1919 年

公共图书馆与巡回文库　谢扶亚编　编者刊　1919 年

1920 年

图书馆管理法　郑韫三著　晋新书社　太原　1920 年

图书馆学指南　（日）田中敬著　杨昭悊译　法政学报社
1920 年

无锡县立图书馆汇刊　无锡县立图书馆编　该馆　无锡
1920 年

1921 年

国立暨南大学洪年图书馆概况　国立暨南大学洪年图书馆编　该
馆　上海　1921 年

市民大学第一期讲义录　杜定友著　市民大学出版部　广州
1921 年

图书馆与市民教育　杜定友著　市民大学出版部　广州
1921 年

推广广东全省学校图书馆计划书　杜定友著　广东全省教育委员
会　广州　1921 年

云南图书馆第一阅书报分处简章　云南图书馆编　该馆　昆明
1921 年

中国各省图书馆概况一览（1921 年 6 月调查）　国立北京法政专
门学校编　该校　北京　1921 年

1922 年

广东全省教育委员会图书馆管理员养成所报告（第一期）　广东
全省教育委员会图书馆管理员养成所编　该所　广州
1922 年

国音分韵检字　张蔚瑜编　中华书局　上海　1922 年

世界图书分类法　杜定友著　穆耀枢译述　广东全省教育委员会

广州 1922 年

松坡图书馆简章附规约 松坡图书馆编 该馆 北京 1922 年

图书馆管理员养成所报告 广东省教育委员会编 该会 广州
1922 年

图书馆简说 蔡莹著 教育丛书 中华书局 上海 1922 年

图书馆学术讲稿 戴志骞著 教育丛刊 1922 年第 6 期 上海
1922 年

图书馆与平民教育 杜定友著 广东全省教育委员会 广州
1922 年

1923 年

图书馆学(上、下册) 杨昭悊著 尚志学会丛书 商务印书馆
上海 1923 年

图书馆学术研究号 中华书局 上海 1923 年

云南图书博物馆一览 云南图书博物馆编 该馆 昆明
1923 年

1924 年

杜威书目十类法补编 查修补编 清华学校图书馆 北京
1924 年

儿童图书馆之研究 （日）今泽慈海 竹贯宜人著 陈逸译 商
务印书馆 上海 1924 年 6 月

国立东南大学图书馆规章 国立东南大学图书馆编 该馆 上海
1924 年

江苏无锡天上市立公园图书馆报告 江苏无锡天上市立公园图书
馆编 该馆 无锡 1924 年

孟芳图书馆落成纪念册 郭秉文编 东南大学 南京 1924 年

无锡县天上市立公园图书馆第一、二至八周年报告 无锡县天上

市立公园图书馆编　该馆　无锡　1924 年

小学图书馆管理法大纲　杜定友编　小学教员讲习会　河南
　1924 年

1925 年

北京民国大学图书馆概要　北京民国大学图书馆编　该馆　北京
　1925 年

戴氏私立东原图书馆一周年纪念册　戴英编　该馆　1925 年

杜威书目十类法　桂质柏编　齐鲁大学图书馆　济南　1925 年

国立北京师范大学附属小学儿童图书馆的概况　国立北京师范大
　学附属小学儿童图书馆编　该馆　北京　1925 年

汉字排字法　杜定友编　上海图书馆协会丛书　上海图书馆协会
　上海　1925 年

湖南省教育会图书馆请分润庚款陈述书　湖南省教育会图书馆编
　该馆　长沙　1925 年

隆阜戴氏私立东原图书馆规程　隆阜戴氏私立东原图书馆编　该
　馆　1925 年

山西公立图书馆简章　山西公立图书馆编　晋新书社　山西
　1925 年

松坡图书馆募捐启　松坡图书馆编　该馆　北京　1925 年

天津图书馆协会及各教育机关欢迎鲍士伟博士（中华民国十四年
　六月四日至七日）　天津图书馆协会编　该会　天津　1925 年

图书分类法　杜定友编　上海图书馆协会　上海　1925 年

图书馆通论　杜定友著　上海图书馆协会丛书　商务印书馆　上
　海　1925 年

图书馆学讲义　杜定友编　江苏省立第二师范　1925 年

图书馆学通论　杜定友著　上海图书馆协会丛书　商务印书馆
　上海　1925 年

阅览室概论　高尔松　高尔柏著　新文化书社　上海　1925 年

中等学校阅览室概论　高尔松　高尔柏著　新文化书社　上海
　1925 年

中文书籍分类法商榷　查修著　清华学校　北京　1925 年

著者号码编制法　杜定友编　上海图书馆协会丛书　商务印书馆
　上海　1925 年

1926 年

东方图书馆概况　东方图书馆编　商务印书馆　上海　1926 年

集美图书馆概况　集美图书馆编　该馆　厦门　1926 年

景堂图书馆概况　景堂图书馆编　该馆　广东新会　1926 年

民众图书馆特刊　十六铺外咸爪街民众图书馆编　该馆　上海
　1926 年

末笔检字法　林语堂编　商务印书馆　上海　1926 年

上海民立中学图书馆概况　陈天鸿编　上海民立中学图书馆丛书
　上海民立中学图书馆　上海　1926 年

四角号码检字法　王云五编　商务印书馆　上海　1926 年

图书馆组织与管理　洪有丰著　商务印书馆　上海　1926 年

图书目录学　杜定友著　商务印书馆　上海　1926 年

图书选择法　杜定友著　上海图书馆协会丛书　商务印书馆　上
　海　1926 年

张堰图书馆协赞会年报　张堰图书馆编　该馆印　江苏金山
　1926 年

中外一贯实用图书分类法　陈天鸿（即陈伯逵）编　民立中学图
　书馆　上海　1926 年

1927 年

北京大学图书馆第一年度报告(1926 年 3 月至 1927 年 6 月)　北

京大学图书馆编　该馆　北平　1927 年

北京图书馆第一年度报告(1926 年 3 月至 1927 年 6 月)　北京图
书馆编　该馆　北京　1927 年

革命文库分类法　杜定友　蒋径三编　国立中山大学图书馆研究
会　广州　1927 年

购求中国图书计划书　顾颉刚著　国立中山大学图书馆研究会
广州　1927 年

国立第一中山大学图书馆十六年度年报　国立第一中山大学图书
馆编　该馆　广州　1927 年

南京特别市市立第一通俗图书馆规程　南京特别市市立第一通俗
图书馆编　该馆油印　南京　1927 年

图书馆行政(1—4 册)　商务印书馆函授学校图书馆学科编　该
馆　上海　1927 年

图书馆学　李小缘著　第四中山大学　南京　1927 年

图书馆学概论　杜定友著　百科小丛书　商务印书馆　上海
1927 年

形数检字法　张凤编　著者自刊　1927 年

中国图书馆计划书　李小缘著　著者自刊　南京　1927 年

1928 年

北京大学图书馆第二年度报告(1927 年 7 月至 1928 年 6 月)　北
京大学图书馆编　该馆　北平　1928 年

北京图书馆第二年度报告(1927 年 7 月—1928 年 6 月)　北京图
书馆编　该馆　北平　1928 年

北平图书馆第一、二年度报告(1926.6—1928.6)　北京图书馆编
该馆　北平　1928 年

第二次改订四角号码检字法(附检字表)　王云五编　商务印书
馆　上海　1928 年

高邮县立图书馆概况　高邮县立图书馆编　该馆　高邮
　1928 年

各家检字新法述评　万国鼎著　中华图书馆协会出版委员会　北
　平　1928 年

国立中央大学国学图书馆小史　柳诒徵著　该馆　南京
　1928 年

国立中央大学图书馆小史　国立中央大学图书馆编　该馆　南京
　1928 年

国学图书馆年刊（1—9）　国学图书馆编　该馆　南京
　1928 年—1936 年

国学图书馆小史　国学图书馆编　该馆　南京　1928 年

江苏大学图书馆章程　江苏大学图书馆编　该馆　1928 年

可爱的小图书馆（二卷）　张九如　周鬻青著　中华书局　上海
　1928 年

上海通信图书馆宣言及章程　上海通信图书馆编　该馆　上海
　1928 年

首尾面线检字法　陈文编　编者刊　1928 年

图书馆通论　马宗荣讲述　大夏大学图书馆　上海　1928 年

图书馆学 ABC　沈学植著　ABC 丛书　ABC 出版社出版　世界
　书局发行　上海　1928 年

无锡县立图书馆历年概况　无锡县立图书馆编　该馆　无锡
　1928 年

现代图书馆经营论　马宗荣著　学艺汇刊（18）　中华学艺社出
　版　商务印书馆发行　上海　1928 年 3 月

现代图书馆序说　马宗荣著　中华学艺社出版　商务印书馆发行
　上海　1928 年

学校图书馆学　杜定友著　商务印书馆　上海　1928 年

浙江公立图书馆年报　浙江公立图书馆编　该馆　杭州

1928 年

中外图书统一分类法　王云五编　商务印书馆　上海　1928 年

中央大学国学图书馆第一年刊　中央大学国学图书馆编　该馆
南京　1928 年

中央大学国学图书馆小史　中央大学国学图书馆编　该馆　南京
1928 年

中央大学区立苏州图书馆一览　中央大学区立苏州图书馆编　该
馆　苏州　1928 年

1929 年

北平北海图书馆第三年度报告(1928 年 7 月至 1929 年 6 月)　北
平北海图书馆编　该馆　北平　1929 年

(国立)北平图书馆职员录　(国立)北平图书馆编　该馆　北平
1929 年

参观大连图书馆报告　卞鸿儒著　辽宁省立图书馆　沈阳
1929 年

东方图书馆概况　东方图书馆编　商务印书馆　上海　1929 年

儿童图书馆　美国图书馆协会编　王京生译　译者自刊　上海
1929 年

国立北平图书馆概况　国立北平图书馆编　该馆　北平
1929 年

国立暨南大学洪年图书馆概况　国立暨南大学洪年图书馆编　该
馆　上海　1929 年

简明图书馆编目法　(美)爱克斯编　沈祖荣译　文华图书科
武昌　1929 年

江西省立图书馆馆务汇刊　江西省立图书馆编　该馆　南昌
1929 年

江西省立图书馆一览　江西省立图书馆编　该馆　南昌

1929 年

金陵大学图书馆概况　金陵大学图书馆编　该馆　南京
1929 年

辽宁省立图书馆之使命与其实施　卞鸿儒著　辽宁省立图书馆印
沈阳　1929 年

民众图书馆设施法（一名：中央大学区立通俗教育馆图书部实施
概况）　俞家齐编　民众教育设施丛刊　中央大学区立通俗教
育馆推广部　南京　1929 年

全国图书馆调查表　中华图书馆协会编　该会　北平　1929 年

图书馆学　沈学植著　世界书局　上海　1929 年

图书馆员之训练　（美）佛里特尔著　杨昭悊　李燕亭译　尚志
学会丛书　商务印书馆　上海　1929 年 6 月

图书馆之使命及其实施　蒋镜寰著　中央大学区立苏州图书馆
苏州　1929 年

万县公立图书馆概要　万县公立图书馆编　该馆　万县
1929 年

小学图书馆实施法　蒋镜寰著　中央大学区立苏州图书馆　苏州
1929 年

中大图书馆指南　梁格　钱亚新　陈普炎编　中山大学图书馆
广州　1929 年

中国加入国际交换出版品协约之经过　北海图书馆编　该馆　北
平　1929 年

中国图书分类法　刘国钧编　金陵大学图书馆　南京　1929 年
1 月

中国现代图书馆概况　金敏甫著　广州图书馆协会　广州
1929 年

中华图书馆协会第一次年会报告　中华图书馆协会编　该会　北
平　1929 年

中文图书编目条例草案　刘国钧编　中华图书馆协会　北平
　1929 年

中央大学区立苏州图书馆图书分类法　陈子彝编　中央大学区立
　苏州图书馆　苏州　1929 年

著者号码编制法　陈子彝编　江苏省立苏州图书馆　1929 年

1930 年

安徽省立图书馆概况　安徽省立图书馆编　该馆　安庆
　1930 年

北平故宫博物院图书馆概况　北平故宫博物院图书馆编　该馆
　北平　1930 年

北平特别市市立第一普通图书馆周年纪念刊　北平特别市市立第
　一普通图书馆编　该馆　北平　1930 年

福建建瓯县公立图书馆十周年纪念刊　福建建瓯县公立图书馆编
　该馆　福建建瓯　1930 年

关于图书学之一部　王献唐编　山东省立图书馆　济南
　1930 年

广州市市立中山图书馆特刊　广州市市立中山图书馆编　该馆
　广州　1930 年

广州特别市立第三小学校儿童图书馆六周年纪念特刊　吴谨心编
　该馆　广州　1930 年

国立北京大学图书馆暨各学院图书分馆概况　国立北京大学图书
　馆编　该馆　北平　1930 年

国立北平图书馆馆务报告（1927 年 7 月至 1930 年 6 月）　国立北
　平图书馆编　该馆　北平　1930 年

国立北平图书馆职员表　国立北平图书馆编　该馆　北平
　1930 年

国立暨南大学洪年图书馆概况　国立暨南大学洪年图书馆编　该

馆　上海　1930 年

国立中央大学图书馆概况　桂质柏编　该馆　南京　1930 年

国立中央大学图书馆概况　国立中央大学图书馆编　国立中央大
学一览　该馆　南京　1930 年

国学图书馆第三年刊　国学图书馆编　该馆　南京　1930 年

湖北省立图书馆概况　湖北省立图书馆编　该馆　武昌
1930 年

江苏省立苏州图书馆概要　江苏省立苏州图书馆编　该馆　苏州
1930 年

江苏省立苏州图书馆馆刊（第二号）　陈子彝编　该馆　苏州
1930 年

辽宁省立图书馆馆刊（第一卷）　辽宁省立图书馆编　该馆　沈
阳　1930 年

民众图书馆设施法　吴培元著　宜兴县立图书馆　宜兴
1930 年

民众图书馆书目　江苏省立教育学院编　该院　江苏　1930 年

南京市立民众图书馆概况　南京市立民众图书馆编　该馆　南京
1930 年

全国图书馆调查表（1929 年 12 月三次订正）　中华图书馆协会编
该会　北平　1930 年

上海县公共图书馆十八年度馆务报告　上海县公共图书馆编　该
馆　上海　1930 年

苏州图书馆报告　苏州图书馆编　该馆　苏州　1930 年

索引和索引法　钱亚新编　商务印书馆　上海　1930 年

泰县县立公共图书馆工作报告　泰县公共图书馆编　该馆　泰县
1930 年

铜山县公共图书馆筹备经过报告　铜山县公共图书馆编　该馆
铜山　1930 年

图书馆活用办法建议　河北教育厅编　该厅　保定　1930 年

图书馆术语集　金敏甫编著　中华图书馆协会　北平　1930 年

图书馆学九国名词对照表（中、英、德、法、意、西、荷、瑞、丹）　徐
　能庸编译　图书馆学丛书　商务印书馆　上海　1930 年

万县公立图书馆概要　万县公立图书馆编　该馆　四川万县
　1930 年

中国图书馆名人录　宋景祁编　上海图书馆协会　上海
　1930 年

周年纪念刊　北平特别市市立第一普通图书馆编　中华书局　上
　海　1930 年

1931 年

北平故宫博物院图书馆概况　北平故宫博物院图书馆编　该馆
　北平　1931 年

标准国音检字　陆衣言　马国英编　中华书局　上海　1931 年

点直横斜检字法　蔡野渡编　著者自刊　1931 年

儿童阅读兴趣的研究　徐锡龄著　民智书局　上海　1931 年

二年来之宜兴县立图书馆　宜兴县立图书馆编　该馆　宜兴
　1931 年

分类编目与标题之方法　梁格著　国立中山大学图书馆　广州
　1931 年

福建省立图书馆概况　福建省立图书馆编　该馆　福州
　1931 年

广东全省公私立图书馆通讯录　温仲良编　广东省教育会秘书处
　广州　1931 年

国立北平图书馆概况　国立北平图书馆编　该馆　北平
　1931 年

国立北平图书馆新馆落成典礼　国立北平图书馆编　该馆　北平

1931 年

国立暨南大学洪年图书馆概况　国立暨南大学洪年图书馆编　该
馆　上海　1931 年

汉字六笔检字法　谭议编　编者刊　1931 年

河北省立第一图书馆概况　河北省立第一图书馆　该馆　天津
1931 年

河北省立第一图书馆书籍说明　河北省立第一图书馆编　该馆
天津　1931 年

吉林省立图书馆概况　吉林省立图书馆编　该馆　1931 年

建筑浙江图书馆报告书　浙江图书馆编　该馆　杭州　1931 年

江苏省立国学图书馆概况　江苏省立国学图书馆编　该馆　南京
1931 年

江阴巷子实验民众图书馆概况　江阴巷子实验民众图书馆编　江
苏省立教育学院　1931 年

流通图书馆学　陈独醒编著　浙江流通图书馆　杭州　1931 年

民众图书馆规程及簿表　姜和编　江苏省立教育学院实验民众图
书馆　无锡　1931 年

民众图书馆图书分类法　徐旭编　江苏省立教育学院实验民众图
书馆改订版　无锡　1931 年

全国图书馆调查表（1931 年 12 月四次订正）　中华图书馆协会编
该会　北平　1931 年

全国图书馆一览　浙江省立图书馆编　浙江省立图书馆木印部售
书处　杭州　1931 年

三十五年来中国科学书目草案　上海交通大学图书馆编　该馆
上海　1931 年

四角号码检字法教学法　王云五发明　赵景源编辑　商务印书馆
上海　1931 年

四角号码检字法类号法　赵景源编　商务印书馆　上海

152

1931 年

松坡图书馆概况 松坡图书馆编 该馆 北平 1931 年

头尾号码标准国音检字 陆衣言 马国英编 中华书局 上海
1931 年

图书馆为什么要劝人读书 陈独醒著 流通图书馆教育小丛书
私立浙江流通图书馆宣传部 杭州 1931 年

图书之选购 刘藻著 浙江省立图书馆丛书 浙江省立图书馆
杭州 1931 年

图书之征购 陈豪楚著 浙江省立图书馆 杭州 1931 年

无锡县图书馆概况 无锡县图书馆编 该馆 无锡 1931 年

乡村图书馆经营法之研究 李钟履著 文华图书科季刊社 武昌
1931 年

形母检字法 蒋一前编 编者刊 1931 年

怎样叫做流通图书馆 陈独醒著 流通图书馆教育小丛书 私立
浙江流通图书馆宣传部 杭州 1931 年

浙江省立图书馆概况 浙江省立图书馆编 该馆 杭州
1931 年

中国国际图书馆概要 中国国际图书馆编 中国书版展览会
1931 年

中国检字问题 杜定友著 著者自刊 1931 年

中国图书编目法 裘开明编 商务印书馆 上海 1931 年

中国图书馆著者符号编列法之又一商榷 金云铭著 福建协和大
学 福州 1931 年

中文图书登录条例 岳良木编 中华图书馆协会 北平
1931 年

1932 年

北平故宫博物院文献馆一览 北平故宫博物院文献馆编 该馆

北平　1932 年

儿童书目汇编　罗静轩编　图书馆协会　北平　1932 年

二十年度国立暨南大学洪年图书馆概况　国立暨南大学洪年图书馆编　该馆　上海　1932 年

国立北平图书馆馆务报告（1930 年 7 月至 1932 年 6 月）　国立北平图书馆编　该馆　北平　1932 年

国立北平图书馆职员表　国立北平图书馆编　该馆　北平　1932 年

国立中央大学图书馆概况　桂质柏编　该馆　南京　1932 年

汉字形位排检法　杜定友编　中华书局　上海　1932 年

江苏省立苏州图书馆概要　蒋镜寰编　该馆　苏州　1932 年

江苏省立苏州图书馆馆刊（第三号）　陈子彝编　该馆　苏州　1932 年

江苏省立苏州图书馆阅览指南　陈子彝编　该馆　苏州　1932 年

交通大学图书馆编目规则（1932 年 9 月订）　交通大学图书馆编　该馆　上海　1932 年

九江中学志昂图书馆成立特刊　九江中学志昂图书馆编　九江中学　九江　1932 年

立法院图书馆开幕纪念册　祝世康编　立法院图书馆　南京　1932 年

隆昌县公立图书馆概况　隆昌县公立图书馆编　该馆　隆昌　1932 年

民众图书分类法　徐旭编　江苏教育学院实验民众图书馆　无锡　1932 年

民众图书馆设施法　赵为容著　山东省立民众教育馆　济南　1932 年

七年以来之人文社　黄炎培著　该社　上海　1932 年

154

全国公私立图书馆一览表（十九年度）　中华民国教育部社会教
育司编　该司　南京　1932年

陕西省立第一图书馆概况　陕西省立第一图书馆编　该馆　西安
1932年

上海市立图书馆概况　上海市立图书馆编　该馆　上海
1932年

圣约翰大学罗氏图书馆概况　黄维廉编　圣约翰大学　上海
1932年

图书馆学　杜定友著　中华书局　上海　1932年

图书管理学　杜定友著　中华书局　上海　1932年

图书为什么要流通　陈独醒著　流通图书馆教育小丛书　私立浙
江流通图书馆宣传部　杭州　1932年

吴县图书馆第六次报告　吴县图书馆编　该馆　吴县　1932年

新中华图书管理学　杜定友著　中华书局　上海　1932年

英国国立图书馆藏书源流考　李小缘著　中华图书馆协会　北平
1932年

怎样办理流通图书馆（第4册）　陈独醒著　流通图书馆教育小
丛书　私立浙江流通图书馆宣传部　杭州　1932年

浙江第一学区图书馆协会概况　浙江第一学区图书馆协会编　该
会　杭州　1932年

浙江全省图书馆概览　浙江省立图书馆编　该馆　杭州
1932年

浙江省立图书馆大学路总馆卅幕纪念册　浙江省立图书馆编　该
馆　杭州　1932年

浙江省立图书馆推广事业概况　浙江省立图书馆编　该馆　杭州
1932年

浙江省立图书馆一览　浙江省立图书馆编　该馆　杭州
1932年

中国报纸图书室之设计　高清孝著　燕大学士毕业论文　作者自刊　北平　1932 年

中学图书馆最低限度书目　赵傅来编　华东基督教教育会　上海　1932 年

1933 年

北平图书馆建筑委员会报告　北平图书馆建筑委员会编　中华教育文化基金董事会　北平　1933 年

(国立)北平图书馆专门阅览室规则(民国二十二年四月一日改订)　国立北平图书馆编　该馆　北平　1933 年

北平协和医学院图书馆馆况实录　李钟履编　中华图书馆协会　北平　1933 年

编辑中国史籍书目之商榷　傅振伦著　中华图书馆协会　北平　1933 年

簿式目录中著录详略之研究(上篇)　邢云林著　中华图书馆协会　北平　1933 年

东方图书馆纪略　东方图书馆复兴委员会编　该馆　上海　1933 年

杜氏著者号码表　杜定友编　中国图书馆服务社　上海　1933 年

儿童读物的研究　王人路著　中华书局　上海　1933 年

儿童读物目录　教育部选编　教育部　南京　1933 年

儿童图书馆　徐能庸著　小学生文库,第 1 集,图书馆学类　商务印书馆　上海　1933 年

儿童图书馆概况　刘梦兰编　香山慈幼院小学部　北平　1933 年

儿童阅读书报指导法　严国桂　朱绍曾编著　大东书局　上海　1933 年

国立北平师范大学图书馆概况　国立北平师范大学图书馆编　该
　　馆　北平　1933 年

国立北平图书馆馆务报告（1932 年 7 月至 1933 年 6 月）　国立北
　　平图书馆编　该馆　北平　1933 年

国立北平图书馆借书暂行规则（民国二十一年八月一日改订）
　　该馆阅览组编　该馆　北平　1933 年

国立暨南大学洪年图书馆概况　国立暨南大学洪年图书馆编　该
　　馆　上海　1933 年

国立清华大学图书馆概况　国立清华大学图书馆编　该馆　北平
　　1933 年

国立清华大学图书馆一览（馆刊第三种）　国立清华大学图书馆
　　编　该馆　北平　1933 年

国立中央大学图书馆概况　桂质柏编　该馆　南京　1933 年

国立中央大学图书馆西文图书编目规则　桂质柏编　该馆　南京
　　1933 年

国立中央图书馆暂行中文图书编目规则　国立中央图书馆编　该
　　馆　南京　1933 年

国民政府文官处图书馆概况　国民政府文官处图书馆编　该馆
　　南京　1933 年

杭县县立流通图书馆概况　杭县县立流通图书馆编　该馆　杭县
　　1933 年

湖南大学图书馆落成、科学馆奠基特刊　湖南大学编　湖南大学
　　长沙　1933 年

江苏省立国学图书馆编目分类纲要　江苏省立国学图书馆编
　　"中华图书馆协会"抽印本　北平　1933 年

景堂图书馆指南　景堂图书馆编　该馆刊　新会　1933 年

山东省立图书馆概况　山东省立图书馆编　该馆　济南
　　1933 年

善本图书编目法　于震寰编　编者刊　1933 年

世界佛教居士林佛学图书馆成立报告册　世界佛教居士林佛学图书馆编　该馆　上海　1933 年

私立中法大学图书馆概况　私立中法大学图书馆编　该馆　北平　1933 年

四周计头检字法　叶心安编　松光社　上海　1933 年

天津南开大学木斋图书馆概况　天津南开大学木斋图书馆编　该馆　天津　1933 年

图书编目法　何多源著　广州大学图书馆　广州　1933 年

图书馆表格与用品　杜定友著　商务印刷所图书馆部　上海　1933 年

图书馆参考论　李钟履著　中华图书馆协会　北平　1933 年

图书馆流通　许震东编著　浙江图书馆　杭州　1933 年

图书馆与成人教育　杜定友编译　中华书局　上海　1933 年 3 月

图书年鉴(上册:中国图书馆事业志)　杨家骆编　中国图书大辞典编辑馆　南京　1933 年

图书之分类与编目　吕绍虞编译　大夏大学大夏学报社　上海　1933 年

图书之流通　许振东著　浙江省立图书馆　杭州　1933 年

吴县图书馆第七次报告　吴县图书馆编　该馆　吴县　1933 年

西文图书编目规则　桂质柏编　国立中央大学图书馆　南京　1933 年

燕京大学图书馆概况　燕京大学图书馆编　该馆　北平　1933 年

一个新检字法——丙字检字法说明与应用　作者自刊　1933 年

御书术　钱亚新著　河北省立女子师范学院学校图书馆学丛书 1　河北省立女子师范学院图书馆出版课　1933 年

浙江第二学区各图书馆概况专号　浙江第二学区图书馆协会编　该会　嘉兴　1933 年

浙江全省图书馆概览（民国二十二年度）　浙江省立图书馆编　该馆　杭州　1933 年

浙江省立图书馆概况表暨章则一览　浙江省立图书馆编　该馆　杭州　1933 年

浙江省立图书馆概况与报告　浙江省立图书馆编　该馆　杭州　1933 年

浙江省立图书馆三十周年纪念册　浙江省立图书馆编　该馆　杭州　1933 年

浙江省立图书馆小史　陈训慈编　该馆　杭州　1933 年

浙江省立图书馆一览　浙江省立图书馆编　该馆　杭州　1933 年

中法大学图书馆概况　中法大学图书馆编　该馆　北平　1933 年

中国图书及科学设备之研究　孙文昌著　民智书局　上海　1933 年

中华图书馆协会第二次年会报告　中华图书馆协会编　该会　北平　1933 年

中华图书馆协会第二次年会指南　中华图书馆协会编　该会　北平　1933 年

中华图书馆协会概况（附录该会职员表及会员录）　中华图书馆协会编　该会　北平　1933 年

中日著者号码表　张英敏编　金天游及著者自刊　杭州　1933 年

中学图书及科学设备研究　孙文昌著　民智书局　上海　1933 年

1934 年

编纂丛书子目类编义例 谢国桢著 金陵大学金陵学报单行本
南京 1934 年

标题目录要论 （日）加藤宗厚著 李尚友译 文华图书馆学专
科学校小丛书 文华图书馆学专科学校 武昌 1934 年

参考书问题专号 浙江省第一学区图书馆协会编 该会 杭州
1934 年

大夏大学图书馆指南 马宗荣著 该馆 上海 1934 年

大学图书馆经营之实际（一名:大夏大学图书馆组织与管理） 马
宗荣著 大夏大学图书馆 上海 1934 年

儿童图书馆 陈静山编 陶知行校 乡村教育丛书 儿童书局
上海 1934 年

分类之理论与实际 刘子钦著 武昌文华图书馆学专科学校小丛
书 文华图书馆学专科学校 武昌 1934 年

辅仁大学图书馆阅览说明 辅仁大学图书馆编 该馆 北平
1934 年

复旦大学图书馆概况 复旦大学图书馆编 该馆 上海
1934 年

复旦大学图书馆中西文图书分类简表 复旦大学图书馆编 该馆
上海 1934 年

广州市立中山图书馆 广州市立中山图书馆编 广州市政建设丛
刊 广州市政府 广州 1934 年

国立北平故宫博物院图书馆民国廿三年度工作报告 国立北平故
宫博物院图书馆编 该馆 北平 1934 年

国立北平图书馆概况 国立北平图书馆编 该馆 北平
1934 年

国立北平图书馆工程参考室暂行规则 该馆阅览组编 该馆 北

平 1934 年

国立北平图书馆馆务报告（1933 年 7 月至 1934 年 6 月） 国立北平图书馆编 该馆 北平 1934 年

国立北平图书馆舆图部概况 国立北平图书馆编 该馆 北平 1934 年

国立同济大学图书馆概况 同济大学图书馆编 该馆 上海 1934 年

国立中央大学图书馆概况 桂质柏编 该馆 南京 1934 年

国立中央大学图书馆中文图书编目规则 桂质柏编 该馆 南京 1934 年

国立中央图书馆筹备之经过及现在进行概括 中央图书馆编 该馆 南京 1934 年

合作图书分类法的研究 程君清著 中国合作学社仙舟合作图书馆 南京 1934 年

河北省立第一通俗图书馆概况 河北省立第一通俗图书馆编 该馆 天津 1934 年

河北省立第一图书馆概况 河北省立第一图书馆编 该馆 天津 1934 年

河北省立女子师范学院图书馆指南 钱亚新编 该院 天津 1934 年

湖南南轩图书馆十周年纪念刊 湖南南轩图书馆编 该馆 长沙 1934 年

活的民众图书馆设施法 胡耐秋著 广西省立民众图书馆 邕宁 1934 年

类名标题目录 钱亚新编 河北省立女子师范学院 天津 1934 年

民众图书馆的行政 （美）骆约翰亚当著 章新民译 文华图书馆学专科学校丛书 文华图书馆学专科学校 武昌 1934 年

南京市立图书馆概况　南京市立图书馆编　该馆　南京
　1934 年

普通图书编目法　黄星辉编　文华图书馆学专科学校丛书　文华
　图书馆学专科学校　武昌　1934 年

上海各图书馆概览　冯陈祖怡编　国际图书馆　上海　1934 年

上海市市立图书馆民国 23 年度概况　上海市市立图书馆编　该
　馆　上海　1934 年

上海市图书馆、博物馆奠基纪念　上海市图书馆、博物馆、体育场
　筹备委员会编　该会　上海　1934 年

申报流通图书馆一周年纪念册　申报流通图书馆编　该馆　上海
　1934 年

世界民众图书馆概况　（美）鲍士伟著　徐家麟译　文华图书馆
　学专科学校丛书　文华图书馆学专科学校　武昌　1934 年

世界图书馆展览会目录　上海中国国际图书馆编　该馆　上海
　1934 年

私立江苏流通图书馆开馆纪念册　私立江苏流通图书馆编　该馆
　江苏　1934 年

私立南开大学木斋图书馆一览　南开大学木斋图书馆编　该馆
　天津　1934 年

四角号码检字法学习法　赵景源编　商务印书馆　上海
　1934 年

天一阁今昔观（纪念册　第二种）　重修天一阁委员会编　该会
　宁波　1934 年

图书编目简字标准字表　杜定友编　图书馆服务社　上海
　1934 年

图书分类法　（日）村岛靖雄编　毛春翔译　开明书店　上海
　1934 年

图书馆编目用简字标准表　杜定友编　中国图书馆服务社　上海

1934 年

图书馆的财政问题 （美）卫迟编 戴镏龄译 文华图书馆学专科学校小丛书 文华图书馆学专科学校 武昌 1934 年

图书馆管理经验论文集 萨士武编著 撰者自刊 1934 年

图书馆简字标准字表 杜定友编 中国图书馆服务社 上海 1934 年

图书馆使用法 吕绍虞编译 教育编译馆 上海 1934 年

图书馆使用法的指导 （美）哈勤斯等著 喻友信译 文华图书馆学专科学校丛书 文华图书馆学专科学校 武昌 1934 年

图书馆学要旨 刘国钧著 中华书局 上海 1934 年

图书馆指南 钱亚新著 天津省立师范学院 天津 1934 年

图书之分类 金步瀛（金天游）著 浙江省立图书馆 杭州 1934 年

图书之体系 吴鸿志编著 文华图书馆学专科学校 武昌 1934 年

图书之选择与订购 吕绍虞编 大夏大学图书馆 上海 1934 年

乌山图书馆最近一年来工作概况 乌山图书馆编 该馆 福州 1934 年

无锡县图书馆概况 无锡县图书馆编 该馆 无锡 1934 年

吴县图书馆第八次报告 吴县图书馆编 该馆 吴县 1934 年

五年来之培正中学图书馆 培正中学图书馆编 该馆 广州 1934 年

西洋图书馆史略 （英）萨费基著 毛坤译 文华图书馆学专科学校丛书 文华图书馆学专科学校 武昌 1934 年

现代图书馆事务论 马宗荣著 世界书局 上海 1934 年

行政院图书馆概况 行政院图书馆编 该馆 南京 1934 年

修葺天一阁纪念册 重修天一阁委员会编 该会 宁波

1934 年

浙江全省图书馆概览（民国二十二年度）（再版）　浙江全省图书
馆辅导组编　该馆　杭州　1934 年

浙江省立图书馆概况　浙江省立图书馆编　该馆　杭州
1934 年

浙江省立图书馆简况　浙江省立图书馆编　该馆　杭州
1934 年

浙江省立图书馆民国 23 年度工作报告　浙江省立图书馆编　该
馆　杭州　1934 年

中国国际图书馆图册　中国国际图书馆编　世界书局　上海
1934 年

中国科学社第十九次年会图书馆报告　中国科学社编　该社　上
海　1934 年

中国十进分类法　皮高品编　文华图书馆学专科学校　武昌
1934 年

中国十进分类法及索引　皮高品编　文华图书馆学专科学校丛书
文华图书馆学专科学校　武昌　1934 年

中国图书十进分类法　何日章　袁湧进编　国立北平师范大学图
书馆　北平　1934 年

中华民国海关图书馆简章　海关图书馆编　该馆　上海
1934 年

中央陆军军官学校图书馆概况　中央陆军军官学校图书馆编　该
馆　南京　1934 年

综合检字法绪言　马沄著　浙江省立图书馆　杭州　1934 年

1935 年

安徽省立图书馆图书分类法　安徽省立图书馆编　该馆　安庆
1935 年

（国立）北平大学工学院建筑新图书馆设计草案暨本年度工作报
告　国立北平大学工学院编　该院　北平　1935 年
北平市市立第一普通图书馆借书暂行章程　北平市市立第一普通
图书馆编　该馆　北平　1935 年
比较图书馆学　程伯群编著　杜定友校订　世界书局　上海
1935 年
德国捐赠东方图书馆书籍展览纪要　东方图书馆复兴委员会编
该馆　上海　1935 年
东莞博物图书馆特刊　东莞博物图书馆编　该馆　东莞
1935 年
杜氏图书分类法（中下册）　杜定友编　中国图书馆服务社　上
海　1935 年
儿童读物选择法　林斯德著　大问书斋　黄冈　1935 年
国立北京大学图书馆概况　国立北京大学图书馆编　该馆　北平
1935 年
国立北平大学工学院图书馆概况　国立北平大学工学院图书馆编
该馆　北平　1935 年
国立北平师大附属第一小学儿童图书馆概况　国立北平师大附属
第一小学儿童图书馆编　该馆　北平　1935 年
国立北平图书馆馆务报告（1934 年 7 月至 1935 年 6 月）　国立北
平图书馆编　该馆　北平　1935 年
国立北平图书馆职员表　国立北平图书馆编　该馆　北平
1935 年
国立杭州艺术专科学校图书馆一览　国立杭州艺术专科学校图书
馆编　该馆　杭州　1935 年
国立交通大学北平铁道管理学院图书馆概况　国立交通大学北平
铁道管理学院图书馆编　该馆　北平　1935 年
国立同济大学图书馆工作概况　同济大学图书馆编　该馆　上海

1935 年

国立中山大学图书馆概况　国立中山大学图书馆编　该馆　广州
1935 年

国立中山大学图书馆概览　国立中山大学图书馆编　该馆　广州
1935 年

国立中央大学图书馆分类大全　桂质柏编　该馆　南京
1935 年

国立中央大学图书馆阅览规则　国立中央大学图书馆编　该馆
南京　1935 年

杭州艺术专科学校图书馆一览　杭州艺术专科学校图书馆编　该
馆　杭州　1935 年

简明图书馆管理法　吕绍虞著　商务印刷所图书馆部　上海
1935 年

江苏省立国学图书馆概况　江苏省立国学图书馆编　该馆　南京
1935 年

民众图书馆　徐旭著　世界书局　上海　1935 年

民众图书馆实际问题　徐旭著　中华书局　上海　1935 年

民众图书馆学　徐旭著　世界书局　上海　1935 年

普通画图书选目　杜定友编　中华书局　上海　1935 年

普通图书馆图书选目　杜定友编　中华书局　上海　1935 年

清代图书馆发展史（英文）　谭卓垣编著　商务印书馆　上海
1935 年

全国图书馆调查录　许晚成编　龙文书店　上海　1935 年

全国图书馆及民众教育馆调查表　中华图书馆协会编　该会　北
平　1935 年

上海图书馆史　胡道静著　上海市通志馆　上海　1935 年

申报流通图书馆第二年工作报告——纪念史量才先生　上海申报
流通图书馆编　申报社　上海　1935 年

世界各国国立图书馆概况　A.Esdalle 编著　严文郁译　文华图书馆学专科学校　武昌　1935 年

首尾号码排检法　陈文编　中国科学图书仪器公司宣传本　上海　1935 年

图书、杂志、报纸处理法　柳宗浩著　长城书局　上海　1935 年

私立武昌文华图书馆学专科学校一览（1935 年度）　私立武昌文华图书馆学专科学校编　该校　武昌　1935 年

私立西安知行流通图书馆工作报告　私立西安知行流通图书馆编　该馆　西安　1935 年

绥远省立图书馆简况　绥远省立图书馆编　该馆　1935 年

铁道图书分类法　杜定友编　中国图书馆服务社　上海　1935 年

图书分类的原理与方法　吕绍虞编　中国图书馆服务社　上海　1935 年

图书分类指南　（美）莫利尔著　张鸿书译　文华图书馆学专科学校丛书　文华图书馆学专科学校　武昌　1935 年

图书馆标准用品图说（青年印刷所图书馆用品部特刊）　青年印刷所图书馆用品部编　该部　上海　1935 年

图书馆分类的原理与方法　吕绍虞著　中国图书馆服务社　上海　1935 年

图书馆建筑与设备　赵福来著　文华图书馆学专科学校丛书　文华图书馆学专科学校　武昌　1935 年

图书馆利用法　（美）勃朗著　吕绍虞译　图书馆学丛书　商务印书馆　上海　1935 年

图书馆学概论　杜定友著　百科小丛书　商务印书馆　上海　1935 年

图书之典藏　浙江省立图书馆编　"浙江省立图书馆辅导丛刊"第 3 种　浙江省立图书馆　杭州　1935 年

吴县图书馆第九次报告　吴县图书馆编　该馆　吴县　1935 年

乡村巡回文库经营法　赵建勋著　商务印书馆　上海　1935 年

香山慈幼院第二校儿童图书馆概况　孙廷莹编　师大附小儿童图书馆　1935 年

新加坡的赖佛尔博物馆及图书馆　向达著　著者自刊　1935 年

一甲记　黄炎培著　甲子社人文类辑部　上海　1935 年

浙江全省图书馆概览(增订三版)　浙江省立图书馆编　该馆　杭州　1935 年

浙江省立图书馆藏书版记　毛春翔著　该馆　杭州　1935 年

浙江省立图书馆阅览指南　浙江省立图书馆编　该馆　杭州　1935 年

浙江省立图书馆章则一览　浙江省立图书馆编　该馆　杭州　1935 年

中国全国省立图书馆现状鸟瞰　陈训慈编　浙江省立图书馆　杭州　1935 年

中华图书馆协会会员录　中华图书馆协会编　该会　北平　1935 年

中山大学图书馆概览　中山大学图书馆编　该馆　广州　1935 年

中文标题总录初稿　吕绍虞编　著者自刊　1935 年

中文图书索引与"半周钥笔法"——附汉字索引诸新法之比较与批评　周辨明编　厦门大学图书馆　厦门　1935 年

字首不字排检法　赵荣光编　培正中学图书馆　广州　1935 年

1936 年

安徽省立图书馆概况　安徽省立图书馆编　该馆　安庆　1936 年

北平故宫博物院图书馆概况　北平故宫博物院图书馆　该馆　北

平　1936 年

北平民社图书馆概况　北平民社图书馆编　该馆　北平
1936 年

北平市立第一普通图书馆概况　北平市立第一普通图书馆编　该
馆　北平　1936 年

北平市立第一普通图书馆馆务报告(1935 年 7 月至 1936 年 6 月)
北平市立第一普通图书馆编　该馆　北平　1936 年

北平市立第一普通图书馆章则(汇编)　北平市立第一普通图书
馆编　该馆　北平　1936 年

编目部的组织与管理　(美)曼因著　钱亚新译　中华图书馆协
会　北平　1936 年

大夏大学图书馆概况　大夏大学图书馆编　该馆　上海
1936 年

大学图书馆建筑　(美)吉罗德(J. T. Gerould)著　吕绍虞译　中
华图书馆协会　北平　1936 年

大学图书馆使用法　桂质柏著　国立四川大学图书馆　成都
1936 年

东北大学图书馆概况　东北大学图书馆编　东北大学出版部
1936 年

杜氏丛著书目　钱亚新等编　编者刊　1936 年

杜氏图书分类法中册修正表　杜定友编　编者刊　1936 年

儿童图书馆经营与实际　李文祎著　中华图书馆协会　北平
1936 年

儿童阅读指导(纪念儿童年)　广东新会仁寿路景堂图书馆编
该馆　新会　1936 年

福建省立图书馆概况　福建省立图书馆编　该馆　福州
1936 年

国立北平故宫博物院图书馆概况(附太庙图书分馆概况)　国立

北平故宫博物院图书馆编　该馆　北平　1936 年

国立北平故宫博物院文献馆整理档案规程　国立北平故宫博物院
文献馆编　该馆　北平　1936 年

国立北平故宫博物院文献馆整理档案规则　国立北平故宫博物院
文献馆编　该馆　北平　1936 年

国立北平图书馆馆务报告（1935 年 7 月至 1936 年 6 月）　国立北
平图书馆编　该馆　北平　1936 年

国立北平图书馆排印卡片目录说明及使用法　国立北平图书馆编
该馆　北平　1936 年

国立北平图书馆普通图书分类表　国立北平图书馆编　该馆　北
平　1936 年

国立北平图书馆职员表　国立北平图书馆编　该馆　北平
1936 年

国立北平图书馆中文目录检字表　国立北平图书馆编　该馆　北
平　1936 年

国立山东大学图书馆概况　国立山东大学图书馆编　该馆　青岛
1936 年

国立四川大学图书馆概况（民国二十二年度）　桂质柏编　该馆
成都　1936 年

国立武汉大学图书馆概况　国立武汉大学图书馆编　该馆　武昌
1936 年

国立中央图书馆筹备处概况　国立中央图书馆筹备处编　该处
南京　1936 年

湖南省立中山图书馆概况　湖南省立中山图书馆编　该馆　长沙
1936 年

济南私立齐鲁大学图书馆概况　济南私立齐鲁大学图书馆编　该
馆　济南　1936 年

江苏省立国学图书馆 24 年度各部概况　江苏省立国学图书馆编

该馆 南京 1936 年

江苏省立苏州图书馆概要 江苏省立苏州图书馆编 该馆 苏州
1936 年

江苏省立苏州图书馆年刊 该馆年刊编辑委员会编 该馆 苏州
1936 年

江苏省立镇江图书馆简况 江苏省立镇江图书馆编 该馆 镇江
1936 年

江西省立图书馆概况 江西省立图书馆编 该馆 南昌
1936 年

教育部出版品国际交换处章程 教育部出版品国际交换处编 该
处 南京 1936 年

今日之河北省立女子师范学院图书馆 钱亚新著 该馆 天津
1936 年

景堂图书馆儿童阅读指导 景堂图书馆编 该馆 新会
1936 年

岭南大学图书馆一览 岭南大学图书馆 该馆 广州 1936 年

美国图书分类法评论 （美）布黎斯著 喻友信译 译者刊
1936 年

明见式编目法 杜定友编 中国图书馆服务社 上海 1936 年

青岛市立民众教育馆图书馆概况 青岛市立民众教育馆图书馆编
该馆 青岛 1936 年

全国公私立图书馆一览表 中华民国教育部社会教育司编 该司
南京 1936 年

山西大同县公立图书馆纪念刊 山西大同县公立图书馆筹备委员
会编 编者刊行 大同 1936 年

上海市图书馆成立纪念册 上海市图书馆编 该馆 上海
1936 年

世界图书馆史话 吕绍虞著 中央陆军军官学校图书馆 南京

1936 年

私立大夏大学图书馆概况　私立大夏大学图书馆编　该馆　上海
　　1936 年

四部分类号码表　张英敏编　中华图书馆协会　北平　1936 年

松坡图书馆概况　松坡图书馆编　该馆　北平　1936 年

绥远省立图书馆概况　绥远省立图书馆编　该馆　1936 年

绥远省立图书馆阅览指南　绥远省立图书馆编　该馆　1936 年

天津市立图书馆概况　天津市立图书馆编　该馆　天津
　　1936 年

图书分类法　金天游编　浙江图书馆　杭州　1936 年

图书馆　杜定友著　商务印书馆　上海　1936 年

图书馆博物馆美术馆间的关系　（英）罗伯赐著　章新民译　中
　　华图书馆协会　北平　1936 年

图书馆服务门径　段怀民编著　上海图书馆学函授学校毕业同学
　　会　上海　1936 年

图书馆概论　俞爽迷著　中国图书馆服务社　上海　1936 年

图书馆管理经验论文集　萨士武著　撰者自刊　1936 年

图书馆简说　蔡莹　楼云林著　中华书局　上海　1936 年

图书馆事业合理化之刍见　毛宗荫著　著者自刊　1936 年

图书馆图书购求法　邢云林著　正中书局　南京　1936 年

图书馆学通论　俞爽迷著　正中书局　南京　1936 年

图书流通法　喻素味著　商务印书馆　上海　1936 年

推十书类录　刘咸炘编　编者刊　1936 年

厦门大学图书馆 25 年度行政方针及实施计划　曾郭棠编　该馆
　　厦门　1936 年

厦门大学图书馆廿五年度秋季行政历　曾郭棠编　该馆　厦门
　　1936 年

厦门大学图书馆中文书分类纲目　厦门大学图书馆编　该馆　厦

172

门　1936 年

小学图书馆概论　卢震京著　商务印书馆　上海　1936 年

小学中高级自由阅览指导之研究（北平师大附一小儿童图书馆工
作报告）　王柏年编　国立北平师范大学出版社　北平
1936 年

燕京大学图书馆使用法　燕京大学图书馆编　该馆　北平
1936 年

浙江全省图书馆概览（第四回）　浙江全省图书馆辅导组编　浙
江省立图书馆　杭州　1936 年

浙江省立图书馆概况　浙江省立图书馆编　该馆　杭州
1936 年

浙江省立图书馆概况（修改本）　浙江省立图书馆编　该馆　杭
州　1936 年

浙江省立图书馆民国二十五年度工作报告　浙江省立图书馆编
该馆　杭州　1936 年

浙江省立图书馆民国二十五年度进行计划　浙江省立图书馆编
该馆　杭州　1936 年

浙江省立图书馆阅览指南　浙江省立图书馆编　该馆　杭州
1936 年

震旦大学图书馆中西文图书分类简表　震旦大学图书馆编　该馆
上海　1936 年

中国方志编目条例草案　毛裕良　毛裕芳编　中华图书馆协会
北平　1936 年

中国科学社第二十一届年会明复图书馆报告（民国二十四年度）
中国科学社明复图书馆编　该馆　上海　1936 年

中国图书馆事业十年来之进步　李小缘著　著者自刊　北平
1936 年

中国之省立图书馆概述　陈训慈著　浙江省立图书馆　杭州

1936 年

中国之图书馆（英文本）　袁同礼著　中华图书馆协会　北平
1936 年

中国之图书馆事业　陈训慈著　中华图书馆协会　北平
1936 年

中华图书馆协会中华博物馆协会联合年会指南　中华图书馆协会
中国博物馆协会联合年会编　该联合年会　北平　1936 年

中文参考书举要　邓衍林著　国立北平图书馆　北平　1936 年

中文参考书指南　何多源编　岭南大学图书馆丛书　岭南大学图
书馆　广州　1936 年

中央航空学校图书馆概况　中央航空学校图书馆编　该馆
1936 年

1937 年

北京近代科学图书馆概况　北京近代科学图书馆编　该馆　北平
1937 年

北京市立第一普通图书馆阅览指导　北平市立第一普通图书馆编
该馆　北平　1937 年

北平市立第一普通图书馆儿童节纪念册　北平市立第一普通图书
馆编　该馆　北平　1937 年

重修天一阁委员会征信录　重修天一阁委员会编　该会　宁波
1937 年

川东联立师范学校典夔图书馆概况　川东联立师范学校典夔图书
馆编　该馆　四川　1937 年

俄文著者排列法　胡正支编　国立北平大学法商学院印刷部　北
平　1937 年

工程参考图书馆概况　工程参考图书馆编　该馆　北平
1937 年

公共图书馆预算 （美）锡尔曼著 陈宗登译 中华图书馆协会
北平 1937 年

广州大学图书馆一览 广州大学图书馆编 该馆油印 广州
1937 年

国立北平图书馆馆务报告（1936 年 7 月至 1937 年 6 月） 国立北
平图书馆编 该馆 北平 1937 年

国立北平图书馆职员表 国立北平图书馆编 该馆 北平
1937 年

国立四川大学图书馆概况（民国二十六年度） 桂质柏编 四川
大学 成都 1937 年

国立中央大学图书馆概况 国立中央大学图书馆编 该馆 南京
1937 年

国立中央图书馆建筑委员会征选建筑图案章程 中央图书馆建筑
委员会编 该馆建筑委员会 南京 1937 年

交通大学北平铁道管理学院图书馆概况 交通大学北平铁道管理
学院图书馆编 该馆 北平 1937 年

两年来之师大一小儿童图书馆 王柏年著 中华图书馆协会 北
平 1937 年

民众阅报处 蒋建白编著 商务印书馆 上海 1937 年

拼音著者号码编制法 钱亚新著 沈祖荣校订 文华图书馆学专
科学校 武昌 1937 年

上海日本近代科学图书馆概要 上海日本近代科学图书馆编 该
馆 上海 1937 年

实用图书馆学 喻友信著 现代图书馆丛书 中国图书馆服务社
上海 1937 年

书报杂志阅读的方法 吕绍虞编著 友联出版社 上海
1937 年

私立广州中山大学图书馆一览 私立广州中山大学图书馆编 该

馆　广州　1937 年

四库分类号码表　张英敏编　中华图书馆协会　北平　1937 年

图书分类编目法讲义　沈学植编　江苏省立教育学院　1937 年

图书馆　陈友松　刘伍夫编著　商务印书馆　上海　1937 年
6 月

图书馆学辞典　杜定友　金敏甫编　中国图书馆服务社　上海
1937 年

图书馆学函授讲义　商务印书馆编　商务印书馆　上海
1937 年

图书馆学季刊总索引（第一号）　中华图书馆协会编　该会　北
平　1937 年

图书馆学书目解题　刘子亚编著　山东省第二民众教育辅导区办
事处　益都　1937 年

图书目录著录法与编辑法论　邢云林著　中华图书馆协会　北平
1937 年

现代图书馆编目法　（美）俾沙普（W. W. Bishop）著　金敏甫译
商务印书馆　上海　1937 年

云南省立昆华图书馆概况　云南省立昆华图书馆编　该馆　云南
1937 年

浙江省立图书馆民国 25 年度工作报告　浙江省立图书馆编　该
馆　杭州　1937 年

震旦大学图书馆概况　震旦大学图书馆编　该馆　上海
1937 年

中国图书分类之沿革　蒋元卿著　中华书局　上海　1937 年
5 月

中国图书馆应用标题总录　沈祖荣编译　文华图书馆学专科学校
武昌　1937 年

中文标题总录　吕绍虞编　现代图书馆丛书　中国图书馆服务社

上海 1937 年

1938 年

北京市立第一普通图书馆概况 北京市立第一普通图书馆编 该
馆 北平 1938 年

大学图书馆的研究 吕绍虞著 大夏大学 贵阳 1938 年

国立北平图书馆馆务报告（1937 年 7 月至 1938 年 6 月） 国立北
平图书馆编 该馆 北平 1938 年

国立同济大学图书馆中西文字典式目录使用法 国立同济大学图
书馆编 该馆 上海 1938 年

国难杂作 杜定友著 著者自印 贵阳 1938 年

江苏大学国学图书馆章程 江苏大学国学图书馆编 该馆
1938 年

江苏省立苏州图书馆馆务报告 江苏省立苏州图书馆编 该馆
苏州 1938 年

期刊论文索引编制条例 王柏年编 王氏勤圃油印 无锡
1938 年

松坡图书馆概况 松坡图书馆编 该馆 北平 1938 年

图书馆通论 吕绍虞著 中国图书馆服务社 上海 1938 年

图书馆学及书志学关系文献合同目录 青年图书馆员联盟图书馆
学关系文献合同目录编纂委员会编 该会 1938 年

图书馆学论丛 吕绍虞著 浙江省立英士大学图书馆丛书 中国
图书馆服务处 上海 1938 年

怎样利用图书馆 吕绍虞著 上海图书馆协会丛书 中国图书馆
服务社 上海 1938 年

中国流通图书馆 震旦大学图书馆编 该馆 上海 1938 年

中国流通图书馆章则 中国流通图书馆编 该馆 上海
1938 年

中国著者拼音号码表（图书馆编目用）　景培元编　编者刊
　1938 年

最近之上海图书馆　吕绍虞著　中国图书馆服务社　上海
　1938 年

1939 年

盖斯图书馆检查法　（加）盖斯(I. V. Gillis)　白炳骐著　著者刊
　北平　1939 年

国立北京大学图书馆职员表　国立北京大学图书馆编　该馆　北
　平　1939 年

国立北京师范学院图书馆概况　国立北京师范学院图书馆编　该
　馆　北平　1939 年

国立北京师范学院图书馆阅览须知　国立北京师范学院图书馆编
　该馆　北平　1939 年

和顺图书馆十周年纪念刊　和顺图书馆及缅甸经理处编　该馆
　云南　1939 年

江苏省立苏州图书馆规程　陈子彝编　该馆　苏州　1939 年

图书馆重要法规　教育部社会教育司编　该司　北平　1939 年
　9 月

战时图书馆　许振东著　浙江省教育厅　丽水　1939 年

中国帝号标题一览　胡正支编　燕京大学引得校印所　北平
　1939 年

中国图书分类法补遗　国立北平图书馆编　国立北平图书馆印
　北平　1939 年

中文参考书指南（增订本）　何多源编　商务印书馆　长沙
　1939 年

1940 年

(国立)北京大学图书馆暨各学院图书分馆概况　北京大学图书馆编　该馆　北平　1940 年

丰润县立图书馆概括　申树尧编　该馆　河北丰润　1940 年

广东省立图书馆图书分类大纲　广东省立图书馆编　该馆　广州　1940 年

四川省立图书馆概况　四川省立图书馆编　该馆　成都　1940 年

松坡图书馆概况　松坡图书馆编　该馆　北平　1940 年

图书馆　蒋复璁著　社会教育辅导丛书　教育部社会教育司编印　重庆　1940 年

图书流通法(油印本)　陈长伟著　著者自刊　1940 年

图书学大辞典(上下)　卢震京编　商务印书馆　上海　1940 年

我们的图书馆　徐陈陈等编　儿童书局　上海　1940 年

1941 年

陂中纪念刊　高陂中学校董会干事会编　该校　1941 年

大学图书馆行政　(美)兰登著　徐亮译　商务印书馆　长沙　1941 年 10 月

奉天省图书馆联合研究会年报(第一辑)　奉天省民生厅社会科　奉天省图书馆联合研究会编　该会　1941 年

福建省立图书馆工作近况　福建省立图书馆编　福建省图书馆"学林"抽印本　福州　1941 年

广东省立图书馆工作报告　广东省立图书馆编　该馆油印　1941 年

广东省立图书馆一览　广东省立图书馆编　该馆油印　1941 年

国立广西大学图书馆一览　国立广西大学图书馆编　该馆　桂林

1941 年

国立中山大学图书馆分馆手册　国立中山大学图书馆编　该馆油印　1941 年

河南图书馆概况　河南图书馆编　该馆　1941 年

四位著者号码表　梅展如编　编者自刊　1941 年

图书出纳　杜定友著　中山大学图书馆油印　广州　1941 年

图书馆　蒋复璁著　教育部社会教育辅导丛书　正中书局　重庆　1941 年

图书馆管理程序（油印本）　杜定友编　编者自刊　1941 年

图书馆管理法　蒋复璁著　民众教育馆实施小丛书　正中书局　上海　1941 年 9 月

图书馆与民众教育　徐旭著　商务印书馆　长沙　1941 年

图书管理程序　杜定友编著　国立中山大学图书馆　1941 年

浙江省图书馆事业概论　吕绍虞著　浙江省立图书馆　杭州　1941 年

中国报纸新闻索引法　张景明编　燕京大学新闻学会　北平　1941 年

中国十进分类法节要　陈鸿飞编　福建省图书馆"学林"抽印本　1941 年

中国图书馆大事记　吕绍虞编　浙江省立图书馆　杭州　1941 年

1942 年

广东省立图书馆工作报告　广东省立图书馆编　该馆油印　1942 年

国立北平图书馆概况　国立北平图书馆编　该馆　1942 年

国立中山大学图书馆工作报告（1941 年度）　杜定友编　该馆油印　1942 年

江西私立天翼图书馆概况　江西私立天翼图书馆编　该馆　泰和
　1942 年

私立北泉图书馆缘起　私立北泉图书馆编　该馆　1942 年

四川省图书馆杂志审查处查禁书刊一览　四川省图书馆杂志审查
　处编　成都市图书教育用品商业同业公会　成都　1942 年

图书分类法　（美）开利编　钱亚新译　文通书局　贵阳
　1942 年

图书馆重要法令　教育部社会教育司编　该司　1942 年 1 月

行政院文物保管委员会图书专门委员会图书馆概况　行政院文物
　保管委员会图书专门委员会图书馆编　该馆　南京　1942 年

1943 年

奉天省立图书馆概览　奉天省立图书馆编　该馆　1943 年

广东省立图书馆工作报告　广东省立图书馆编　该馆油印
　1943 年

广东省图书教育人员训练班报告书　杜定友编　该馆油印
　1943 年

国立北京图书馆由沪运回西文书分类清册　国立北京图书馆编
　该馆　1943 年

国立中山大学图书馆工作报告（1942 年度）　杜定友编　该馆油
　印　1943 年

三民主义化图书分类法简本　杜定友编　广东省立图书馆　广州
　1943 年

图书流通法　陈长伟编　油印本　1943 年

1944 年

国立中山大学图书馆工作报告（1943 年度）　杜定友编　该馆油
　印　1944 年

首笔号码索引法　吴甲原编　草堂书屋　重庆　1944 年
新汉字检字法及拼音法　王景春编　商务印书馆　1944 年

1945 年

普通图书馆设备举要　教育部社会教育司编　社会教育辅导丛
　书,图书教育　商务印书馆　重庆　1945 年
学术业务类码表　黎锦熙编　西北师范学院出版组　西安
　1945 年

1946 年

北平市图书馆协会会员录　北平市图书馆协会编　该会　北平
　1946 年
广东省立图书馆工作报告　广东省立图书馆编　该馆　广州
　1946 年
国立中央图书馆中文图书编目规则　国立中央图书馆编　商务印
　书馆　上海　1946 年
三民主义化的图书分类标准　沈宝环编　三民主义青年团中央直
　属文华图书馆学专科学校分团部　1946 年
三民主义化世界图书分类法简本　杜定友编　广东省立图书馆
　广州　1946 年
图书编目学　金敏甫著　正中书局　南京　1946 年
杂志报纸小册处理法　陈长伟编　油印本　1946 年
怎样利用图书馆　洪焕椿著　开明青年丛书　开明书店　上海
　1946 年 3 月
中国图书分类论　蒋复璁著　中央图书馆　南京　1946 年

1947 年

东方经济图书馆开幕纪念册　东方经济图书馆编　该馆　上海

1947 年

工具书使用法　楼云林著　中华文库初中第 1 集　中华书局　上海　1947 年

广东国民大学图书馆图书分类法（简表）　蔡先聆编　该馆油印　广州　1947 年

广东省立图书馆工作报告　广东省立图书馆编　该馆　广州　1947 年

广东省图书馆协会图书馆学进修班讲义　杜定友等编　该协会油印　广州　1947 年

国立中山大学图书馆学讲义　杜定友编　该馆油印本　广州　1947 年

国立中央图书馆概况　（国立）中央图书馆编　该馆　南京　1947 年

江苏省立苏州图书馆概况　蒋镜寰编　该馆油印　苏州　1947 年

上海市立图书馆馆刊（第三号）　上海市立图书馆编　该馆　上海　1947 年

上海市立图书馆指南　上海市立图书馆编　该馆　上海　1947 年

私立沈阳佛教民众图书馆一览　私立沈阳佛教民众图书馆编　该馆　沈阳　1947 年

松坡图书馆募捐启　松坡图书馆编　该馆　北平　1947 年

图书馆推广事业　广东省中山图书馆编　该馆油印　广州　1947 年

图书馆学论丛续集　吕绍虞著　南京大学书店　南京　1947 年

图书馆学书目　冯爱琼编　广东省立图书馆油印本　广州　1947 年

图书室分类法　蒋复璁编　正中书局　上海　1947 年

一三五九检字法　朱咏沂编　粤汉铁路同仁进德会　1947 年

中华图书馆基本教育图书教具展览目录　舒新城编　中华书局
　　上海　1947 年

中文图书编目法　楼云林著　中华书局　上海　1947 年 6 月

1948 年

北京大学五十周年纪念——法政经济纪录室概况、社会主义及苏
　　联文献展览说明、法律图书室藏书情况　北京大学编　国立北
　　京大学出版部　北平　1948 年

北平市立图书馆学讲习班同学录　北平市立图书馆编　该馆　北
　　平　1948 年

福建省立图书馆章则汇编　福建省立图书馆编　该馆　福州
　　1948 年

复员后的福建省立图书馆　福建省立图书馆编　该馆　福州
　　1948 年

广东省立图书馆工作报告　广东省立图书馆编　该馆　广州
　　1948 年

国立兰州大学图书馆概况　国立兰州大学图书馆编　该馆　兰州
　　1948 年

国立西安图书馆征集组工作概况　国立西安图书馆筹备委员会编
　　该会油印　西安　1948 年

国立中山大学图书馆工作报告（1947 年度）　杜定友编　该馆
　　广州　1948 年

国立中山大学图书馆图书出纳程序　杜定友编　该馆油印本　广
　　州　1948 年

江苏省立镇江图书馆概况　江苏省立镇江图书馆　该馆　镇江
　　1948 年

空军军用图书分类法草案　余炳元编　空军总司令部图书馆　南

京 1948 年

南洋中学图书馆概况 陈子彝编 该馆 上海 1948 年

拼音著者号码表附四角号码索引 钱亚新著 孙德安索引 武昌 文华图书馆学专科 武昌 1948 年

三民主义中心图书分类法 杜定友编 国立中山大学图书馆油印 广州 1948 年

上海市立图书馆馆刊(第三号) 上海市立图书馆编 该馆 上 海 1948 年

十年来之贵州省立图书馆 贵州省立图书馆编 该馆 贵阳 1948 年

私立江苏流通图书馆复馆一周年纪念册 私立江苏流通图书馆编 该馆 1948 年

四库之门 韩非木著 中华书局 上海 1948 年

图书馆简说 楼云林著 中华书局 上海 1948 年

小学设备图书 邵鹤琹 朱文叔著 "中华文库小学教师用书" 第 1 集 中华书局 上海 1948 年

新发明国字自然排检法概要 丁德先编 青岛市劳山学会 青岛 1948 年

怎样在图书馆里看书 叶绍钧著 中华书局 上海 1948 年

浙江省立图书馆中日文图书分类表 浙江省立图书馆编 该馆油 印本 杭州 1948 年

中大图书馆编管手册 中山大学图书馆编 该馆油印 广州 1948 年

中国教会图书馆组织与管理 陈晋贤编 广学会 上海 1948 年

中心图书馆分类法 杜定友编 少年儿童书店 广州 1948 年

1949 年前(具体出版时间不详)

北京大学图书馆阅览指南　北京大学图书馆编　该馆　北平　1949 年前

(国立)北平图书馆各项章程　(国立)北平图书馆编　该馆　北平　1949 年前

(国立)北平图书馆阅览指南　(国立)北平图书馆编　该馆　北平　1949 年前

分类目录　钱亚新编　河北省立女子师范学院图书馆出版课　1949 年前

复旦大学图书馆阅览指南　复旦大学图书馆编　该馆　上海　1949 年前

改良中国图书馆管见　穆耀枢　华西大学　成都　1949 年前

广东省立图书馆办事细则　广东省立图书馆　该馆　广州　1949 年前

广东省立图书馆组织规程　广东省立图书馆编　该馆　广州　1949 年前

广东省图书馆协会组织章程(附会员名单)　广东省图书馆协会编　该会　广州　1949 年前

广州市市立中山图书馆开幕纪念　广州市市立中山图书馆编　该馆　广州　1949 年前

国立北平图书馆、国立西南联合大学合组中日战争史料征辑会工作报告(1939 年 1 月至 4 月)　国立北平图书馆编　该馆　北平　1949 年前

国音小检字　陆衣言　马国英编　中华书局　上海　1949 年前

汉字末笔索引法　商务印书馆　上海　1949 年前

欢迎阅览　中国国际图书馆杂志阅览室编　该馆　上海　1949 年前

186

剑桥大学图书馆之建筑与藏书 于震寰著 1949年前

建立"随军书店图书馆"工作的问题 山东军区政治部宣传部编
该部 1949年前

江苏省立第二图书馆赠订详细章程 江苏省立第二图书馆编 该
馆 1949年前

江苏省立苏州图书馆图书分类法 蒋镜寰编 该馆 苏州 1949
年前

江苏省立苏州图书馆阅览指南 江苏省立苏州图书馆编 该馆
广州 1949年前

江西省会各图书馆调查表 江西省立图书馆编 该馆 南昌
1949年前

江西省立通俗图书馆规程 江西省立通俗图书馆编 该馆 南昌
1949年前

江西省立图书馆内容问答 江西省立图书馆编 该馆 南昌
1949年前

京师图书馆暂行办事规章 京师图书馆编 该馆 1949年前

量才流通图书馆各种简章摘要 量才流通图书馆编 该馆 上海
1949年前

岭南大学图书馆中籍分类法 岭南大学图书馆编 该馆 广州
1949年前

岭南图书馆中书分类法 岭南图书馆编 该馆 广州 1949
年前

美国图书馆中文藏书管理问题 桂质柏著 商务印书馆 上海
1949年前

民社图书馆报告 民社图书馆编 该馆 1949年前

民众图书馆设施法 江苏省立南京民众教育馆编 该馆 南京
1949年前

目录排叠法 杜定友等编 1949年前

图书馆设备与用品　广东省立图书馆编　该馆油印　广州　1949年前

图书馆学讲义　李燕亭编　1949年前

图书馆学实验论文集　安徽省立图书馆编　该馆　1949年前

图书馆与大学生　穆耀枢著　华西大学　成都　1949年前

图书馆置景学　卢震京著　1949年前

图书目录检字法　宗先谦　浙江绍兴县立图书馆　绍兴　1949年前

图书选择法（上中下）　商务印书馆函授学校图书馆学科编　该馆　上海　1949年前

图书运用法（上下）　商务印书馆函授学校图书馆学科编　该馆　上海　1949年前

文华书院藏书室　韦棣华编　该院　1949年前

五笔检字法之原理效用　陈立夫著　中华书局　1949年前

（国立）武汉大学图书馆概况　（国立）武汉大学图书馆编　该馆　武昌　1949年前

修订云南图书馆博物馆章程　云南图书馆博物馆编　该馆　昆明　1949年前

修正汉字母笔排列法　万国鼎编　1949年前

有关儿童图书馆问题之杂志论文目录　丁浚编　编者刊　1949年前

阅书室概论　梅生著　新文化书社　1949年前

浙江第二学区图书馆协会概况　浙江第二学区图书馆协会编　该会　1949年前

浙江省立图书馆对于浙江文献之搜集与整理（近五十年本馆征存文献简略报告）　浙江省立图书馆编　该馆　1949年前

浙省民众图书馆改进的管见　浙江省立民众图书馆编　该馆　1949年前

震旦大学图书馆阅览指南　震旦大学图书馆编　该馆　上海
　1949 年前

震旦大学之新图书馆　震旦大学图书馆编　该馆　上海　1949
　年前

中国国际图书馆杂志阅览室　中国国际图书馆杂志阅览室编　该
　馆　上海　1949 年前

中国流通图书馆开幕特刊　中国流通图书馆编　该馆　上海
　1949 年前

中国图书分类表　东方文化事业总委员会编　该会　1949 年前

中国图书分类问题之商榷　蒋复璁著　编者刊　1949 年前

中华图书馆协会第二次年会图书馆教育组报告暨意见书　中华图
　书馆协会第二次年会图书馆教育组编　中华图书馆协会　北平
　1949 年前

(国立)中山大学图书馆概览　(国立)中山大学图书馆编　该馆
　广州　1949 年前

中文书籍编目法　毛坤编　文华图书馆学专科学校　武昌　1949
　年前

中文书籍目录分类法　王文山编　南开大学图书馆　天津　1949
　年前

中文图书编目规则　桂质柏编　图书馆服务社　1949 年前

中文图书馆编目法　张英敏　金天游编　浙江省立图书馆　1949
　年前

中文图书馆编目规则　何日章　袁湧进编　1949 年前

中学图书馆方法论　卢震京著　北平师大图书馆　北平　1949
　年前

(国立)中央图书馆暂行中文图书编目规则　(国立)中央图书馆
　编　该馆　广州　1949 年前

著者号码表　国立北京图书馆编　该馆　北平　1949 年前

190

1949 年

东北图书馆概况　东北图书馆编　该馆　沈阳　1949 年

国立中山大学图书馆工作报告(1948 年度)　杜定友编　该馆
　广州　1949 年

实用图书馆学讲义　胡卓编　编者自印　1949 年

苏联图书馆事业概况　(苏)华西里青科著　舒翼翚译　新华书
　店　北平　1949 年

图书馆参考资料(附卡片用品说明)　商务印刷所图书馆用品部
　编　该部　上海　1949 年

图书馆学要旨　刘国钧编　中华书局　上海　1949 年(再版)

图书与图书馆论丛　王重民著　世界出版协社　上海　1949 年

英国图书馆　(英)麦考温　累维著　蒋复璁译　商务印书馆
　上海　1949 年

1950 年

工会图书馆的群众工作　(苏)伏耳柯娃等著　林秀译　时代出
　版社　上海　1950 年 9 月

新时代应用图书分类法　卞宝第著　益丰书店　唐山　1950 年

中文图书标题法　程长源编著　商务印书馆　上海　1950 年
　5 月

1951 年

农村图书室怎样管理图书　佘何编写　山东人民出版社　济南
　1951 年 6 月

图书馆　江夏明编撰　通俗百科小丛书　友联出版社　上海
　1951 年

图书馆与文化学习　洪焕椿著　开明书店　北京　1951 年

新图书馆手册　杜定友编　中华书局　上海　1951 年 3 月
怎样办图书馆　邵牧编撰　群众书店　上海　1951 年

1952 年

苏联的图书馆事业　舒翼翚编译　中华书局　上海　1952 年

1953 年

苏联大众图书馆工作　（苏）捷尼西叶夫著　舒翼翚译　中华书
　局　上海　1953 年 9 月
图书馆与读者　（苏）沃兹新斯卡娅著　严华　张先模译　中南
　人民出版社　武汉　1953 年
图书怎样分类　刘国钧著　开明书店　北京　1953 年 3 月
怎样创办图书馆　杨宗虎编撰　文化出版社　上海　1953 年
怎样做好工会图书馆工作　（苏）沃尔科娃等著　庄途编译　工
　人出版社　北京　1953 年 10 月

1954 年

农村图书馆的儿童读者工作　（苏）卡斯宾娜（E. Каспина）著　何
　纪华译　时代出版社　北京　1954 年
农村图书馆农业书籍的宣传　（苏）麦契尔金（H. A. Метелкин）
　著　庄上峰译　中华书局　北京　1954 年
苏联科学院图书馆概况　（苏）列为节夫　沙弗拉诺夫斯基著
　成和　郭庆芳译　大路出版社　上海　1954 年 5 月
图书馆表格用品说明　杜定友审订　商务印刷所图书馆用品部
　上海　1954 年
图书馆技术　（苏）A. B. 克连诺夫著　苏大梅译　时代出版社
　北京　1954 年 8 月
图书馆怎样做好社会政治书籍的宣传工作　（苏）哈扎诺夫著

苏大悔译　时代出版社　北京　1954 年

1955 年

俄文图书编目法　沈祖荣编　武汉大学　武汉　1955 年

俄文图书编目图例　（苏）基霍米洛娃　费尔索夫著　李申译
中华书局　北京　1955 年

流动书库　（苏）鲍戈莫洛娃等著　金初高译　时代出版社　北
京　1955 年

农村图书馆的房屋设备　苏联国立列宁图书馆图书馆学科学方法
研究室编　杜定友译　中华书局　北京　1955 年

苏联工会图书馆工作教材　苏大悔译　张大新校　工人出版社
北京　1955 年 9 月

苏联农村图书馆工作　刘子亚编译　通俗读物出版社　北京
1955 年

图书馆藏书的组织　（苏）格里科尔耶夫原著　杜定友　朱镇海
译　中华书局　北京　1955 年 4 月

图书馆·苏联国立列宁图书馆·苏联科学院图书馆　（苏）华西
里青科等著　苏大悔译　人民出版社　北京　1955 年

图书馆怎样指导青少年阅读　（苏）伊日芙斯卡娅（M. A.
Ижевская）编著　予达　宗全译　五十年代出版社　北京
1955 年

怎样学会四角号码检字法　丁木　仲芸编写　商务印书馆　上海
1955 年

1956 年

大力改进工会图书馆工作　工人出版社编　工人出版社　北京
1956 年 1 月

工会图书馆工作讲话　牟仁隆等编著　工人出版社　北京

1956 年

十进分类法 （苏）托罗帕夫斯基编 中苏友好协会总会图书资料室译 时代出版社 北京 1956 年

图书分类法 皮高品编 武汉大学 武汉 1956 年

小型图书馆图书管理法 周文骏编著 山西人民出版社 太原 1956 年 1 月

怎样办好工会图书馆 武汉市图书馆辑 湖北人民出版社 武汉 1956 年

1957 年

北京图书馆 李希泌 王树伟著 北京出版社 北京 1957 年 12 月

参考工作与基本参考书 邓衍林编 省市图书馆工作人员进修班 南京 1957 年

俄文三位数著者号码表 （苏）哈芙金娜著 陈国英 何兆莲译 中华书局 北京 1957 年

俄文图书著者号码表 （苏）哈芙金娜著 中国人民大学图书馆译 中国人民大学出版社 北京 1957 年

高等学校图书馆工作会议专刊 中华人民共和国高等教育部编 高等教育出版社 北京 1957 年 7 月

高等学校图书馆规章制度选辑 中华人民共和国高等教育部编 高等教育出版社 北京 1957 年 4 月

列宁论图书馆工作 （苏）克鲁普斯卡娅著 李哲民译 时代出版社 北京 1957 年

苏联图书馆事业组织原理 （苏）丘巴梁著 舒翼羣译 图书馆学翻译丛书 中华书局 北京 1957 年

图书分类目录编制法 （苏）安巴祖勉著 刘国钧译 时代出版社 北京 1957 年 9 月

194

图书馆藏书与目录　陈鸿舜编　北京大学图书馆学系　北京
　1957 年

图书馆目录　刘国钧　陈绍业　王凤翥编　高等教育出版社　北
　京　1957 年

图书馆目录(上、下册)　北京图书馆编辑　中华书局　北京
　1957 年

图书馆如何为科学研究服务(第一辑)　北京图书馆编译　图书
　馆学翻译丛刊　中华书局　北京　1957 年 2 月

1958 年

参观苏联和民主德国图书馆事业报告　左恭等著　中华书局　北
　京　1958 年

大众图书馆的年度工作报告　(苏)H. M. 费鲁明著　何政安译
　图书馆学翻译丛书　中华书局　北京　1958 年 8 月

集中编目与简化编目　北京图书馆编　中华书局　北京
　1958 年

全国图书馆书目汇编　冯秉文编　图书馆学参考资料　中华书局
　北京　1958 年 10 月

书目资料的利用与宣传　北京图书馆编　中华书局　北京
　1958 年

苏联初期图书馆事业史　(苏)华西里青科著　舒翼翚译　中华
　书局　北京　1958 年

图书分类表——供大众图书馆编制标准目录和铅印卡片之用
　(苏)安巴祖勉主编　文敏等译　图书馆学翻译丛书　中华书
　局　北京　1958 年 10 月

图书馆藏书的保护:省市和大型区图书馆参考资料　苏联国立列
　宁图书馆图书卫生修整部主编　李哲民等译　中华书局　北京
　1958 年

图书馆藏书的补充　北京图书馆编　中华书局　北京　1958年

图书馆技术　（苏）克连诺夫著　苏大悔译　图书馆学翻译丛书　中华书局　北京　1958年2月

图书馆学辞典　卢震京编　商务印书馆　北京　1958年9月

图书馆学书籍联合目录　李钟履编　中华书局　北京　1958年10月

小学学生图书馆　（苏）布得娜雅著　苏大悔译　新知识出版社　上海　1958年

一个村图书馆员的经验谈　（苏）鲍尔金娜著　金初高译　中华书局　北京　1958年9月

1959年

出版物著录统一条例：中小型图书馆目录及书目索引适用　（苏）华西里夫斯卡娅等编　刘国钧译　图书馆学翻译丛书　商务印书馆　北京　1959年

出版物著录与字顺目录　（苏）节娃金娜等著　王宝贵等译　商务印书馆　北京　1959年

大跃进中北京地区的图书馆　北京大学图书馆学系56、57级编写　北京出版社　北京　1959年3月

机关图书馆工作　程长源编　商务印书馆　北京　1959年9月

科学技术图书馆如何工作　北京图书馆编　商务印书馆　北京　1959年

农村人民公社怎样办图书馆　殷增简编写　河南人民出版社编辑　河南人民出版社　郑州　1959年

人民公社的图书馆工作　言海存　周天任编写　湖南人民出版社　长沙　1959年

苏联图书馆事业四十年（论文集）　（苏）阿伯里柯沙娃主编　刘光熹等译　图书馆学翻译丛书　商务印书馆　北京　1959年

1 月

图书馆学论文索引（第一辑）　李钟履编　图书馆学参考资料　商务印书馆　北京　1959 年

图书馆学论文索引（第二辑）　南京图书馆编　图书馆学参考资料　商务印书馆　北京　1959 年 1 月

图书宣传工作　北京图书馆编　商务印书馆　北京　1959 年

武汉大学图书分类法　武汉大学图书馆学系编　湖北人民出版社　武汉　1959 年

怎样办农村图书馆　马少亭著　陕西人民出版社　西安　1959 年

中小型图书馆工作方法　沈阳市图书馆编　辽宁人民出版社　沈阳　1959 年

1960 年

怎样办好人民公社图书馆　林凤五编著　山东人民出版社　济南　1960 年

怎样开展图书馆工作　天津市人民图书馆集体编写　天津人民出版社　天津　1960 年 6 月

1962 年

图书分类法（第 4 版 增订版）　张照　程德清主编　中国人民大学出版社　北京　1962 年

1974 年

国外科技文献检索工具书简介　中国科学技术情报研究所编　科学技术文献出版社　北京　1974 年

中国科学院图书馆图书分类法：自然科学　综合性图书（第二版）　中国科学院图书馆编　科学出版社　北京　1974 年

1975 年

怎样办好农村图书室　北京大学图书馆学系工农兵学员编写　农村读物出版社　北京　1975 年

怎样办好农村图书室　南京图书馆编　江苏人民出版社　南京　1975 年

中国图书馆图书分类法　《中国图书馆图书分类法》编辑组编　科学技术文献出版社　北京　1975 年

中国图书资料分类法　《中国图书资料分类法》编辑组编　科学技术文献出版社　北京　1975 年

1977 年

中文常用工具书使用法　安徽大学中文系工具书使用法编写小组编著　安徽人民出版社　合肥　1977 年

1979 年

大连工学院图书馆管理工作探索　李涵勤编　大连工学院出版社　大连　1979 年

国际专利分类表:G 部　物理　中国科学技术情报研究所编　科学技术文献出版社　北京　1979 年 10 月

汉语主题词表　中国科学技术情报研究所　北京图书馆主编　科学技术文献出版社　北京　1979 年 10 月—1980 年 6 月

图书馆建筑设计　清华大学建工系《图书馆建筑设计》编写组编　吕樾执笔　中国建筑工业出版社　北京　1979 年 12 月

文史工具书及其使用法　朱一清编写　中华书局　北京　1979 年 3 月

文史工具书浅谈　张其中　施文义编著　四川人民出版社　成都　1979 年

怎样检索科技文献　林尧泽等编　科学技术文献出版社　北京
　1979 年 9 月

怎样使用历史工具书(第 2 版)　阙勋吾编　辽宁人民出版社
　沈阳　1979 年 8 月

中国科学院图书馆图书分类法(上)：马克思列宁主义、毛泽东思
　想　哲学　社会科学(第二版)　中国科学院图书馆编　科学
　出版社　北京　1979 年 11 月

中国图书馆事业三十年大事记：1949—1979　张树华　吴慰慈编
　北京大学出版社　北京　1979 年

中文普通图书统一著录条例(试用本)　北京图书馆编　书目文
　献出版社　北京　1979 年 6 月

1980 年

比较图书馆学概论　(美)J.珀利阿姆·丹顿著　龚厚泽译　书
　目文献出版社　北京　1980 年 12 月

常用中文科技期刊简介　刘志富主编　科学技术文献出版社　北
　京　1980 年

分类目录主题索引编制法　肖自力　李修宇　侯汉清编译　书目
　文献出版社　北京　1980 年 9 月

国际标准书目著录图例手册(订正版)　J.L.塞尔　R.汉伯格合
　编　北京图书馆联合目录组译　书目文献出版社　北京　1980
　年 4 月

国际专利分类表(A 部：农轻医)　中国科学技术情报研究编　科
　学技术文献出版社　北京　1980 年 3 月

国际专利分类表(F 部：机械工程)　中国科学技术情报研究所编
　科学技术文献出版社　北京　1980 年 11 月

国外科技文献检索工具书简介(续编)　中国科学技术情报研究
　编　科学技术文献出版社　北京　1980 年

《汉语主题词表》的理论和使用　刘湘生编著　书目文献出版社
　　北京　1980 年 5 月

基层图书馆工作方法　丁宏宣　葛家瑾编著　书目文献出版社
　　北京　1980 年 3 月

克特号码表　书目文献出版社　北京　1980 年

期刊工作浅说　赵燕群编著　书目文献出版社　北京　1980 年
　　8 月

图书分类理论与实践　白国应编著　吉林人民出版社　长春
　　1980 年

图书馆工作概要　周文骏著　天津人民出版社　天津　1980 年
　　7 月

文科工具书简介　朱天俊　陈宏天编　吉林人民出版社　长春
　　1980 年 9 月　1981 年 9 月第二版

文献与情报工作国际标准汇编　国际标准化组织著　中国科学院
　　情报研究所　全国文献工作标准化技术委员会译　科学技术文
　　献出版社　北京　1980 年 9 月

现代西方主要图书分类法评述　刘国钧著　吉林人民出版社　长
　　春　1980 年 10 月

中国科学院图书馆目录组织规则（图书部分）　中国科学院图书
　　馆编目部编　书目文献出版社　北京　1980 年 3 月

中国图书馆图书分类法（第二版）　中国图书馆图书分类法编辑
　　委员会编　书目文献出版社　北京　1980 年 6 月

中国图书馆图书分类法·简本（第二版）　中国图书馆图书分类
　　法编辑委员会编　书目文献出版社　北京　1980 年 5 月

1981 年

藏书建设基础知识问答　顾传彪执笔　《图书馆业务基础知识问
　　答》丛书之二　书目文献出版社　北京　1981 年 8 月

200

俄文三位著者号码表（兼用两位） （苏）Л. Б. 哈芙金娜著 北京
图书馆俄文编目组译 书目文献出版社 北京 1981 年 12 月
国外儿童图书馆工作 文化部图书馆事业管理局科教处选编 书
目文献出版社 北京 1981 年 4 月
计算机化图书馆系统引论 （英）L. A. 特德著 史鉴 阎立中等
译 书目文献出版社 北京 1981 年 12 月
近三十年国外"中国"学工具书简介 冯蒸编著 中华书局 北
京 1981 年
科技资料查阅指南 邢声远 扬培礼编 吉林人民出版社 长春
1981 年 4 月
特殊二次资料的使用方法 中国科学技术情报研究所编 科学技
术文献出版社 北京 1981 年 11 月
图书分类基础知识问答 卢子博执笔 《图书馆业务基础知识问
答》丛书之一 书目文献出版社 北京 1981 年 3 月
图书分类学——图书分类理论与实践 白国应编著 书目文献出
版社 北京 1981 年 11 月
图书馆建筑的计划与设计 （英）G. 汤普逊著 于德胜等译 书
目文献出版社 北京 1981 年 12 月
图书馆学基础 北京大学图书馆学系 武汉大学图书馆学系编
商务印书馆 北京 1981 年 3 月
图书馆学情报学参考资料·第一辑 书目文献出版社编 书目文
献出版社 北京 1981 年
图书馆专业英语选读·英汉对照（第一辑） 图书馆专业英语选
读注译小组编 书目文献出版社 北京 1981 年 2 月
图书流通基础知识问答 周治华执笔 《图书馆业务基础问答知
识》丛书之三 书目文献出版社 北京 1981 年 8 月
文史哲工具书简介 南京大学图书馆 中文系 历史系编 天津
人民出版社 天津 1981 年 9 月

文献标引手册及实例　C. Todeschini 等编　谭重安等译　科学技术文献出版社　北京　1981 年 12 月

英文工程文献的查阅方法　陈为祖编著　机械工业出版社　北京　1981 年 5 月

怎样查美国化学文摘　陈填意　王琏编　北京师范大学出版社　北京　1981 年 8 月

中国图书馆图书分类法使用说明　中国图书馆图书分类法编辑委员会编　书目文献出版社　北京　1981 年 11 月

1982 年

出国考察报告:美国图书与情报工作　中国科学技术情报研究所编　科学技术文献出版社　北京　1982 年 6 月

读者服务工作　朱洪林编著　广西人民出版社　南宁　1982 年 12 月

国际专利分类表(B 部:作业运输)　中国科学技术情报研究所编　科学技术文献出版社　北京　1982 年 3 朋

化学文献基础知识　杨善济　杨静然编著　书目文献出版社　北京　1982 年 5 月

技术报告的检索　中国科学技术情报研究所编　科学技术文献出版社　北京　1982 年 9 月

科技期刊的检索　刘明起编　科学技术文献出版社　北京　1982 年 10 月

科学引文索引及其使用法　杜宝荣编　科学技术文献出版社　北京　1982 年 5 月

情报检索词汇规范化　(美)兰开斯特著　杨劲夫等译　科学技术文献出版社　北京　1982 年 12 月

日文图书目录汉字检字表　北京图书馆东方语文编目组编　书目文献出版社　北京　1982 年 12 月

《图书分类目录导片》汉英对照类名简目　书目文献出版社编　书目文献出版社　北京　1982 年 6 月

图书馆工作概论　喻子兵编著　广西人民出版社　南宁　1982年 10 月

图书馆管理学纲要　于鸣镝编著　大连海运学院出版社　大连 1982 年

图书馆目录　李纪有　沈迪飞　余惠芳编著　书目文献出版社 北京　1982 年 12 月

图书馆学情报学参考资料·第二辑　书目文献出版社编辑组编 书目文献出版社　北京　1982 年

图书馆:知识的宝库　邱昶　黄昕编著　湖南教育出版社　长沙 1982 年 6 月

图书馆助理员手册(英汉对照)　(英)弗·约翰·彻格温　菲莉斯·奥德菲尔德著　《图书馆助理员手册》翻译组译　书目文献出版社　北京　1982 年 10 月

图书馆专业基本科目复习纲要(图书馆业务职称考核用)　文化部图书馆事业管理局主编　书目文献出版社　北京　1982 年 3 月

图书资料的分类　(日)宫坂逸郎　石山洋编　宋益民译　书目文献出版社　北京　1982 年 5 月

文史工具书手册　朱天俊　陈宏天著　中国青年出版社　北京 1982 年 9 月

英汉情报图书工作词汇　中国科学技术情报研究所重庆分所编 科学技术文献出版社重庆分社　重庆　1982 年 5 月

英汉图书馆学词典　张蕴珊等编　商务印书馆　北京　1982 年 2 月

英美编目条例第二版简介　(英)E.J.亨特著　孔宪铠　万培悌译　书目文献出版社　北京　1982 年 5 月

有机化学文献及其查阅法　张明哲编　高等教育出版社　北京
1982 年

怎样查找电子技术文献　沈家模编　江苏科技出版社　南京
1982 年 1 月

怎样利用图书馆　刘久昌　宁国誉著　书目文献出版社　北京
1982 年 2 月

政府出版物的检索　孙琦编　科学技术文献出版社　北京　1982
年 8 月

中国古代藏书与近代图书馆史料:春秋至五四前后　李希泌　张
椒华编　中华书局　北京　1982 年 2 月

中国人民大学图书馆图书分类法(增订第五版)　中国人民大学
图书馆集体编著　张照　程德清主编　中国人民大学出版社
北京　1982 年 2 月

中国图书馆名录(汉英对照)　吴仁勇等编　中国学术出版社
北京　1982 年 6 月

中国图书馆学会第一、二次科学讨论会论文摘要　中国图书馆学
会论文摘要编辑组编　书目文献出版社　北京　1982 年 10 月

中国图书资料分类法(第二版)　中国图书馆图书分类法编辑委
员会编　科学技术文献出版社　北京　1982 年 12 月

中文工具书使用法　武汉大学图书馆学系《中文工具书使用法》
编写组编　商务印书馆　北京　1982 年 3 月

专利知识与专利文献检索　王正编　上海科技文献出版社　上海
1982 年 11 月

1983 年

国际标准书目著录(连续出版物)(第一标准版)　国际图书馆协
会、学会联合会·国际连续出版物标准书目著录联合工作组编
夏文正译　书目文献出版社　北京　1983 年 4 月

国际专利分类表（C部：化学冶金）　中国科学技术情报研究所编
科学技术文献出版社　北京　1983年9月

国际专利分类表（D部：纺织造纸）　中国科学技术情报研究所编
科学技术文献出版社　北京　1983年6月

国际专利分类表（E部：固定建筑物）　中国科学技术情报研究所
编　科学技术文献出版社　北京　1983年9月

国际专利分类表（H部：电学）　中国专利局文献情报中心译　专
利文献出版社　北京　1983年12月

国际专利分类法介绍　王凤琴编译　专利文献出版社　北京
1983年7月

国际专利分类简表：中英文对照　中国专利局文献服务中心编译
专利文献出版社　北京　1983年6月

化学文献及查阅方法　余向春编著　科学出版社　北京　1983
年3月

科技文献分类工作手册　关家麟等编　科学技术文献出版社　北
京　1983年9月

科技文献检索　何善祥编著　图书馆学专业进修（中等）教材
广西人民出版社　南宁　1983年5月

刘国钧图书馆学论文选集　刘国钧著　史永元　张树华编　书目
文献出版社　北京　1983年6月

美国及世界其他地区图书馆事业　华东师范大学图书馆学系编译
宓浩校订　书目文献出版社　北京　1983年3月

普通图书馆学　（苏）O.C.丘巴梁著　徐克敏　郑莉莉　周文骏
译　书目文献出版社　北京　1983年4月

情报检索语言　张琪玉著　武汉大学出版社　武汉　1983年
3月

图书编目　肖凤生编著　广西人民出版社　南宁　1983年5月

图书编目基础知识问答　倪波执笔　《图书馆业务基础知识问

答》之四　书目文献出版社　北京　1983 年 5 月

图书分类　樊长新编著　广西人民出版社　南宁　1983 年 3 月

图书分类　北京大学图书馆学系《图书分类》编写组编著　书目
文献出版社　北京　1983 年 9 月

图书馆藏书　谢其元编著　广西人民出版社　南宁　1983 年
3 月

图书馆藏书　(苏)斯多利亚洛夫　阿列菲也娃著　赵世良译
书目文献出版社　北京　1983 年 7 月

图书馆工作基础知识　程长源著　浙江人民出版社　杭州　1983
年 7 月

图书馆网络(1976—1977)　(美)S.K.玛丁著　邓琼芳　蔡非译
书目文献出版社　北京　1983 年 4 月

图书馆学论文索引(1949.10—1980.12)　南京图书馆编　书目
文献出版社　北京　1983 年 12 月

图书馆学情报学参考资料·第三辑　书目文献出版社编辑组编
书目文献出版社　北京　1983 年

外文期刊工作　吴龙涛　叶奋生编著　上海科学技术文献出版社
上海　1983 年 9 月

文献检索基础　高崇谦　朱孟杰编著　书目文献出版社　北京
1983 年 12 月

文献与情报工作国际标准汇编续编一　国际标准化组织著　中国
科学技术情报研究所等译　科学技术文献出版社　北京　1983
年 12 月

文献著录总则(中华人民共和国国家标准 GB3792.1－83)　全国
文献工作标准化技术委员会起草　中国标准出版社　北京
1983 年 12 月

在弗拉基米尔·伊里奇的图书室里　(苏)舒·马努查里扬茨著
蔡汀　李黛译　书目文献出版社　北京　1983 年 12 月

怎样查找医学文献　崔慎之编著　广东科技出版社　广州　1983 年

中国科学院图书馆图书分类法索引(第二版)　中国科学院图书馆编　科学出版社　北京　1983 年 1 月

中文工具书知识　梁仁居　陈桂芬编著　广西人民出版社　南宁　1983 年

中小型科技图书馆工作　刘延章编著　书目文献出版社　北京　1983 年 8 月

1984 年

北京图书馆目录组织规则(图书部分)　北京图书馆编目部编　书目文献出版社　北京　1984 年 5 月

北京图书馆西、俄文图书编目条例　北京图书馆编目部编　书目文献出版社　北京　1984 年 3 月

工会图书馆基础知识　上海市工人文化宫编　工人出版社　北京　1984 年 12 月

古典文学文献及其检索　潘树广编著　陕西人民出版社　西安　1984 年

古籍基础知识问答　倪波　程德璋执笔　《图书馆业务基础知识问答》丛书之六　书目文献出版社　北京　1984 年 12 月

国际专利分类表(第 4 版)　中国专利局文献服务中心翻译　专利文献出版社　北京　1984—1985 年

国外工具书指南　陆伯华等编　中国学术出版社　北京　1984 年 6 月

科技文献查找方法　武汉钢铁学院图书馆编　湖北教育出版社　武汉　1984 年 1 月

列宁论图书馆　周文骏编　北京大学出版社　北京　1984 年 9 月

列宁是怎样阅读书报杂志的 （苏）沙拉波夫 瓦列茨基著 黎
鉴堂 戴松伐译 书目文献出版社 北京 1984年2月

日本主要参考工具书指南（自然科学） 纪昭民等编译 书目文
献出版社 北京 1984年3月

书海求知:文科文献检索方法释例 潘树广编著 知识出版社
北京 1984年1月

图书馆管理 罗伯特·D.斯图亚特 约翰·泰勒·伊斯特利克
著 石渤译 书目文献出版社 北京 1984年8月

图书馆学目录学资料汇编 书目文献出版社编辑 书目文献出版
社 北京 1984年3月

图书馆学情报学参考资料·第四辑 书目文献出版社编辑组编
书目文献出版社 北京 1984年

图书馆学情报学参考资料·第五辑 书目文献出版社编辑组编
书目文献出版社 北京 1984年

图书馆学、情报学、档案学论著目录（1949—1980） 华东师范大
学图书馆学系 图书馆编 董秀芬主编 上海人民出版社 上
海 1984年2月

图书馆专业基本科目名词简释 李纪有等编 书目文献出版社
北京 1984年7月

图书馆专业基本科目学习问答 书目文献出版社编 书目文献出
版社 北京 1984年5月

图书馆自动化系统 （美）斯蒂芬·R.萨蒙著 胡世炎等译 书
目文献出版社 北京 1984年5月

微型计算机在书刊情报资料工作中的应用 龚国伟编著 微型计
算机普及应用丛书 湖北科技出版社 武汉 1984年11月

文献著录总则概说 黄俊贵编著 书目文献出版社 北京 1984
年12月

中国高等学校图书馆简介 教育部全国高等学校图书馆工作委员

会秘书处编　东北师范大学出版社　长春　1984 年 11 月

中国图书馆图书分类法(第二版)索引　中国图书馆图书分类法
编辑委员会主编　武汉大学图书馆学系编　书目文献出版社
北京　1984 年 12 月

中文工具书参考资料　朱天俊　倪晓建编　北京师范大学出版社
北京　1984 年 3 月

专利与专利文献查阅法　（美)梅纳德(J. T. Maynard)著　张玉华
译　化学工业出版社　北京　1984 年

1985 年

藏书建设论文集　全国高校图书馆工作委员会编　南开大学出版
社　天津　1985 年 8 月

充分发挥图书作用为两个文明建设服务：工会图书馆工作经验选
编　中华全国总工会宣传教育部编　工人出版社　北京　1985
年 2 月

档案图书害虫及其防治　冯惠芬等编著　档案出版社　北京
1985 年

德温特专利检索出版物——WPA、CPI、WPI、EPI　中国专利局文
献服务中心编译　专利文献出版社　北京　1985 年 1 月

电子时代的图书馆和图书馆员　（美)兰开斯特著　郑登理　陈
珍成译　科学技术文献出版社　北京　1985 年 11 月

读者工作概论　沈继武编著　湖北师范学院出版社　武汉
1985 年

各国标准资料查找方法　饶广平编著　中国标准出版社　北京
1985 年 1 月

国际专利分类法入门　世界知识产权组织国际局编　黎锦兴等译
专利文献出版社　北京　1985 年 6 月

国外科技文献介绍和检索——电气与电子类　冯子良　李京华编

著　清华大学出版社　北京　1985 年 7 月

《汉语主题词表》标引手册　钱起霖主编　科学技术文献出版社
北京　1985 年 2 月

化学化工文献实用指南　邹荫生等编　华中工学院出版社　武汉
1985 年

会议和会议资料的检索　中国科学技术情报研究所编　科学技术
文献出版社　北京　1985 年 4 月

科技文献检索　赖茂生　徐克敏编著　北京大学出版社　北京
1985 年 3 月

科技文献检索(上册)　陈光祚主编　武汉大学出版社　武汉
1985 年 1 月

科技文献检索(下册)　陈光祚主编　武汉大学出版社　武汉
1985 年 12 月

科技文献检索方法——掌握信息的金钥匙　王振东等编　辽宁人
民出版社　沈阳　1985 年 6 月

科技文献检索与利用　于尔壬　黎难秋主编　安徽科技出版社
合肥　1985 年 2 月

科技文献简明直观教材:理工科用　余向春　周华编著　浙江大
学出版社　杭州　1985 年 12 月

列宁论图书馆事业　文化部图书馆事业管理局编　书目文献出版
社　北京　1985 年 5 月

冒号分类法理论与实践　(印度)塞克德瓦著　吴人珊译　书目
文献出版社　北京　1985 年 11 月

美国图书馆协会排片条例(第二版)　(美)波林·A.西利编　佟
富　郝生源译　书目文献出版社　北京　1985 年 9 月

普通图书著录条例　全国文献工作标准化技术委员会第六分委员
会起草　中国标准出版社　北京　1985 年 12 月

日本图书馆研究文集　东北师范大学图书馆学系编　东北师范大

学出版社　长春　1985 年 10 月

社会科学文献检索与利用:怎样查社会科学图书资料　刘裕昆编著　辽宁教育出版社　沈阳　1985 年 7 月

世界图书馆博览　（日）德永康元编　学鼎　建文　齐宁译　福建科学技术出版社　福州　1985 年 8 月

图书分类教学参考资料　李严编　中央广播电视大学图书馆学专业用书　书目文献出版社　北京　1985 年 10 月

图书分类教学大纲　李严编　中央广播电视大学图书馆学专业用书　书目文献出版社　北京　1985 年 12 月

图书分类学文集　白国应等编　书目文献出版社　北京　1985 年 9 月

图书馆藏书的卫生与修复　（苏）H. 普列奥勃拉仁斯卡娅等编　黄树升译　书目文献出版社　北京　1985 年 6 月

图书馆的组织与管理　（苏）N. M. 福鲁明著　赵连生等译　书目文献出版社　北京　1985 年 9 月

图书馆学概论　桑健著　辽宁人民出版社　沈阳　1985 年 6 月

图书馆学概论　吴慰慈　邵巍著　中央广播电视大学图书馆学专业用书　书目文献出版社　北京　1985 年 11 月

图书馆学概论教学参考文选　吴慰慈　邵巍编　中央广播电视大学图书馆学专业用书　书目文献出版社　北京　1985 年 11 月

图书馆学概论学习指导书　吴慰慈　邵巍编　中央广播电视大学图书馆学专业用书　书目文献出版社　北京　1985 年 11 月

外文科技期刊工作浅说　汤生洪编　书目文献出版社　北京　1985 年 10 月

文献工作国家标准汇编 1　全国文献工作标准化技术委员会编　中国标准出版社　北京　1985 年 3 月

怎样办红领巾图书馆　武广久著　中国少年儿童出版社　北京　1985 年 4 月

怎样查找中医文献　黄清平编著　湖北科学技术出版社　武汉
　1985 年

中国省市图书馆概况（1919—1949）　杨宝华　韩德昌编　书目
文献出版社　北京　1985 年 10 月

中医药文献查阅法　林文超编　福建科学技术出版社　福州
　1985 年

主题法的理论与标引　刘湘生编著　书目文献出版社　北京
　1985 年 11 月

专利分类对照表：国际专利分类与苏联、联邦德国、美国、日本和德
温特专利分类　铁道部科学技术情报研究所铁路专利咨询服务
中心编　中国铁道出版社　北京　1985 年 6 月

1986 年

报刊资料基础知识问答　程锦修执笔　《图书馆业务基础知识问
答》丛书之七　书目文献出版社　北京　1986 年 1 月

参考工作导论——基本参考工具书　（美）W. A. 卡茨著　戴隆基
等译　书目文献出版社　北京　1986 年 10 月

参考咨询基础知识问答　周治华　倪波　程德璋执笔　《图书馆
业务基础知识问答》丛书之八　书目文献出版社　北京　1986
年 7 月

公共图书馆系统及其服务　H. C. 坎贝尔著　黄健元　张保明译
科学技术文献出版社　北京　1986 年 5 月

国内工具书指南（手册部分）　上海交通大学辞典编辑部编　上
海交通大学出版社　上海　1986 年

国内工具书指南（辞书部分）　上海交通大学辞典编辑部编　上
海交通大学出版社　上海　1986 年 9 月

海洋科学主题词表（试用本）　盖明举主编　海洋出版社　北京
　1986 年 5 月

经济文献检索与利用　丁道谦等编著　四川科学技术出版社　成都　1986 年 2 月

经济文献检索与利用　周子希编著　东北财经大学出版社　沈阳　1986 年 4 月

军事图书资料分类法（试行稿）　杨健编　军事科学出版社　北京　1986 年 12 月

科技工具书及其检索简介　倪波主编　山西科学教育出版社　太原　1986 年 4 月

科技情报检索基础　杜桑海主编　四川科学技术出版社　成都　1986 年 6 月

科技情报检索手册　上海科学技术情报研究所编　上海交通大学出版社　上海　1986 年 9 月

科技文献检索　刘明起等著　北京科学技术出版社　北京　1986 年

科技文献检索（上册）　董若璟　杨大启编著　冶金工业出版社　北京　1986 年 10 月

科技文献检索与利用　龚忠武编　上海交通大学出版社　上海　1986 年 9 月

理论图书馆学教程　倪波　荀昌荣编著　南开大学出版社　天津　1986 年 8 月

连续出版物著录规则　全国文献工作标准化技术委员会起草　中国标准出版社　北京　1986 年

《连续出版物著录规则》例释　吴龙涛　叶奋生著　图书情报业务丛书　辽宁人民出版社　沈阳　1986 年 12 月

冒号分类法解说及类表　宋克强　许培基译著　书目文献出版社　北京　1986 年 3 月

美国政府科技报告的检索　林尧泽译　国外科技文献讲座之 7　科学技术文献出版社　北京　1986 年 12 月

农村图书室工作　卢子博　吴正芳编著　书目文献出版社　北京
　1986 年 2 月

农村图书室工作手册　麦群忠编　山西人民出版社　太原　1986
　年 2 月

《普通图书著录规则》图例手册　朱育培　马书慧编写　图书情
　报业务丛书　辽宁人民出版社　沈阳　1986 年 3 月

期刊管理　于鸣镝　朱育培编著　辽宁人民出版社　沈阳
　1986 年

社会科学文献检索教程　贺修铭等著　湖南人民出版社　长沙
　1986 年 8 月

社会科学文献检索与利用　来新夏等编　南开大学出版社　天津
　1986 年 5 月

生物科学文献情报指南　邱均平著　湖北科学技术出版社　武汉
　1986 年

体育文献检索与利用　周静华著　北京体育学院出版社　北京
　1986 年

铁路高校图书馆学研究　铁路高校图书馆协作委员会编　西南交
　通大学出版社　乐山　1986 年 8 月

图书编目（改写本）　戴祖谋等编著　广西人民出版社　南宁
　1986 年 9 月

图书馆读者工作教程　张树华　赵世良　张涵编著　北京大学出
　版社　北京　1986 年 5 月

图书馆古籍编目　北京大学图书馆学系　武汉大学图书馆学系合
　编　中华书局　北京　1986 年 3 月

图书馆管理学纲要　于鸣镝著　辽宁人民出版社　沈阳　1986
　年 4 月

图书馆和计算机　（日）坂本彻朗著　金凤吉　孙蓓欣译　书目
　文献出版社　北京　1986 年 12 月

214

图书馆和情报源指南 （美）盖茨著 邵萍等译 北京大学出版社 北京 1986 年 11 月

图书馆建筑 鲍家声主编 姚宇澄等编著 书目文献出版社 北京 1986 年 9 月

图书馆目录 李纪有 余惠芳编著 中央广播电视大学图书馆学专业用书 书目文献出版社 北京 1986 年 6 月

图书馆目录教学参考资料 李纪有 宁继忠编 中央广播电视大学图书馆学专业用书 书目文献出版社 北京 1986 年 6 月

图书馆目录学习指导书 李纪有编 中央广播电视大学图书馆学专业用书 书目文献出版社 北京 1986 年 5 月

图书馆情报学概论 （日）津田良成著 楚日辉 毕汉忠译 科学技术文献出版社 北京 1986 年 3 月

图书馆系统分析 （美）切特·高夫 塔维雷克尔·斯里坎泰亚著 陈源蒸译 北京大学出版社 北京 1986 年 3 月

图书馆现代技术 刘荣 刘厚嘉 熊传荣 刘家真编著 中央广播电视大学图书馆学专业用书 武汉大学出版社 武汉 1986 年 12 月

图书馆现代技术教学参考资料 刘荣等编 中央广播电视大学图书馆学专业用书 武汉大学出版社 武汉 1986 年 12 月

图书馆现代技术学习指导书 刘荣主编 中央广播电视大学图书馆学专业用书 武汉大学出版社 武汉 1986 年 11 月·

图书馆学基础知识 谭迪昭 胡继武编著 中山大学出版社 广州 1986 年 3 月

图书馆学情报学研究(1—3 辑) 北京图书馆文献信息服务中心剪辑 书目文献出版社 北京 1986 年 10 月

图书馆学研究的科学基础 （苏）B. C. 克列伊坚科著 何士彬译 书目文献出版社 北京 1986 年 9 月

图书馆学研究方法 （美）A. 杰斯顿费尔德编 王恩光译 科学

出版社　北京　1986 年

图书馆学引论　J. H. 谢拉著　张沙丽泽　兰州大学出版社　兰州　1986 年 4 月

图书使用指南　马学宽　李凤竹编译　知识出版社　北京　1986 年 12 月

微型计算机与图书馆　（美）Rorxig M. E. 著　刘中堂等译　中南工业大学出版社　长沙　1986 年 11 月

文献工作国家标准汇编 2：著录规则专辑　全国文献工作标准化技术委员会编　中国标准出版社　北京　1986 年 6 月

文献交流引论　周文骏著　书目文献出版社　北京　1986 年 7 月

文献信息自动化检索　曾光华等编译　科学普及出版社　北京　1986 年 6 月

西文工具书概论　邵献图等著　北京大学出版社　北京　1986 年 6 月

新编图书馆目录　黄俊贵　罗健雄编著　书目文献出版社　北京　1986 年 8 月

学校图书馆工作　王启福等编著　湖南教育出版社　长沙　1986 年 2 月

中国图书馆学会第三次科学讨论会论文摘要　中国图书馆学会论文摘要编辑组编　书目文献出版社　北京　1986 年 4 月

中小型公共图书馆建筑设计方案图集　南京工学院建筑系编　书目文献出版社　北京　1986 年

中医工具书使用法　程宝书编著　黑龙江科学技术出版社　哈尔滨　1986 年

主题目录及标题方法　程长源　张有葳编著　中国社会科学出版社　北京　1986 年 2 月

1987 年

北京各类型图书馆手册　张树华主编　燕山出版社　北京　1987年12月

北京图书馆同人文选　《北京图书馆同人文选》编委会编　书目文献出版社　北京　1987年10月

藏书建设与读者工作　沈继武编著　中央广播电视大学图书馆学专业用书　武汉大学出版社　武汉　1987年10月

藏书建设与读者工作教学参考文选　沈继武　肖希明　袁琳编　中央广播电视大学图书馆学专业用书　武汉大学出版社　武汉　1987年10月

藏书建设与读者工作学习指导书　沈继武编著　中央广播电视大学图书馆学专业用书　武汉大学出版社　武汉　1987年10月

藏书组织学概要　吴晞著　北京大学出版社　北京　1987年12月

电子科学技术工具书指南　韩飘扬　刘迅编　电子工业出版社　北京　1987年9月

高校图书情报事业发展战略讨论会文集　全国高等学校图书馆工作委员会秘书处编　大连工学院出版社　大连　1987年6月

工程文献的检索与利用　陈寿祖编著　高等教育出版社　北京　1987年

国际出版物交换手册:第四版　（美）范维卡尔登（Vanwijngaer-den,F.）编　王培章译　中国对外翻译出版公司　北京　1987年

国际关系学院图书馆实用手册　国际关系学院图书馆编　时事出版社　北京　1987年9月

国际图书馆协会联合会第48届至50届大会论文选译　文化部图书馆事业管理局科教处等编　书目文献出版社　北京　1987

年4月

国际专利分类表技术用语索引　中国专利局分类室编译　专利文献出版社　北京　1987年

国际专利分类简表(中英文对照)　中国专利局分类文献中心编译　专利文献出版社　北京　1987年

国外大学图书馆概述　朱祖培　单礼丰　叶千军编　上海科学技术文献出版社　上海　1987年4月

海洋文献检索　国家海洋局海洋科技情报研究所编　海洋出版社　北京　1987年

化纤科技文献查阅方法　赵琪编著　华南工学院出版社　广州　1987年3月

化学化工国外专利文献检索方法　陈淑珍编著　北京大学出版社　北京　1987年5月

化学化工文献及查阅方法　傅若农编著　北京工业学院出版社　北京　1987年

化学文献的使用　(英)博特尔(R. T. Bottle)编　冯宗菽等译　化学工业出版社　北京　1987年

经济科学工具书指南　左大钺　王定芳编　湖南人民出版社　长沙　1987年

科技参考工具书综览　北京图书馆科技参考组编　书目文献出版社　北京　1987年12月

科技文献检索　陈光祚等编著　中央广播电视大学图书馆学专业用书　武汉大学出版社　武汉　1987年6月

科技文献检索:电子计算机专业适用　陈馨武编　高等教育出版社　北京　1987年5月

科技文献检索教学参考资料　何绍华　李湘东编　中央广播电视大学图书馆学专业用书　武汉大学出版社　武汉　1987年

科技文献检索学习指导书　焦玉英编著　中央广播电视大学图书

馆学专业用书　武汉大学出版社　武汉　1987 年

科技文献手工检索实用手册　何绍华编　科学技术文献出版社　北京　1987 年

美国国会图书馆展望　（美）约翰·Y. 科尔编　姜炳炘等译　书目文献出版社　北京　1987 年 4 月

农村图书馆（室）工作手册　刘波　孟谋主编　陕西人民教育出版社　西安　1987 年 9 月

全国高等学校图书馆工作会议文集　全国高等学校图书情报工作委员会秘书处编　大连工学院出版社　大连　1987 年 11 月

社会科学文献检索　赵国辉等编著　北京大学出版社　北京　1987 年 5 月

社会科学文献检索实习用书　朱天俊等编　北京大学出版社　北京　1987 年 6 月

社会科学文献检索与利用　赵国璋主编　武汉大学出版社　武汉　1987 年

生物学文献检索及常用工具书　陈贤钦编　北京师范大学出版社　北京　1987 年

史地文献检索与利用　金恩晖主编　吉林文史出版社　长春　1987 年 8 月

《世界专利索引》查阅法　彭海卿编　天津科学技术出版社　天津　1987 年 1 月

书海求知:文科文献检索方法释例（续编）　潘树广编著　知识出版社　北京　1987 年 7 月

数学文献检索与利用　欧阳绵等编著　江苏教育出版社　南京　1987 年 6 月

水利水电科学技术主题词典　水利电力部科学技术情报研究所主编　科学普及出版社　北京　1987 年

铁路高校图书馆学研究（第二辑）　铁路高校图书馆协作委员会

编　西南交通大学出版社　乐山　1987 年 5 月

铁路高校图书馆学研究(第三辑)　铁路高校图书馆协作委员会
编　西南交通大学出版社　乐山　1987 年 10 月

图书档案保护技术资料汇编　北京图书馆图书保护研究组编　书
目文献出版社　北京　1987 年 10 月

图书分类析疑　郑伦著　云南教育出版社　昆明　1987 年

图书馆常用词汇手册　杨多编　云南教育出版社　昆明　1987
年 4 月

图书馆工作者职称考试复习纲要　李严等编著　黑龙江朝鲜民族
出版社　牡丹江　1987 年 6 月

图书馆统计学　李景春编著　东北财经大学出版社　大连　1987
年 6 月

图书馆统计学基础　（英）I. S. 辛普森著　崔巍　崔岳译　书目
文献出版社　北京　1987 年 3 月

图书馆系统分析概论　陈源蒸　陈维新编著　书目文献出版社
北京　1987 年 10 月

图书馆系统管理:现代管理方法在图书馆的应用　胡伟编著　图
书情报业务丛书　辽宁人民出版社　沈阳　1987 年 12 月

图书馆学基础　（英）K. C. 哈里森著　佟富译　书目文献出版社
北京　1987 年 7 月

图书馆学研究方法——技术与阐述　（美）查尔斯·H. 布沙　斯
蒂芬·P. 哈特著　吴彭鹏译　书目文献出版社　北京　1987
年 6 月

图书馆学与目录学研究 1986 年 1—6 辑　北京图书馆文献信息服
务中心剪辑　书目文献出版社　北京　1987 年 3 月

图书馆与情报科学纵横谈　戈松雪编译　书目文献出版社　北京
1987 年 7 月

图书馆与资料室管理手册　郭星寿编著　四川科学技术出版社

成都 1987 年

图书情报专业英语教材 范崇淑主编 书目文献出版社 北京 1987 年 12 月

图书情报专业英语教材教学参考书 范崇淑主编 书目文献出版社 北京 1987 年 3 月

医学文献检索实习与指导 李占兵 王一煦编著 科学出版社 北京 1987 年 9 月

英汉图书情报文献学词汇 刘子亚 陆忠城主编 书目文献出版社 北京 1987 年 3 月

怎样利用图书馆 黄万新编著 天津人民出版社 天津 1987 年 1 月

中国古代图书事业史概要 来新夏等著 天津古籍出版社 天津 1987 年 10 月

中国图书馆界人名辞典(上册:古代部分) 麦群忠主编 广西民族出版社 南宁 1987 年 4 月

《中国图书馆图书分类法》期刊分类表 中国图书馆图书分类法编委会编 书目文献出版社 北京 1987 年 2 月

中国图书和图书馆史 谢灼华主编 武汉大学出版社 武汉 1987 年 9 月

中华人民共和国国家标准:古籍著录规则(GB3792.7 - 87) 全国文献工作标准化技术委员会第六分委员会起草 中国标准出版社 北京 1987 年

中文工具书 朱天俊 李国新编著 中央广播电视大学图书馆学专业用书 书目文献出版社 北京 1987 年 6 月

中文工具书及其使用 祝鼎民编著 北京出版社 北京 1987 年 7 月

中文工具书教学参考资料 朱天俊 李国新编 中央广播电视大学图书馆学专业用书 书目文献出版社 北京 1987 年 6 月

中文工具书学习指导书　朱天俊　李国新编　中央广播电视大学
　　图书馆学专业用书　书目文献出版社　北京　1987年6月
中学图书馆工作　卢子博等著　书目文献出版社　北京　1987
　　年3月
主题标引与索引方法　傅兰生编　科学技术文献出版社　北京
　　1987年3月

1988 年

北京各类型图书馆手册　《北京各类型图书馆志》课题组编　燕
　　山出版社　北京　1988年12月
参考工作与参考工具书　戚志芬编著　书目文献出版社　北京
　　1988年2月
出版物资源共享国内学术讨论会论文集　北京图书馆业务处编
　　书目文献出版社　北京　1988年3月
党校图书情报工作概论　毛昨非主编　学苑出版社　北京
　　1988年
第四版国际专利分类表概况　世界知识产权组织编　科学技术文
　　献出版社　北京　1988年3月
杜定友图书馆学论文选集　钱亚新　白国应编　书目文献出版社
　　北京　1988年10月
发展中的中国图书馆事业——1985年全国图书馆工作会议交流
　　材料选编　文化部图书馆事业管理局编　书目文献出版社　北
　　京　1988年5月
高等学校文献检索与利用课程教学研究　肖自力主编　哈尔滨工
　　业大学出版社　哈尔滨　1988年3月
国家采访方针与采访系统——现行系统与可能模式的对比研究
　　朱迪恩·科林斯　鲁斯·芬纳著　朱强等译　北京大学出版社
　　北京　1988年

国外机械文献查找法　邵本述编　上海科技出版社　上海
1988 年

化学文献检索与利用　张静贞等著　华东师范大学出版社　上海
1988 年 7 月

计算机科技英语主题词表　中国科学院计算技术研究所第十九研
究室编　科学技术文献出版社　北京　1988 年 4 月

计算机书目文献管理数据库　安树兰等编著　清华大学出版社
北京　1988 年 11 月

教育科学情报与文献检索　陈坚　金恩晖主编　吉林教育出版社
长春　1988 年

经济文献与经济情报检索概论　周嘉硕　赵学濂主编　北京经济
学院出版社　北京　1988 年 8 月

科技文献编目　徐海初编著　科学技术文献出版社　北京　1988
年 10 月

科技文献检索　冯子良等编著　中国科学技术出版社　北京
1988 年 8 月

科技文献检索与利用　文甲龙主编　湖南大学出版社　长沙
1988 年 8 月

科技文献检索与利用　蔡葛龄主编　东北工学院出版社　沈阳
1988 年

克鲁普斯卡娅图书馆学文选　（苏）克鲁普斯卡亚著　尤小明译
广西教育出版社　南宁　1988 年 10 月

矿业工程文献检索　张占荣　孙圣薇主编　中国矿业大学出版社
徐州　1988 年

李小缘纪念文集　马先阵　倪波编　南京大学出版社　南京
1988 年 7 月

社会科学文献检索与利用简明教程　李永璞主编　山东大学出版
社　济南　1988 年 6 月

社会科学文献与情报检索　魏克智　金恩晖主编　学苑出版社　北京　1988 年

生物化学文献及情报检索　华士锦编　高等教育出版社　北京　1988 年 11 月

生物学文献引读　郑哲民　屠钦编著　陕西师范大学出版社　西安　1988 年 6 月

实用科技文献检索　范铮编著　天津大学出版社　天津　1988 年 9 月

铁路高校图书馆学研究·第五辑:全国铁路高校图书馆 1988 年学术报告会优秀论文专辑　铁路高校图书情报协作委员会编　西南交通大学出版社　峨眉　1988 年 11 月

图书分类实用手册　高文翔主编　延边大学出版社　延吉　1988 年 6 月

图书馆藏书　李平杰编著　四川大学出版社　成都　1988 年 12 月

图书馆藏书建设　雪涛编著　广西教育出版社　南宁　1988 年 12 月

图书馆藏书剔除　(美)斯坦利·J. 斯洛特著　陶涵彧　庄子逸译　岳良木校　书目文献出版社　北京　1988 年 7 月

图书馆的未来　(英)詹姆斯·汤普森著　乔欢　乔人立译　书目文献出版社　北京　1988 年 12 月

图书馆读者工作　浦保清编著　广西教育出版社　南宁　1988 年 12 月

图书馆读者工作　赵世良　贺达主编　中国图书馆学自学系列丛书　学苑出版社　北京　1988 年

图书馆读者工作　(苏)萨哈罗夫等著　赵世良译　苏铭熙　张海泉校　辽宁人民出版社　沈阳　1988 年

图书馆利用与情报检索　武汉城市建设学院等编　武汉工业大学

出版社　武汉　1988年8月

图书馆事业建设　杜克　吴慰慈主编　中国图书馆学自学系列丛书　学苑出版社　北京　1988年12月

图书馆现代化技术　黄万新编著　书目文献出版社　北京　1988年5月

图书馆现代化技术　裴兆云主编　中国图书馆学自学系列丛书　学苑出版社　北京　1988年

图书馆学导论　黄宗忠编著　武汉大学出版社　武汉　1988年3月

图书馆学简明教程　吴慰慈等编著　科学技术文献出版社　北京　1988年

图书馆学情报学参考资料·第六辑　书目文献出版社图书馆学编辑室编　书目文献出版社　北京　1988年

图书馆学情报学参考资料·第七辑　书目文献出版社图书馆学编辑室编　书目文献出版社　北京　1988年

图书馆学五定律　（印度）阮冈纳赞著　夏云等译　书目文献出版社　北京　1988年11月

图书馆学原理　宓浩　刘迅　黄纯元编著　华东师范大学出版社　上海　1988年5月

图书馆用户教育　（瑞典）N.菲埃尔勃兰特　（英）I.马利著　刘松甫译　科学技术文献出版社　北京　1988年1月

图书馆员职业道德　俞伯森著　广西教育出版社　南宁　1988年12月

图书和图书馆史　（日）小野泰博著　阚法箴　陈秉才译　北京大学出版社　北京　1988年11月

图书情报工作手册　张润生等主编　黑龙江人民出版社　哈尔滨　1988年

图书情报学方法论　王崇德著　科学技术文献出版社　北京

1988 年 1 月

图书情报知识手册 叶冰冰等编 学苑出版社 北京 1988 年 8 月

外国图书馆学名著选读 袁咏秋 李家乔主编 北京大学出版社 北京 1988 年 7 月

微电脑在图书情报工作中的应用 梁素珍编著 中国农业科技出版社 北京 1988 年

文献工作国家标准汇编（3） 全国文献工作标准化技术委员会编 中国标准出版社 北京 1988 年 7 月

文献检索与利用 王酉梅 倪晓建编著 北京师范大学出版社 北京 1988 年 6 月

西方图书馆史 杨威理著 商务印书馆 北京 1988 年 5 月

新史料检索与利用 黄晓斧编著 四川大学出版社 成都 1988 年 4 月

医学文献检索与利用 吴观国主编 武汉大学出版社 武汉 1988 年

英汉图书情报缩略语词典 田苍林 赵雁碧编 科学技术文献出版社 北京 1988 年 11 月

英语基础选读:图书馆信息学专业用 李季方编 外语教学与研究出版社 北京 1988 年

语言文学文献检索与利用 潘树广主编 武汉大学出版社 武汉 1988 年

语言文学文献利用指南 金恩晖 滕吉海主编 学苑出版社 北京 1988 年

中国工具书使用法 吴则虞著 吴受琚整理 上海古籍出版社 上海 1988 年 3 月

中国近现代图书馆事业大事记 邹华享 施金炎著 湖南人民出版社 长沙 1988 年 12 月

中国图书馆事业纪事（1949—1986） 《当代中国的图书馆事业》
编辑部编 书目文献出版社 北京 1988 年 1 月

中国图书馆图书分类法中小学使用本 金沛霖 杜堃仓主编 科
学普及出版社 北京 1988 年

中外工具书使用指南 林申清 胡卓澄编著 江苏科技出版社
南京 1988 年 8 月

中文工具书使用法 邓宗荣编著 黑龙江教育出版社 哈尔滨
1988 年 12 月

中小学图书馆业务知识问答 《中小学图书馆业务知识问答》编
写组编 科学普及出版社 北京 1988 年

中小学图书馆指南 张廷儒编著 未来出版社 西安 1988 年
7 月

1989 年

查类手册 马志鑫主编 光明日报出版社 北京 1989 年 6 月

查书读书写书手册 朱建亮编写 书海出版社 太原 1989 年
4 月

大学生怎样利用图书馆 阮彦林主编 山东教育出版社 济南
1989 年 7 月

大学图书馆使用指南 陈泽延等主编 武汉工业大学出版社 武
汉 1989 年 3 月

第四版国际专利分类表概况 世界知识产权组织国际局编译 科
学技术文献出版社 北京 1989 年

东北师范大学图书情报学论文集:1988 东北师范大学图书馆编
吉林人民出版社 长春 1989 年 9 月

读者学与读者服务工作论文选 张树华 项弋平选编 中国图书
馆学情报学论文选丛（1949--1989）之八 书目文献出版社
北京 1989 年 6 月

俄文工具书指南　涂尚银著　四川人民出版社　成都　1989 年
9 月

法学文献检索与利用　郑治发主编　武汉大学出版社　武汉
1989 年 1 月

纺织汉语叙词表:范畴索引表、英汉对照索引表、附表　纺织工业
部科学技术情报研究所编　人民交通出版社　北京　1989 年
9 月

纺织汉语叙词表:主表　纺织工业部科学技术情报研究所编　人
民交通出版社　北京　1989 年 9 月

纺织文献检索与利用　冯秀玉等编写　文献检索与利用课系列教
材　大连理工大学出版社　大连　1989 年

给大学生一把钥匙:实用英文工具书举要　张诚编著　中山大学
出版社　广州　1989 年

广东省公共图书馆新貌　广东省文化厅编　科学普及出版社广州
分社　广州　1989 年 9 月

国际数学文献手册　郑祖庥编　东南大学出版社　南京
1989 年

国际专利分类表(第 5 版)　中国专利局审查部译编　专利文献
出版社　北京　1989 年

国际专利分类表(A 部:人类生活需要)　中国专利局审查部编
专利文献出版社　北京　1989 年 10 月

国际专利分类表使用指南　中国专利局审查部编译　专利文献出
版社　北京　1989 年 10 月

国外基本科技工具书指南　(美)希伊(Sheehy,E. P.)编　邵献图
等译　北京大学出版社　北京　1989 年

国外情报检索语言研究——分类主题一体化的理论与实践　吕其
苏等编译　社会科学文献出版社　北京　1989 年 7 月

航空航天文献检索与利用　北京航空航天大学等五校编　大连理

228

工大学出版社　大连　1989 年 12 月

宏观图书馆学　陈源蒸著　北京大学出版社　北京　1989 年
9 月

湖北地区文献资源分布概况（又名档案馆、图书馆单位名录）　胡
银仿编著　中南财经大学出版社　武汉　1989 年

化学化工情报信息检索实例与习题　邹荫生等编著　华中师范大
学出版社　武汉　1989 年 7 月

化学化工文献检索教程　施正洪等编　华东化工学院出版社　上
海　1989 年 6 月

环境科学文献检索与利用　周克元主编　科学技术文献出版社
北京　1989 年 6 月

环境科学叙词表　《环境科学叙词表》编制组编　中国环境科学
出版社　北京　1989 年 12 月

机械工程文献检索与利用　范铮编著　大连理工大学出版社　大
连　1989 年 7 月

建国以来全国图书馆学情报学书刊简目（1949—1986）　《当代中
国的图书馆事业》编辑部　中国图书馆学会编辑出版委员会编
书目文献出版社　北京　1989 年 11 月

军队图书馆管理学　林平忠编著　上海科学技术文献出版社　上
海　1989 年 6 月

科技检索期刊使用指南　北京图书馆科技文献检索室编著　书目
文献出版社　北京　1989 年 3 月

科技情报检索指南　郑守瑾主编　中国铁道出版社　北京　1989
年 3 月

科技文献检索　张启木主编　学术期刊出版社　北京　1989 年
3 月

科技文献检索　倪波　杨晓骏执笔　《图书馆学情报学知识》丛
书之九　书目文献出版社　北京　1989 年 7 月

科技文献检索基础　何善祥　杜云编著　全国图书馆学中专系列教材　广西教育出版社　南宁　1989 年 8 月

科技文献检索与利用　胡安明编著　图书馆学情报学系列教程　南开大学出版社　天津　1989 年 5 月

科技文献检索与利用　赵国庆主编　煤炭工业出版社　北京　1989 年 8 月

科技文献资料的检索途径与查阅方法　郭成勋编著　轻工业出版社　北京　1989 年 3 月

科技咨询的实践与理论　本书编委会编　江西科学技术出版社　南昌　1989 年 4 月

林业文献检索与利用　王礼先主编　武汉大学出版社　武汉　1989 年

目标管理与图书情报工作　吴廷华著　南开大学出版社　天津　1989 年 1 月

农业文献检索　于尔壬编著　农业出版社　北京　1989 年

期刊管理与利用　杨秀君　孙继亮编著　学苑出版社　北京　1989 年

陕西省图书馆馆史:1909—1988　陕西省图书馆《馆史》组编著　陕西人民教育出版社　西安　1989 年

社会科学文献检索与利用　张家璠　何林夏主编　广西师范大学出版社　桂林　1989 年 12 月

生物学文献检索　陈乐明编　兰州大学出版社　兰州　1989 年 8 月

实用图书馆统计学　张占荣　郑小月主编　中国矿业大学出版社　徐州　1989 年 11 月

书籍档案科学保护常识　李龙如编著　湖南大学出版社　长沙　1989 年

图书分类　陆宗城等编著　广西教育出版社　南宁　1989 年

2 月

图书分类法史略·第二卷 （苏）沙姆林著 何善祥 郑盛畴译
科学技术文献出版社 北京 1989 年 3 月

图书分类学 文甲龙 曹殿举编著 中国图书馆学自学系列丛书
学苑出版社 北京 1989 年

图书分类学 周继良主编 周绍萍 俞君立 张燕飞编著 武汉
大学出版社 武汉 1989 年 5 月

图书馆藏书建设 朱育培 陈久仁主编 中国图书馆学自学系列
丛书 学苑出版社 北京 1989 年

图书馆定量管理 陈和平编著 西南交通大学出版社 成都
1989 年 12 月

图书馆工作概论 马先阵 朱维宁 郑钢执笔 《图书馆学情报
学知识》丛书之一 书目文献出版社 北京 1989 年 7 月

图书馆工作实用手册（上下册） 王凤等主编 白山出版社 沈
阳 1989 年 8 月

图书馆管理学 鲍林涛主编 学苑出版社 北京 1989 年

图书馆基础 谢俊贵编著 湖南大学出版社 长沙 1989 年
1 月

图书馆目录 李纪有等主编 中国图书馆学自学系列丛书 学苑
出版社 北京 1989 年

图书馆期刊管理 李建中编著 全国图书馆学中专系列教材 广
西教育出版社 南宁 1989 年 8 月

图书馆使用指南 葛玉龙等编 上海交通大学出版社 上海
1989 年 2 月

图书馆缩微资料工作 （英）S. J. 蒂格著 张金棣译 书目文献
出版社 北京 1989 年 8 月

图书馆文献编目 傅椿徽编著 武汉大学出版社 武汉 1989
年 11 月

图书馆现代技术　王益明　金中仁编著　广西教育出版社　南宁
　1989年6月

图书馆效用分析的数学模型——图书馆运筹学　唐建华著　学苑
　出版社　北京　1989年12月

图书馆学辞典　吴雪珍　张念宏主编　海天出版社　深圳
　1989年

图书馆学基础　杨筱玉编著　广西教育出版社　南宁　1989年
　5月

图书馆学情报学档案学论著目录　董秀芬主编　上海人民出版社
　上海　1989年12月

图书馆学引论　金恩晖编著　学苑出版社　北京　1989年1月

图书馆员和参考咨询:系统研究　(美)G.杰霍德　J.S布朗纳吉
　尔著　徐祥盛译　成都科技大学出版社　成都　1989年

图书馆专业英语　刘淑云等编著　广西教育出版社　南宁　1989
　年7月

图书情报计算机应用技术　顾耀芳编著　上海科学技术文献出版
　社　上海　1989年5月

图书情报学定量方法　(印度)拉维昌德拉·劳著　万崇德等译
　兵器工业出版社　北京　1989年7月

文史工具书手册　朱一玄等编著　辽宁教育出版社　沈阳　1989
　年10月

文献检索与利用　石岩等编著　开明出版社　北京　1989年

西北地区高等学校图书馆的历史与现状　西北五省(区)高等学
　校图书馆工作委员会协作组编　西北工业大学出版社　西安
　1989年

西方图书馆史　(美)M.H.哈里斯著　吴晞　靳萍译　书目文献
　出版社　北京　1989年8月

西欧图书情报事业　郑挺编著　北京大学出版社　北京　1989

年 11 月

西文编目入门(第二版) （美）E. J. 亨特 K. G. B. 贝克韦尔著 张蕴珊译 书目文献出版社 北京 1989 年 7 月

西文编目实用教程 夏勇 周子荣编 浙江大学出版社 杭州 1989 年 7 月

现代图书馆管理 王淑惠著 河北人民出版社 石家庄 1989 年 8 月

现代图书馆管理 （美）沃伦·B. 希克斯 阿尔玛·M. 蒂林合著 李新乐 汪少敏译 书目文献出版社 北京 1989 年 11 月

叙词表的编制和使用简明教程 （美）F. W. 兰开斯特著 赵阳陵译 科学技术文献出版社 北京 1989 年 8 月

药学文献及查阅方法 杨志芳编著 中医学院出版社 上海 1989 年 6 月

医学科学文献检索 欧阳兆明主编 中国地质大学出版社 武汉 1989 年 6 月

医学文献检索工具及其使用方法 张兴旺等编著 白山出版社 沈阳 1989 年 8 月

艺术文献检索与利用 潘树广主编 浙江美术学院出版社 杭州 1989 年 8 月

怎样办好中小学图书馆 任德明 任西慰著 人民教育出版 北京 1989 年

哲学文献检索 金恩晖 曹培根 刘汉兴主编 江苏教育出版社 南京 1989 年 6 月

中国标准文献分类法 国家技术监督局编制 中国标准出版社 北京 1989 年

中国分类标准著录实例选 李廷和等主编 吉林大学出版社 长春 1989 年 11 月

中国少数民族图书馆概况 中国民族图书馆编 民族出版社 北

京 1989 年

中国图书馆馆长名录 刘景龙 胡家柱主编 南京大学出版社 南京 1989 年 12 月

中国图书馆事业十年（1978—1987） 张白影 荀昌荣 沈继武 主编 湖南大学出版社 长沙 1989 年 7 月

中国图书资料分类法（第三版） 中国图书馆图书分类法编辑委员会编辑 中国图书资料分类法修订组修订 科学技术文献出版社 北京 1989 年

中国信息机构指南 朱建亮主编 湖南大学出版社 长沙 1989 年

中文工具书实用教程 袁正平编著 四川大学出版社 成都 1989 年 12 月

中文工具书知识 赵德煌 翟嘉福编著 广西教育出版社 南宁 1989 年

中文图书编目 李光明等编 广西教育出版社 南宁 1989 年 6 月

自然科学文献检索 金恩晖 幸志明主编 学苑出版社 北京 1989 年

ISBD（M）专著出版物国际标准书目著录（第二版） 韩平 林明译 书目文献出版社 北京 1989 年 7 月

1990 年

报刊管理 赵燕群编著 中央广播电视大学图书馆学专业用书 书目文献出版社 北京 1990 年 6 月

报刊管理教学指导书 程锦修编 中央广播电视大学图书馆学专业用书 书目文献出版社 北京 1990 年 6 月

报刊管理与利用 白晓文 粟慧编著 杭州大学出版社 杭州 1990 年 6 月

蔡元培李大钊与中国大学图书馆　李树权编著　吉林大学出版社　长春　1990 年

大学生学习与图书馆　郑州纺织工学院图书馆等编　中州古籍出版社　郑州　1990 年

大学图书馆使用指南　朱允尧　杨克虎主编　兰州大学出版社　兰州　1990 年

读者心理学　张元璞　厉淑纯著　学苑出版社　北京　1990 年 12 月

高校图书馆计算机应用经验交流会文集　全国高等学校图书情报工作委员会秘书处编　北京师范大学出版社　北京　1990 年

高校图书馆履行教育职能经验交流会文集　全国高等学校图书情报工作委员会秘书处编　北京师范大学出版社　北京　1990 年 12 月

国内外科技文献检索　邱祖斌　佟春临主编　航空工业出版社　北京　1990 年 7 月

国外科技期刊刊名缩略语辞典：西文部分　黄家秀主编　科学技术文献出版社　北京　1990 年

国外图书情报学新说　曲则生著　同济大学出版社　上海　1990 年

汉字与汉字排检方法　黄俊贵执笔　《图书馆学情报学知识》丛书之十二　书目文献出版社　北京　1990 年 12 月

化学化工文献检索与利用　余向春等著　大连理工学院出版社　大连　1990 年

计算机科学技术汉语叙词表　王能琴等编　清华大学出版社　北京　1990 年 6 月

计算机图书情报管理系统　张永宁　高维浦编著　航空工业出版社　北京　1990 年 7 月

江苏高等学校图书馆年鉴　陈乃林主编　南京大学出版社　南京

1990 年

教育文献检索与利用 罗友松等主编 武汉大学出版社 武汉 1990 年

经济文献检索与利用 惠世荣主编 大连理工大学出版社 大连 1990 年

经济文献检索与利用简明教程 李滨主编 辽宁大学出版社 沈阳 1990 年 5 月

经济信息检索与利用 张丽 詹仁锋主编 大连理工大学出版社 大连 1990 年

军事文献检索 苏桂亮等编著 军事科学出版社 北京 1990 年

军用主题词表（1—3 卷） 军用主题词表编制委员会编 军事科学出版社 北京 1990 年

《军用主题词表》使用手册 军用主题词表编制委员会编 军事科学出版社 北京 1990 年

科技情报检索 黄子春 孙吉祥主编 青岛海洋大学出版社 青岛 1990 年 8 月

科技文献检索简明直观教材:理工科用（修订本） 余向春 黄文林编著 浙江大学出版社 杭州 1990 年 6 月

科技文献检索与利用 张文德主编 云南科技出版社 昆明 1990 年 8 月

科技文献检索与利用 陈英 曾光仲编著 成都科技大学出版社 成都 1990 年 1 月

连续出版物工作 吴龙涛 叶奋生编著 上海科学技术文献出版社 上海 1990 年 12 月

名人论图书馆 朱立文编 厦门大学出版社 厦门 1990 年

农业文献检索与利用 马国庆等编 武汉大学出版社 武汉 1990 年

期刊管理与检索工具书　孙继亮等编著　长春出版社　长春　1990 年

情报检索语言论文选　张琪玉　丘峰　翟凤岐选编　中国图书馆学情报学论文选丛（1949—1989）之六　书目文献出版社　北京　1990 年 10 月

全国图书情报系统名录大全　本书编辑组编　经济管理出版社　北京　1990 年 7 月

日汉图书情报工作词汇　纪昭民　徐引篪编　北京大学出版社　北京　1990 年 12 月

日汉图书情报学常用词汇　金凤吉　王进忠主编　书目文献出版社　北京　1990 年 11 月

少年儿童图书馆学概论　郑莉莉　罗友松　王渡江编著　湖南少年儿童出版社　长沙　1990 年 6 月

社会科学文献检索与利用　西南师范大学图书馆等编　巴蜀书社　成都　1990 年 11 月

社会科学文献检索指南　雍桂良主编　中共中央党校出版社　北京　1990 年 2 月

社科文献检索　何庆先　殷保宁执笔　《图书馆学情报学知识》丛书之八　书目文献出版社　北京　1990 年 7 月

生物学文献检索与利用　陆宝树主编　大连理工大学出版社　大连　1990 年

石油文献检索与利用　张景河　吴伟主编　王文礼等编写　石油大学出版社　东营　1990 年

世界史工具书指南　林铁森　高倬贤　马红娟编　高等教育出版社　北京　1990 年

世界图书馆事业——比较研究　（美）理查德·克尔齐斯　加斯顿·利顿著　周俊译　书目文献出版社　北京　1990 年 10 月

世界图书馆事业资料汇编　文化部图书馆事业管理局科教处编

书目文献出版社　北京　1990 年 10 月

图书分类（修订版）　北京大学图书馆学情报学系《图书分类》编写组编著　书目文献出版社　北京　1990 年 9 月

图书分类手册　东北师范大学图书馆编　傅永生主编　吉林科学技术出版社　长春　1990 年 11 月

图书馆:微机 DBASE Ⅲ 业务教程　宛福成等主编　机械工业出版社　北京　1990 年

图书馆工作手册　上海图书馆编　中国国际广播出版社　北京　1990 年 6 月

图书馆建筑与设备　单行主编　东北工学院出版社　沈阳　1990 年

图书馆心理学　盛赋霞　陈吉凤编著　中南工业大学出版社　长沙　1990 年 11 月

图书馆自动化系统　杨宗英主编　颜纯编　上海交通大学出版社　上海　1990 年

图书情报词典　王绍平等编著　汉语大词典出版社　上海　1990 年

图书情报管理学概论　王学东编著　中国商业出版社　北京　1990 年 12 月

土木建筑文献检索与利用　肖友瑟主编　大连理工大学出版社　大连　1990 年

外国图书馆史简编　杨子竞编著　南开大学出版社　天津　1990 年 12 月

未来图书馆学　徐竹生著　南京大学出版社　南京　1990 年

文科文献检索　朱建亮编著　华中理工大学出版社　武汉　1990 年

文献保护学　刘家真等编著　武汉大学出版社　武汉　1990 年

文献编目概论　谢宗昭编著　南京大学出版社　南京　1990 年

9 月

文献采访理论与实践　刘桢臣主编　山东大学出版社　济南
1990 年 5 月

文献分类学　刘延章著　中州古籍出版社　郑州　1990 年

文献分类与主题标引　赵燕群执笔　《图书馆学情报学知识》丛
书之五　书目文献出版社　北京　1990 年 2 月

文献情报专业英语　孙心菲执笔　《图书馆学情报学知识》丛书
之十四　书目文献出版社　北京　1990 年 3 月

物理电子类文献检索与利用　刘元奎等编著　四川大学出版社
成都　1990 年 9 月

物理学文献检索与利用　杨福征　胡昌平主编　武汉大学出版社
武汉　1990 年

西文工具书概论(增订版)　邵献图　戴龙基著　北京大学出版
社　北京　1990 年 12 月

现代科技文献管理　高鹏云著　学苑出版社　北京　1990 年
3 月

医学文献检索　叶铭等编著　上海科学技术出版社　上海　1990
年 5 月

医学文献检索手册　朱允尧等编　兰州大学出版社　兰州
1990 年

英汉情报图书档案词汇　周剑波等编　科学出版社　北京　1990
年 12 月

英语语言、文学工具书及其使用　肖时占著　学苑出版社　北京
1990 年 9 月

哲学文献检索与利用　徐昌明　罗庆华编著　四川大学出版社
成都　1990 年

中国古代图书事业史　来新夏等著　上海人民出版社　上海
1990 年 4 月

中国图书馆图书分类法(第三版)　中国图书馆图书分类法编辑
　　委员会编　书目文献出版社　北京　1990 年 2 月

《中国图书馆图书分类法》(第三版)类目复分方法及其疑难解释
　　俞君立　黄葵编著　陕西科学技术出版社　西安　1990 年

中国图书馆图书分类法的理论与使用　陈树年等编著　陕西科学
　　技术出版社　西安　1990 年

中国图书情报工作实用大全　武汉大学图书情报学院主编　科学
　　技术文献出版社　北京　1990 年 7 月

主题检索语言　邱明斤编著　四川大学出版社　成都　1990 年
7 月

著名学者谈利用图书馆　庄焕先主编　山东大学出版社　济南
1990 年 9 月

咨询学原理　卢绍君编著　科学技术文献出版社　北京　1990
年 7 月

1991 年

标准文献工作的理论与实践　王平编著　宇航出版社　北京
1991 年

采用国际标准和国外标准检索　郑丕武编　辽宁科学技术出版社
沈阳　1991 年 10 月

大学生利用图书馆指南　郭煜等编写　西北大学出版社　西安
1991 年 11 月

大学图书馆导读教程:大学生学习与图书馆　四川省师专图书馆
　　协作会　湖北省师专图书馆协作会编　中州古籍出版社　郑州
1991 年 8 月

地球科学文献检索与利用　任天培　谭维治主编　武汉大学出版
　　社　武汉　1991 年

儿童图书馆学　孟绂　沈岩编著　天津人民出版社　天津　1991

年 2 月

分类语言与主题语言　张帆编著　华中师范大学出版社　武汉
1991 年

分析化学文献简介　孙亦彡　官宜文编著　北京大学出版社　北
京　1991 年

甘肃省文献资源利用指南　甘肃省文献资源调查工作组编著　兰
州大学出版社　兰州　1991 年 8 月

高校图书馆管理　单行主编　单行　于鸣镝　初景利编著　河南
大学出版社　开封　1991 年 7 月

高校文科文献检索教程　蒋涛　臧铁柱　蔡永忠主编　辽宁教育
出版社　沈阳　1991 年

工具书利用指南　叶翠环主编　武汉工业大学出版社　武汉
1991 年 8 月

国际图书馆协会联合会第 51 届至 53 届大会论文选译　文化部图
书馆司科教处　北京图书馆图书馆学研究部　中国图书馆学会
秘书处合编　书目文献出版社　北京　1991 年 12 月

国际专利分类法概要及应用　中国专利局审查一部分类审查室编
著　专利文献出版社　北京　1991 年

《汉语主题词表》增订本（1—4 册）　中国科学技术情报研究所
《汉语主题词表》自然科学部分维护组编　科学技术文献出版
社　北京　1991 年 10 月

化学化工文献检索与利用　冯白云　李京华著　清华大学出版社
北京　1991 年 3 月

环境科学文献检索　王其庄编著　高等教育出版社　北京　1991
年 10 月

机读目录的结构编制与应用　冯泽泗主编　成都科技大学出版社
成都　1991 年

机械文献检索和利用　郑品恩　任其荣著　清华大学出版社　北

京　1991 年 11 月

基层图书资料工作与情报服务　白坤　肖走主编　兵器工业出版
社　北京　1991 年 12 月

金钥匙：教你查资料　许京生　刘培培编著　中国经济出版社
北京　1991 年 12 月

进口图书采访论文集　杭志高　陶慰宗主编　国际文化出版公司
北京　1991 年 11 月

经济文献经济资料经济情报检索手册　周嘉硕　臧平分主编　经
济日报出版社　北京　1991 年 8 月

科技文献检索　陈一乐主编　东南大学出版社　南京　1991 年
10 月

连续出版物工作　谈金铠执笔　《图书馆学情报学知识》丛书之
七　书目文献出版社　北京　1991 年 2 月

农业经济情报检索　马国庆　夏继明主编　成都科技大学出版社
成都　1991 年 11 月

期刊管理研究　江乃武主编　全国高等学校图书馆期刊工作研究
会组织编写　湖南科技出版社　长沙　1991 年 1 月

期刊资料管理及利用　王一煦主编　吉林大学出版社　长春
1991 年

青少年阅读心理与阅读方法　李广建编著　海洋出版社　北京
1991 年

社会科学文献检索与利用　马明琴等编著　山东人民出版社　济
南　1991 年 8 月

社会科学文献检索与利用教程　武汉大学图书馆等编　武汉大学
出版社　武汉　1991 年 7 月

师专文献检索概说　申世禄　徐金法主编　中州古籍出版社　郑
州　1991 年 9 月

史学文献检索　孟宪恒编著　陕西师范大学出版社　西安　1991

年 8 月

世界图书馆与情报服务百科全书　孙光成主编　四川民族出版社
成都　1991 年 12 月

水产科学叙词表　中国水产科学研究院科技情报研究所主编　中
国农业科技出版社　北京　1991 年

台港工具书指南　北京图书馆工具书室编　邱德新主编　书目文
献出版社　北京　1991 年 10 月

铁路科技文献检索与利用　屠良娟主编　西南交通大学出版社
成都　1991 年 11 月

图书馆藏书——补充、组织、控制与协调　吴慰慈　刘兹恒编著
书目文献出版社　北京　1991 年 2 月

图书馆藏书采访业务知识大全　霍文杰主编　沈阳出版社　沈阳
1991 年

图书馆藏书建设　（美）阿瑟·柯利　多萝西·布罗德里克著
佟富译　书目文献出版社　北京　1991 年 1 月

图书馆的管理和利用　陈誉　徐鹏　周铭德等编　华东师范大学
出版社　上海　1991 年 10 月

图书馆科学管理　铁路高校图书情报协作委员会编　西南交通大
学出版社　成都　1991 年 11 月

图书馆利用与文献检索　张立堂等编　石油工业出版社　北京
1991 年

图书馆评估　（美）F. W. 兰卡斯特著　郭西山　姜渭洪译　陕西
人民教育出版社　西安　1991 年

图书馆情报学词典　周文骏主编　书目文献出版社　北京　1991
年 12 月

图书馆心理学　潘伯善　王香君编著　武汉大学出版社　武汉
1991 年 10 月

图书馆新技术应用国际学术讨论会文选　西安交通大学图书馆编

西安交通大学出版社　西安　1991 年 6 月

图书馆学基础(修订本)　北京大学图书馆学情报学系　武汉大学图书情报学院合编　商务印书馆　北京　1991 年

图书馆学情报学档案学出版发行学论文索引　武汉大学图书情报学院编　科技文献出版社　北京　1991 年 1 月

图书馆学、情报学、档案学简明辞典　来新夏主编　南开大学出版社　天津　1991 年 1 月

图书馆专业人员群众服务导论　(美)马蒂·布卢姆伯格著　吴彭鹏　叶明芬译　书目文献出版社　北京　1991 年 6 月

图书馆咨询　张帆　安民编译　华中师范大学出版社　武汉　1991 年 8 月

图书馆自动化基础　赵永同等编译　陕西科学技术出版社　西安　1991 年

图书馆自动化入门　邵品洪　欧阳继明　李明霞执笔　《图书馆学情报学知识》丛书之十　书目文献出版社　北京　1991 年 6 月

图书馆自动化系统设计　宛福成等编著　书目文献出版社　北京　1991 年 12 月

图书经济学　杨伟真著　成都出版社　成都　1991 年 10 月

图书情报部门市场经营　(英)克罗宁主编　关家麟等译　科学技术文献出版社　北京　1991 年 7 月

图书情报工作多维透视论　刘学丰主编　吉林大学出版社　长春　1991 年 6 月

图书情报工作改革与探索　高洪赓主编　北京工业大学出版社　北京　1991 年 10 月

图书情报事业的组织与管理论文选　杨东梁　冯之圣　孔令乾选编　中国图书馆学情报学论文选丛(1949—1989)之三　书目文献出版社　北京　1991 年 8 月

图书情报事业发展战略论文选　白国应　张芝兰　史学智选编
中国图书馆学情报学论文选丛（1949—1989）之十　书目文献
出版社　北京　1991 年 1 月

图书文献管理学：一般专业管理人员　佟维学主编　机械工业出
版社　北京　1991 年 11 月

图书文献管理学：主管专业管理人员　迟忍主编　机械工业出版
社　北京　1991 年 2 月

文献检索与论文写作（社会科学部分）　汪恩来等编著　成都科
技大学出版社　成都　1991 年

文献情报管理软件的开发与应用　李德河　党发宽著　中国科学
技术出版社　北京　1991 年 12 月

文献情报自动化：中国科学院第七次图书馆学情报学科学讨论会
论文集　中国科学院文献情报中心编　中国科学技术大学出版
社　合肥　1991 年 11 月

文献著录与目录组织管理　黄俊贵　孙国华等执笔　《图书馆学
情报学知识》丛书之六　书目文献出版社　北京　1991 年 3 月

文献资源建设　沈继武　肖希明编著　武汉大学出版社　武汉
1991 年 4 月

西北高校图书馆年鉴（1949—1988）　本书编辑委员会编　西北
工业大学出版社　西安　1991 年

西文文献编目　段明莲　关懿娴编著　北京大学出版社　北京
1991 年 10 月

医学文献检索学　王元禄主编　山东大学出版社　济南　1991
年 11 月

医学文献检索与利用　陈鹤林　常兴哲主编　天津科技翻译出版
公司　天津　1991 年

英法德西俄汉图书馆学情报学词汇　赵福来等编　商务印书馆
北京　1991 年 12 月

英文工具书　王秀兰编著　武汉大学出版社　武汉　1991年
9月

哲学文献检索方法　卫忠海　罗庆华编著　陕西人民出版社　西
安　1991年7月

政治法律文献检索　张太洪等主编　吉林大学出版社　长春
1991年3月

中国机读目录通讯格式　北京图书馆自动化发展部编　书目文献
出版社　北京　1991年2月

中国图书馆发展史　王西梅编著　吉林教育出版社　长春
1991年

中国图书馆史话　行仁编著　武汉出版社　武汉　1991年

中国图书馆图书分类法(儿童图书馆、中小学图书馆版)　《中国
图书馆图书分类法》(儿童图书馆、中小学图书馆版)分编辑委
员会编　天津人民出版社　天津　1991年

中国图书馆图书分类法第二版与第三版修订类目对照表　中国图
书馆图书分类法编辑委员会编　书目文献出版社　北京　1991
年7月

中国图书馆图书分类法·简本(第三版)　中国图书馆图书分类
法编辑委员会编　书目文献出版社　北京　1991年6月

《中国图书馆图书分类法》理论与分类实践(3版)　宛福成等编
机械工业出版社　北京　1991年9月

中国图书馆图书分类法·中国图书馆资料分类法(第三版)使用
手册　《中国图书馆图书分类法》编辑委员会编　书目文献出
版社　北京　1991年12月

中国图书馆学史　吴仲强编著　湖南人民出版社　长沙　1991
年12月

中外科技工具书实用手册　冯宗菽　唐永林编　华东化工学院出
版社　上海　1991年5月

246

中文工具书教程 朱天俊 李国新著 北京大学出版社 北京 1991 年 7 月

中文社会科学工具书实用图表 丁力 张欣毅编著 宁夏人民出版社 银川 1991 年 10 月

中小学图书馆藏书建设 储若端编著 海洋出版社 北京 1991 年

中学生图书情报知识教育 葛民主编 华晓芳等编写 上海科学技术文献出版社 上海 1991 年

主题法导论 侯汉清 马张华 张涵编著 北京大学出版社 北京 1991 年 9 月

主题检索系统设计选择 （美）杰西卡·L. 米尔斯蒂著 叶子军 吴人珊译 书目文献出版社 北京 1991 年 1 月

咨询馆员与咨询问题———一种系统方法 （美）G. 杰霍达 T. S. 布劳内格尔合著 童菊明译 书目文献出版社 北京 1991 年 10 月

资源科学主题词典 施慧中主编 中国科学技术出版社 北京 1991 年 10 月

ISBD（CM）测绘制图资料国际标准书目著录(第二版) 陆希泰译 书目文献出版社 北京 1991 年 8 月

1992 年

报刊管理 孟庆祥 金沛霖编著 图书馆岗位培训系列教材(第一卷 管理卷) 文津出版社 北京 1962 年 6 月

报刊管理与利用 张厚生 吉士云主编 东南大学出版社 南京 1992 年 8 月

北京部分高校图书馆文献资源调查研究成果汇编 北京地区高校图书馆工作委员会编 北京工业大学出版社 北京 1992 年 12 月

北京大学子民图书室记实 李庆聪 吴晞编 北京大学出版社 北京 1992 年 11 月

北京大学图书馆九十年记略 吴晞编著 北京大学出版社 北京 1992 年 11 月

北京师范大学图书馆馆庆九十周年论文集 于天池主编 北京师范大学出版社 北京 1992 年 8 月

北京图书馆馆史资料汇编(一)(1909—1949) 北京图书馆业务研究委员会编 书目文献出版社 北京 1992 年 10 月

北京图书馆同人文选(第二辑) 唐绍明主编 《北京图书馆同人文选》编委会编 书目文献出版社 北京 1992 年 9 月

标准资料收集指南 蒋和德 罗开智主编 中国标准出版社 北京 1992 年 5 月

财经文献检索手册 张继光主编 社会科学文献出版社 北京 1992 年 2 月

成都科技大学图书馆读者手册 蔡书午编 成都科技大学出版社 成都 1992 年

大连市公共图书馆使用指南 大连市图书馆编著 靳春明主编 大连海运学院出版社 大连 1992 年 8 月

大气科学文献检索 范家珠等编著 气象出版社 北京 1992 年 8 月

大学生情报检索入门:怎样利用图书馆 王金祥 张志海主编 陕西科学技术出版社 西安 1992 年

大学生与图书馆:图书馆利用基本知识讲座 姜建军 邓广宇编著 大连海运学院出版社 大连 1992 年 7 月

大学生怎样利用图书馆 钟晨发主编 华中师范大学出版社 武汉 1992 年 4 月

德育与读者工作 铁路高校图书情报协助委员会编 西南交通大学出版社 成都 1992 年

地质科技文献检索与利用　武宁生　屠涌泉主编　地质出版社
北京　1992 年 7 月

第二届进口图书采访工作研讨会论文集　陶慰宗　熊朝智主编
原子能出版社　北京　1992 年 12 月

电气与电子工程文献检索与利用(第二版)　冯子良　任其荣编
大连工学院出版社　大连　1992 年

读者工作　宁国誉　吴国彤编著　图书馆岗位培训系列教材(第
一卷 管理卷)　文津出版社　北京　1992 年 1 月

分析化学文献及其检索　吴永生编　高等教育出版社　北京
1992 年 5 月

高校图书馆技术与方法　赵云龙　关敏主编　兵器工业出版社
北京　1992 年 8 月

国防科学技术叙词表　国防科学技术叙词表编制组编　军事科学
出版社　北京　1992 年

国际图书馆协会联合会第 56 届大会论文选译　丘东江主编　书
目文献出版社　北京　1992 年 9 月

国外科技工具书指南　陆伯华主编　中国书籍出版社　北京
1992 年

国外社会科学工具书要览　邵献图主编　北京大学出版社　北京
1992 年 12 月

汉语拼音著者号码表　侯有德等主编　河南教育出版社　郑州
1992 年 10 月

化学文献检索与利用　倪光明　宫庆章主编　安徽教育出版社
合肥　1992 年

基层图书馆工作方法　靳中华等编　海洋出版社　北京　1992
年 9 月

金融文献检索与利用　刘文卫主编　陕西人民出版社　西安
1992 年 9 月

经济情报检索与利用　翁义　范文选主编　哈尔滨工业大学出版社　哈尔滨　1992 年 6 月

科技文献检索　许春芳主编　大连理工大学出版社　大连　1992 年 1 月

科技文献检索　刘学和　赵金楼主编　哈尔滨船舶工程学院出版社　哈尔滨　1992 年

(粮油食品)科技文献检索　张和芬编著　河南科技出版社　郑州　1992 年 7 月

科技文献检索与利用　吴朝元主编　西南师范大学出版社　重庆　1992 年

科技文献检索与论文写作　张承华主编　山东大学出版社　济南　1992 年 2 月

科技文献检索指导　赖茂生编著　北京大学出版社　北京　1992 年 1 月

科技文摘与索引指南　杨克虎等编译　兰州大学出版社　兰州　1992 年 10 月

科技信息检索与利用　杨建东主编　华中师范大学出版社　武汉　1992 年

连续出版物管理指南　江乃武主编　吉林人民出版社　长春　1992 年

美国高校图书馆事业　华东师范大学图书馆学情报系高校图书馆管理研究室编　华东师范大学出版社　上海　1992 年 2 月

期刊工作理论与实践　刘吉庆编著　西北工业大学出版社　西安　1992 年

期刊学概论　倪延年著　南京师范大学出版社　南京　1992 年

企业科技图书馆工作指南　张洪顺　邓舜扬编著　上海科学技术文献出版社　上海　1992 年 6 月

全国高等学校图书馆期刊工作研究会第三届学术研讨会论文集

江乃武主编　大连海运学院出版社　大连　1992 年 12 月

生物医学文献主题标引　李守谅主编　湖南科学技术出版社　长沙　1992 年 2 月

数学文献检索与利用　马国选等编　天津大学出版社　天津　1992 年 2 月

特区图书馆研究　徐定国编著　广西民族出版社　南宁　1992 年

通用汉语著者号码表　刘湘生主编　全国情报文献标准化技术委员会第五分会等编　海洋出版社　北京　1992 年 6 月

图书档案保护技术手册　李景仁　冯惠芳编著　档案出版社　北京　1992 年 2 月

图书分类　高信成等编著　中国书店　北京　1992 年

图书分类学　孙冰炎编　高等教育出版社　北京　1992 年 12 月

图书馆藏书采编工作手册　刘英麟　霍文杰　张汝文主编　沈阳出版社　沈阳　1992 年

图书馆地方文献工作　韩朴编著　图书馆岗位培训系列教材（第一卷 管理卷）　文津出版社　北京　1992 年 10 月

图书馆分类工作手册　候汉清　王荣授主编　图书馆和情报机构工具书系列　中国科学技术出版社　北京　1992 年 3 月

图书馆工作引论　于鸿儒　于歆编著　图书馆岗位培训系列教材（第一卷 管理卷）　文津出版社　北京　1992 年 10 月

图书馆公共关系概论　罗式胜编著　安徽人民出版社　合肥　1992 年

图书馆管理学　黄宗忠编著　武汉大学出版社　武汉　1992 年 5 月

图书馆理论与应用研究　李上文　左正红主编　武汉出版社　武汉　1992 年 6 月

图书馆评估　沈迪飞　孙德林编译　中国科学技术出版社　北京

1992 年 12 月

图书馆文献资源建设　刘桢臣等编著　上海科学技术文献出版社　上海　1992 年 11 月

图书馆现代化技术　贾璐编著　图书馆岗位培训系列教材(第一卷 管理卷)　文津出版社　北京　1992 年 10 月

图书馆学情报学基本理论论文选　周文骏　吴慰慈选编　中国图书馆学情报学论文选丛(1949—1989)之一　书目文献出版社　北京　1992 年 7 月

图书馆专业导论　(苏)阿伯拉莫夫著　范淑蓉编译　兰州大学出版社　兰州　1992 年 4 月

图书馆自动化应用基础　沈迪飞等编著　湖北科学技术出版社　武汉　1992 年 4 月

图书检索与利用研究文集　张幼林　张雪林主编　山东大学出版社　济南　1992 年

文明的沃土　庄守经　赵学文编　北京大学出版社　北京　1992 年 12 月

文献编目　康金锐编著　图书馆岗位培训系列教材(第一卷 管理卷)　文津出版社　北京　1992 年 1 月

文献编目论文选　黄俊贵　林德海选编　中国图书馆学情报学论文选丛(1949—1989)之五　书目文献出版社　北京　1992 年 7 月

文献采访　刘其新　胡世炎编著　图书馆岗位培训系列教材(第一卷 管理卷)　文津出版社　北京　1992 年 6 月

文献检索概论　雷润玲编著　立信会计图书用品社　上海　1992 年 9 月

文献检索与实践　史京山　孟庆湖主编　中南工业大学出版社　长沙　1992 年

文献情报知识问答　西南石油学院图书馆等编　四川教育出版社

成都 1992 年

文献知识与中小学常用工具书 姚伯岳 肖珑编著 海洋出版社 北京 1992 年

我与图书馆 李昭醇主编 广东人民出版社 广州 1992 年 10 月

西文文献编目 王作梅 严一桥 孙更新编著 武汉大学出版社 武汉 1992 年

现代图书馆学教程 郭星寿著 山西高校联合出版社 太原 1992 年

心理学文献计算机检索手册 管边荣 韩布新编 气象出版社 北京 1992 年 7 月

新学科文献分类手册 李兴辉 陈树年 戴维民编著 图书馆和情报机构工具书系列 中国科学技术出版社 北京 1992 年 5 月

药学文献检索 陈建茹编 中国医药科技出版社 北京 1992 年

医学文献检索 朱允尧 朱象喜 崔竹金主编 北京医科大学 中国协和医科大学联合出版社 北京 1992 年

医学文献检索评价与利用 刘淑璋主编 中国科学技术出版社 北京 1992 年

英俄汉图书情报学词典 孙瑞年主编 科学技术文献出版社 北京 1992 年 3 月

怎样当好馆长:现代图书馆改革与科学管理 李洪福主编 重庆图书馆编 成都科技大学出版社 成都 1992 年

怎样科学地利用图书馆 李延海 张跃华主编 哈尔滨船舶工程学院出版社 哈尔滨 1992 年

中共党史党建文献检索 毛昨非主编 长春出版社 长春 1992 年

中国地震科学主题词表　李存悌主编　《中国地震科学主题词表》编委会编　地震出版社　北京　1992年4月

中国科学院第八次图书馆学情报学科学讨论会文集　中国科学院图书馆编　书目文献出版社　北京　1992年

中国历史工具书指南　林铁森主编　北京出版社　北京　1992年2月

中国图书馆名录　《当代中国的图书馆事业》编辑部编　书目文献出版社　北京　1992年

中国图书馆史　李朝先　段克强编著　贵州教育出版社　贵阳　1992年6月

中国图书馆图书分类法(R类)与医学主题词表(MeSH)、中医药学主题词表对应表　林美兰主编　中国科学技术出版社　北京　1992年

中国图书馆图书分类法二三版改版实用手册　马恒通　田文清主编　科学技术文献出版社　北京　1992年12月

中文期刊机读目录编制细则　潘岩铭等编　北京大学出版社　北京　1992年12月

中小型图书馆工作手册　本书编写组编　东南大学出版社　南京　1992年11月

中医文献检索与利用　范家永　吉文辉主编　南京大学出版社　南京　1992年

中英文工具书举要　闻梁　鹿庆芳　岳仁堂等著　燕山出版社　北京　1992年

自然科学文献检索与利用　祝希龄主编　武汉大学出版社　武汉　1992年

自然科学文献检索与利用　苏凡　廖海丽主编　广西师范大学出版社　桂林　1992年6月

1991年美国《数学评论》主题分类表　美国数学会编　王声培等

254

译 四川教育出版社 成都 1992 年 2 月

ISBD（NBM）非书资料国际标准书目著录（第二版） 哈弼亮译
书目文献出版社 北京 1992 年 12 月

1993 年

北京各类型图书馆志 张树华编著 燕山出版社 北京 1993
年 3 月

比较图书馆学引论 钟守真编著 南开大学出版社 天津 1993
年 11 月

参考服务概论 刘圣梅 沈固朝编著 南京大学出版社 南京
1993 年 9 月

当代分类法主题法索引法研究 侯汉清编著 书目文献出版社
北京 1993 年 10 月

当代湖南高等学校图书馆事业 张白影主编 湖南科学技术出版
社 长沙 1993 年 12 月

当代图书情报管理的理论与实践 周清荣主编 兵器工业出版社
北京 1993 年 4 月

第三届进口图书采访工作研讨会论文集 陶慰宗 熊朝智主编
原子能出版社 北京 1993 年 9 月

俄汉、汉俄图书馆学情报学词汇 姜继主编 书目文献出版社
北京 1993 年 1 月

儿童图书馆学研究 许竹松主编 延边人民出版社 延吉 1993
年 5 月

法学文献情报检索基础 陈光馨等编著 重庆大学出版社 重庆
1993 年 7 月

高等职业学校文献检索教程 马春保 曹健民主编 哈尔滨工业
大学出版社 哈尔滨 1993 年 7 月

广东高校图书馆评估实践 广东省高等学校图书情报工作委员会

编　广东高等教育出版社　广州　1993 年 3 月

过程控制文献检索　纪兴权主编　化学工业出版社　北京　1993年 5 月

汉、英、俄图书馆学信息学词典　孙世菁　吴新民　郑莉莉编　印刷工业出版社　北京　1993 年

汉英图书情报词汇　高民等编　北京大学出版社　北京　1993年 6 月

航空航天医学主题词表　吴国兴主编　中国科学技术出版社　北京　1993 年

黑龙江省文献资源保障体系研究报告集　夏洪川主编　哈尔滨船舶工程学院出版社　哈尔滨　1993 年

化学化工国际文献检索　杨洪武主编　河南大学出版社　开封1993 年 6 月

机电类科技文献检索教程　李亨标　陈逸民主编　北京理工大学出版社　北京　1993 年

计算机编目　（英）亨特－埃里克著　严建援等译　中国物价出版社　北京　1993 年 10 月

教育主题词表·中国图书馆图书分类法教育专业分类表　教育主题词表编辑委员会　中国图书馆图书分类法编委会教育专业分类表编辑组编　教育科学出版社　北京　1993 年 12 月

金恩晖图书馆学文选　金恩晖著　吉林人民出版社　长春　1993年 10 月

军用医学主题词表　张立平主编　《军用医学主题词表》编制委员会编　人民军医出版社　北京　1993 年

科技情报检索　丁自改等著　西安交通大学出版社　西安　1993年 3 月

科技文献检索　胡养儒主编　河南大学出版社　开封　1993 年6 月

256

科技文献检索 蒋时雨 龚礼明主编 上海科学技术文献出版社 上海 1993年

科技文献检索教程 靳小青主编 青岛海洋大学出版社 青岛 1993年

科技文献检索与利用 孙圣薇 赵国庆主编 南开大学出版社 天津 1993年

科技文献检索与利用 陆锴书 王淑莲主编 武汉测绘科技大学出版社 武汉 1993年10月

科技信息检索 夏旭初等主编 东北大学出版社 沈阳 1993年9月

科技信息检索与利用 王立诚主编 东南大学出版社 南京 1993年

连续出版物管理研究进展:1949—1990 江乃武等著 世界图书出版公司 北京 1993年

名人与图书馆 陈锡岳 林基鸿编著 天津人民出版社 天津 1993年

农业图书馆未来与发展国际研讨会论文集 朱湄主编 北京农业大学出版社 北京 1993年6月

期刊学探索 李上文 左正红主编 中国建材工业出版社 北京 1993年8月

千帆竞发——图书馆名人论改革 夏国栋主编 黑龙江人民出版社 哈尔滨 1993年8月

全国中文期刊标准著录手册 于鸣镝主编 大连海运学院出版社 大连 1993年5月

如何掌握经济及商业文献信息 惠世荣主编 华夏出版社 北京 1993年

社会科学文献检索 杨建东主编 中州古籍出版社 郑州 1993年

社会科学信息检索教程　王金祥等主编　陕西科学技术出版社
西安　1993 年

石油检索工具指南　何新中　王成龙主编　石油大学出版社　东
营　1993 年

实用图书馆读者手册　刘飞著　河北教育出版社　石家庄
1993 年

四川省图书馆事业志　郝春阳主编　四川省图书馆事业志编纂委
员会编　四川大学出版社　成都　1993 年

图书编目规范工作　（美）罗伯特·H.伯格著　熊光莹译　商务
印书馆　北京　1993 年 11 月

图书分类基础　高炳礼编著　图书馆继续教育丛书　华南理工大
学出版社　广州　1993 年

图书分类学概要:兼谈依《中图法》类分图书要点　闵景贤等编著
陕西人民出版社　西安　1993 年 6 月

图书馆管理工作指南　刘迅编著　东北工学院出版社　沈阳
1993 年 4 月

图书馆管理学概论　林增铨编著　南京大学出版社　南京　1993
年 9 月

图书馆建筑与图书情报技术论文选　金沛霖　杨善政　贾璐选编
中国图书馆学情报学论文选丛(1949—1989)之九　书目文献
出版社　北京　1993 年 5 月

图书馆科技咨询　金沛霖主编　图书馆岗位培训系列教材(第二
卷)　文津出版社　北京　1993 年 5 月

图书馆科学管理　李蒙智编著　图书馆岗位培训系列教材(第一
卷 管理卷)　文津出版社　北京　1993 年 4 月

图书馆目录基础　林庆云编著　图书馆继续教育丛书　华南理工
大学出版社　广州　1993 年

图书馆期刊工作研究:全国高等学校图书馆第四次期刊工作研讨

会论文集 江乃武主编 中国统计出版社 北京 1993 年

图书馆实用管理学 赵国庆编著 中国矿业大学出版社 徐州 1993 年

图书馆效用分析的数学模型:图书馆运筹学 唐建华著 学苑出版社 北京 1993 年 12 月

图书馆学百科全书 《图书馆学百科全书》编委会 中国大百科全书出版社 北京 1993 年

图书馆学情报学概要 武德运主编 科学技术文献出版社 北京 1993 年

图书馆学情报学论文索引(1981—1989) 南京图书馆编 书目文献出版社 北京 1993 年 1 月

图书馆学研究与方法 赵云龙著 兵器工业出版社 北京 1993 年 5 月

图书馆业务辅导 常作然等编著 图书馆岗位培训系列教材(第一卷 管理卷) 文津出版社 北京 1993 年 5 月

图书馆与社会 程亚男著 书目文献出版社 北京 1993 年 10 月

图书情报管理自动化基础(上册) 毛玉姣主编 武汉大学出版社 武汉 1993 年 1 月

图书情报管理自动化基础(下册) 刘荣主编 武汉大学出版社 武汉 1993 年 1 月

图书情报学研究 陈宝珍著 华南理工大学出版社 广州 1993 年

图书情报业务培训全书 叶千军主编 图书馆和情报机构工具书系列 中国科学技术出版社 北京 1993 年 9 月

图书情报用户教育 林平忠编著 上海科学技术文献出版社 上海 1993 年 1 月

图书情报自动化 马自卫等编著 北京邮电学院出版社 北京

1993 年 9 月

图书信息工作者职业道德简明教程　李希孔等编著　北京农业大学出版社　北京　1993 年

文史工具书入门　郭子直　李岩编著　未来出版社　西安　1993年 5 月

文献典藏与保护　赵冬生　刘锦宏编著　图书馆岗位培训系列教材(第一卷 管理卷)　文津出版社　北京　1993 年 3 月

文献分类岗位培训教程　本书编委会编　华艺出版社　北京　1993 年 10 月

文献资源建设与布局论文选　肖自力　李修宇　杨沛超选编　中国图书馆学情报学论文选丛(1949—1989)之四　书目文献出版社　北京　1993 年 5 月

文献资源建设与图书馆藏书工作手册　吴晞主编　图书馆和情报机构工具书系列　中国科学技术出版社　北京　1993 年

现代期刊管理综论　罗剑雄编著　华南理工大学出版社　广州 1993 年

新主题文献分类指南　陆宗城主编　书目文献出版社　北京 1993 年 12 月

信息检索指南　沈传尧等编著　湖南科学技术出版社　长沙 1993 年

医学工具书概论　易新翰编著　湖南出版社　长沙　1993 年

医学文献检索　方平主编　国防科技大学出版社　长沙　1993 年 7 月

医学文献检索　蓝庭剑主编　科学技术文献出版社　北京 1993 年

怎样利用大学图书馆　于湖滨　董新华　川中编著　浙江大学出版社　杭州　1993 年 9 月

知识·人才·图书馆　张白影　麦群忠　冯锦生编著　河南科学

技术出版社　郑州　1993 年 11 月

中等专业学校图书馆基础知识讲座　柴新军　何玲主编　河南人民出版社　郑州　1993 年

中国大百科全书·图书馆学 情报学 档案学　中国大百科全书总编辑委员会《本卷》编辑委员会　中国大百科全书出版社编辑部编　中国大百科全书出版社　北京　1993 年 1 月

中国古代史文献检索　宣守有编著　黄山书社　合肥　1993 年 6 月

中国图书分类学史　尹恺德　宋传山主编　西南师范大学出版社　重庆　1993 年

中国图书馆事业史　刘少泉编著　四川大学出版社　成都　1993 年 6 月

中国图书馆图书分类法期刊分类表（第二版）　中国图书馆图书分类法编辑委员会编　书目文献出版社　北京　1993 年 10 月

中文工具书使用指南　王世伟编著　华东师范大学出版社　上海　1993 年 7 月

中文图书分类方法汇编　王香梅编著　新疆青少年出版社　乌鲁木齐　1993 年 6 月

中小学图书馆工作概论　张树华　董焱编著　海洋出版社　北京　1993 年

中小学图书馆工作指南　任德明著　科学普及出版社　北京　1993 年

中小学图书馆图书分类工作　巩雪芹编著　海洋出版社　北京　1993 年

中学资料室工作　北京教育行政学院图书馆编著　海洋出版社　北京　1993 年

ISBD（CF）计算机文档国际标准书目著录　国际图联编委会编　沈玉兰译　科学技术文献出版社　北京　1993 年

1994 年

北京图书馆与俄美等国家图书馆　邵文杰等编著　书目文献出版社　北京　1994 年 12 月

导读工作概论　周金林编著　南京大学出版社　南京　1994 年

第四届进口图书采访工作研讨会论文集　陶慰宗　熊朝智主编　原子能出版社　北京　1994 年

高校信息文献开发与利用　刘寿富　刘高权主编　武汉出版社　武汉　1994 年

国际经贸情报源　施士宇主编　对外经济贸易大学出版社　北京　1994 年

汉英对照图书馆接待用语　天津市高等学校图书情报工作委员会《津图学刊》编辑部编　南开大学出版社　天津　1994 年

汉英图书馆词汇　江文忠　陆志民编　上海外语教育出版社　上海　1994 年

化学文献及查阅方法（第 2 版）　余向春编著　科学出版社　北京　1994 年

计算机图书馆管理系统设计与实例　刘启茂主编　电子工业出版社　北京　1994 年

九十年代图书馆——现代技术国际研讨会论文选集　孙承鉴　许绥文编　万国学术出版社　北京　1994 年 6 月

军事科学文献检索　刘相吉　王冀生主编　中国检察出版社　北京　1994 年

科技文献检索　商国云　严文主编　兵器工业出版社　北京　1994 年

科技文献检索（第 2 版）　赖茂生　徐克敏等编著　北京大学出版社　北京　1994 年

科技文献检索示例与习题　王德义等编　天津大学出版社　天津

1994 年

科技文献检索与利用　张白影主编　华中理工大学出版社　武汉
1994 年 11 月

科技文献检索与利用　赖金福等编　电子工业出版社　北京
1994 年

科技文献信息学导论　索大武　乔文明　郑建华编著　中国矿业
大学出版社　北京　1994 年

利用图书馆基本知识　张继儒　杨堤主编　陕西人民美术出版社
西安　1994 年

连续出版物管理史料选　刘瑞兴主编　中国统计出版社　北京
1994 年

林学文献检索与利用　王礼先主编　中国林业出版社　北京
1994 年

美国法律文献检索　（美）科恩著　夏登峻译　商务印书馆　北
京　1994 年

农业科技信息检索与利用　李希孔主编　中国农业科技出版社
北京　1994 年

农业科学叙词表：第一分册　农业部情报研究所编　中国农业出
版社　北京　1994 年

社会主义市场经济与图书馆管理改革：关于创收与创优问题的探
讨　张安珍编著　湖南科学技术出版社　长沙　1994 年 4 月

生物分类叙词表　农业部情报研究所编　中国农业出版社　北京
1994 年

生物学与生物技术情报检索　邱均平等主编　中国科学技术出版
社　北京　1994 年

水产文献检索　钟家瑞主编　中国农业出版社　北京　1994 年

图书馆采访工作手册　陈珂等编著　百花文艺出版社　天津
1994 年

图书馆采访理论与实践　万跃华　张根彬主编　书目文献出版社
北京　1994 年 1 月

图书馆公共关系研究　李昭醇主编　广州出版社　广州　1994
年 12 月

图书馆管理词典　黄方正　王可权主编　知识出版社　北京
1994 年

图书馆理论与实践文集　张世荣　安银海主编　山西高校联合出
版社　太原　1994 年

图书馆期刊工作规范化研究　倪延年编著　南京出版社　南京
1994 年

图书馆微机网络系统设计及软件实例　钟新革主编　东北师范大
学出版社　长春　1994 年

图书馆心理学　徐莲芳　姜德学主编　四川教育出版社　成都
1994 年

图书馆信息科学的理论与实践　（美）迈克尔·K. 巴克兰德著
严吉森译　复旦大学出版社　上海　1994 年

图书馆学概论考试参考书　《图书馆学概论考试参考书》编写组
中央广播电视大学出版社　北京　1994 年

图书馆学理论与应用文集　郑玉池等主编　中国矿业大学出版社
徐州　1994 年

图书情报工作理论与实践　黄晓郦　刘瑞兴主编　中国科学技术
出版社　北京　1994 年

图书在版编目：书目数据的标准化与规范化　陈源蒸编著　北京
大学出版社　北京　1994 年 1 月

图书在版编目手册　许绵　李泡光编　人民出版社　北京　1994
年 2 月

图书资料工作　张玉泰　徐山辉主编　中国金融出版社　北京
1994 年

文献编目教程　李晓新等编著　南开大学出版社　天津　1994年12月

文献检索基础教程　徐兴余　江小芳主编　天津人民出版社　天津　1994年7月

文献信息管理　李景正　冷伏海主编　黑龙江科学技术出版社　哈尔滨　1994年

文献信息机构管理实用教程　葛敏编著　军事译文出版社　北京　1994年

文献信息检索（理工科适用）　彭展　邓亚桥　刘祯臣主编　山东大学出版社　济南　1994年12月

文献信息检索与利用　王秋香主编　西北大学出版社　西安　1994年

文献信息系统自动化　张晓林编著　成都科技大学出版社　成都　1994年

文献与文献收集　王燕来　张木早编著　书目文献出版社　北京　1994年12月

文献资源建设研究与利用文集　陈骥主编　东南大学出版社　南京　1994年

现代文献编目教程　刁维汉主编　任有标等编著　华东师范大学出版社　上海　1994年4月

香港与内地大学图书馆比较研究　赵希琢著　广东高等教育出版社　广州　1994年

信息馆理论与实践　徐国定著　成都科技大学出版社　成都　1994年

医学图书馆利用教程　杜广照　王槐深　杨克虎主编　兰州大学出版社　兰州　1994年

医学文献检索　陈界主编　中国科学技术出版社　北京　1994年

医学文献检索理论与方法　黄晓鹂主编　中国科学技术出版社　北京　1994 年

医学文献检索与查新　张厚德主编　人民卫生出版社　北京　1994 年

英美文学工具书指南　钱青编著　上海译文出版社　上海　1994 年

云南省高等学校系统文献资源调查研究文集　李鹏翔　杨宗赐主编　云南教育出版社　昆明　1994 年 4 月

浙江省图书馆志　浙江省图书馆志编纂委员会编著　中国书籍出版社　北京　1994 年

职业技术教育文献检索　张仁凤主编　中国劳动出版社　北京　1994 年

中国分类主题词表　《中国图书馆图书分类法》编委会编　刘湘生主编　华艺出版社　北京　1994 年 6 月

中国分类主题词表教程　张琪玉　刘湘生主编　侯汉清等编著　华艺出版社　北京　1994 年

中国高等学校图书馆　邹时炎主编　浙江大学出版社　杭州　1994 年

中国科学院图书馆图书分类法(第 3 版)　中国科学院图书馆图书分类法修订委员会编　科学出版社　北京　1994 年

中国学校图书馆(室)工作实用全书　田晓娜等编著　中国学校工作全书系列　国际文化出版社　北京　1994 年

中文工具书导论　詹德优编著　湖北教育出版社　武汉　1994 年

中文文献编目　刘苏雅编著　书目文献出版社　北京　1994 年 6 月

中文著者号码表　廉尚华　张治中主编　中国商业出版社　北京　1994 年

266

中药文献检索与利用　黄坚主编　中国中医药出版社　北京
1994 年

中药文献检索与利用实习指导　黄坚主编　中国中医药出版社
北京　1994 年

专利文献　赖洪主编　吴泉州等撰　专利文献出版社　北京
1994 年

1995 年

大学生如何利用图书馆　徐兴余　卓毓荣等主编　天津人民出版
社　天津　1995 年 3 月

大学生实用文献信息检索　王浩等编　西北工业大学出版社　西
安　1995 年

当代中国的图书馆事业　杜克主编　当代中国丛书　当代中国出
版社　北京　1995 年 5 月

党校图书馆管理学　中南党校图书馆协作编写组编著　中共中央
党校出版社　北京　1995 年

读者服务工作指南　麦群忠主编　书目文献出版社　北京　1995
年 7 月

国际专利分类表:第 6 版(1995—1999)　世界知识产权组织编著
国家知识产权局专利局审查部编译　专利文献出版社　北京
1995 年

汉英图书馆学情报学词典　方小容　郑勇主编　三秦出版社　西
安　1995 年

航天科学技术叙词表　罗瑛　王乃洪主编　宇航出版社　北京
1995 年

核心期刊概论　叶继元著　南京大学出版社　南京　1995 年

化学化工科技文献检索　姚钟尧编著　华南理工大学出版社　广
州　1995 年 4 月

机电文献信息检索与利用　王均林　王播生主编　河南科学技术出版社　郑州　1995 年

计算机应用与图书馆自动化　秦建宁编著　科学技术文献出版社北京　1995 年

教师获取信息技能　陈钧　田赞明　贺修铭编著　湖南师范大学出版社　长沙　1995 年

金融分类主题词表　王定芳主编　湖南科学技术出版社　长沙 1995 年

科技文献检索方法　田德祥　赵向方编　原子能出版社　北京 1995 年

科技文献检索与利用　陈荣祥　贺慧生主编　重庆大学出版社重庆　1995 年

科技文献检索与利用　潘松华　张智松主编　中国矿业大学出版社　徐州　1995 年

科技文献信息检索　陈英等编著　成都科技大学出版社　成都 1995 年

美国政府四大科技报告实用指南　王维亮编著　科学技术文献出版社　北京　1995 年

农业信息检索指南　赵华英主编　中国农业科技出版社　北京 1995 年

轻工文献检索与利用(2 版,修订版)　胡世炎　周海鹏　冯素兰主编　大连理工大学出版社　大连　1995 年

阮冈纳赞理论及其应用研究　叶千军著　同济大学出版社　上海 1995 年

实用科技文献检索教程　陈雅芝　李东来编著　人民交通出版社北京　1995 年

实用图书馆读者手册　刘飞编著　河北人民出版社　石家庄 1995 年 6 月

268

市场经济与期刊文献开发:全国高等学校图书馆第五次期刊工作学术研讨会论文集　江乃武主编　武汉大学出版社　武汉1995 年

市场经济与图书馆建设　全国铁路高校图书情报工作委员会编　西南交通大学出版社　成都　1995 年

数学汉语主题词表　王声培等编著　上海教育出版社　上海1995 年

图书馆读者学概论　李希孔主编　北京农业大学出版社　北京1995 年 2 月

图书馆暨有关书刊管理法规汇览　郭锡龙主编　中国政法大学出版社　北京　1995 年

图书情报工作实务　高淑华主编　延边大学出版社　延吉1995 年

图书情报自动化实用技术　陈岗编著　中国标准出版社　北京1995 年

文献编目教程　李晓新　杨玉麟　李建军编著　南开大学出版社　天津　1995 年

文献分类编目考试论与自测题　俞君立　黄葵主编　武汉大学出版社　武汉　1995 年

文献分类学论文荟萃　黄钢主编　江西科学技术出版社　南昌1995 年

文献工作论说　李丰华等主编　吉林大学出版社　长春1995 年

文献检索教程　王照军　王体全主编　石油工业出版社　北京1995 年

文献检索与利用　郭兰英编著　中国农业出版社　北京1995 年

现代文献编目参考资料　刁维汉主编　华东师范大学出版社　上

海 1995 年

乡镇图书馆建设的实践与理论 唐士志著 南京出版社 南京 1995 年

新编化学化工信息检索 孙济庆 杨永厚主编 朱月兰等编写 华东理工大学出版社 上海 1995 年

新编文献检索教程 徐兴余 刘淑贤 乔文明主编 天津人民出版社 天津 1995 年 8 月

医学期刊工作 熊第志主编 东北大学出版社 沈阳 1995 年

医学、生物学文献方法学 陈卫主编 人民军医出版社 北京 1995 年

音像资料叙词表 赵锦 戴维民编著 中国计量出版社 北京 1995 年 11 月

云南图书馆概览 胡立耘主编 云南大学出版社 昆明 1995 年

怎样利用大学图书馆 卓崇培主编 天津教育出版社 天津 1995 年

怎样利用图书馆 路怀明 马国芝主编 南海出版公司 海口 1995 年

中等学校图书馆理论与实践 任德明主编 警官教育出版社 北京 1995 年 10 月

中国机读目录格式使用手册 北京图书馆《中国机读目录格式使用手册》编委会编 华艺出版社 北京 1995 年 12 月

中国图书馆和情报机构名录大全 辛希孟等主编 东北大学出版社 沈阳 1995 年 5 月

中国图书馆图书分类法·测绘学专业分类表 中国图书馆图书分类法编辑委员会编 测绘出版社 北京 1995 年

中国图书与图书馆 （日）松见弘道著 黄宗忠 姜振儒 杨志清译 书目文献出版社 北京 1995 年 9 月

中西医学文献检索与利用　张令铮主编　上海中医药大学出版社
　上海　1995 年

中医文献检索　严季澜主编　学苑出版社　北京　1995 年

1996 年

财经学科文献利用指南　李子瑞　吴新华主编　黄河出版社　济
　南　1996 年

赤子白话　谭斌著　书目文献出版社　北京　1996 年 7 月

从藏书楼到图书馆　吴晞著　书目文献出版社　北京　1996 年
　11 月

读者服务与研究教学大纲　国家教委高教司编　高等教育出版社
　北京　1996 年

发展中的黑龙江图书馆事业　刘经宇主编　黑龙江人民出版社
　哈尔滨　1996 年

高等学校图书馆评估实践与研究　陈誉　许宝元主编　华东师范
　大学出版社　上海　1996 年

高校图书馆利用指南　吕先竞　白晶编著　四川大学出版社　成
　都　1996 年

高校图书信息资料工作新探　北京高校情报资料工作研究会编
　艾众主编　书目文献出版社　北京　1996 年 6 月

管理科学主题词表　魏铁进主编　机械工业出版社　北京
　1996 年

广东省公共图书馆集锦　林梓宗主编　广州出版社　广州　1996
　年 1 月

国际图书馆协会联合会第 57 届大会论文选译　丘东江主编　书
　目文献出版社　北京　1996 年 4 月

国际图书馆协会联合会第 58、59 届大会论文选译　'96 北京国际
　图联大会中国组委会秘书处编　书目文献出版社　北京　1996

年4月

国际图书馆协会联合会第60届大会论文选译 '96北京国际图联大会中国组委会秘书处编 书目文献出版社 北京 1996年5月

汉英英汉科技检索词典 《汉英英汉科技检索词典》编写组编 石油工业出版社 北京 1996年

汉语主题词表:自然科学(增订本)第五分册:轮排索引 中国科学技术信息研究所情报检索语言研究室 中国索引学会索引技术和索引标准研究室编 科学技术文献出版社 北京 1996年

湖南省中小学图书馆(室)工作指南 湖南省教委图工委办公室编 武汉出版社 武汉 1996年

华北高校图协十年 文集编辑组 《津图学刊》编辑部编 天津古籍出版社 天津 1996年3月

经济文献检索与利用 张家明主编 中国物价出版社 北京 1996年

科技工具书及其使用 宋鸿国编著 辽宁教育出版社 沈阳 1996年

科技文献管理 安邦建 邵国秀主编 留师 张宇编著 兰州大学出版社 兰州 1996年

科技文献检索 安施才 李泽华主编 安徽大学出版社 合肥 1996年

科技文献检索教程 张秀珍 宋凤兰主编 东北大学出版社 沈阳 1996年

科技文献检索教学大纲 国家教委高教司编 高等教育出版社 北京 1996年

科技文献检索实用教程 穆安民编著 重庆大学出版社 重庆 1996年

科技文献检索与利用　张白影主编　华中理工大学出版社　武汉
1996 年

科技文献检索与利用指南　黄秀莲　朱月兰编著　华东理工大学
出版社　上海　1996 年

科技文献信息检索　陈英等编著　成都科技大学出版社　成都
1996 年

理科文献检索教程　胡朝阳主编　江西高校出版社　南昌
1996 年

联机环境中的情报检索语言　曾蕾编著　书目文献出版社　北京
1996 年 12 月

民族文献与图书馆学论集　杨锐明著　云南民族出版社　昆明
1996 年

蓬勃发展的中国图书馆事业　吴慰慈等编著　书目文献出版社
北京　1996 年 8 月

期刊管理与利用研究　黄晓鹏主编　中国科学技术出版社　北京
1996 年

全国十五城市图书馆工作研讨会论文集:1987—1995　全国十五
城市图书馆工作研讨会组委会编　四川科学技术出版社　成都
1996 年

上海图书馆事业志　朱庆祚主编　《上海图书馆事业志》编纂委
员会编　上海社会科学出版社　上海　1996 年

社会科学检索词表　《社会科学检索词表》编辑委员会编　社会
科学文献出版社　北京　1996 年

社会科学文献检索基础教程　姜汉卿主编　南京师范大学出版社
南京　1996 年

社会科学信息咨询指南　朱建亮主编　湖南出版社　长沙
1996 年

社科文献检索教学大纲　国家教委高教司编　高等教育出版社

北京 1996 年

社科文献检索与论文写作 刘伏海著 湖南师范大学出版社 长沙 1996 年

社区图书馆业务理论与实践 五涓主编 百家出版社 上海 1996 年

深圳图书馆十年之路 沈迪飞主编 天津科学技术出版社 天津 1996 年 12 月

食品科技文献检索 玛骊 孟培丽编著 北京大学出版社 北京 1996 年

市场经济与图书馆建设(下) 李世婧主编 全国铁路高校图书情报工作委员会编 西南交通大学出版社 成都 1996 年

市场经济与图书馆建设:全国党校图书馆论文集(1993) 全国党校文献情报学会编 中共中央党校出版社 北京 1996 年

书海导航:大学生利用图书馆百题答问 张向东主编 宁夏人民教育出版社 银川 1996 年

四大文献索引及联机检索 杨均辉 刘娅 廖小翎编著 中山大学出版社 广州 1996 年

天津日本图书馆馆史资料汇编 李国庆主编 天津社会科学院出版社 天津 1996 年

天津市图书馆志 天津市图书馆志编修委员会编著 天津人民出版社 天津 1996 年

图书分类学 周继良主编 周绍萍 俞君立 张燕飞编著 武汉大学出版社 武汉 1996 年

图书馆的创造力:革新与企业化 李海靖 贺西安编译 新疆人民出版社 乌鲁木齐 1996 年

图书馆工作实务:图苑优秀论文集 吴启军等主编 黑龙江人民出版社 哈尔滨 1996 年

图书馆管理学教学大纲 国家教委高教司编 高等教育出版社

北京　1996 年

图书馆利用指南　王朝华等编著　兰州大学出版社　兰州
1996 年

图书馆利用指南　杨来保等主编　天津人民出版社　天津
1996 年

图书馆现代技术课程教学大纲　国家教委高教司编　高等教育出
版社　北京　1996 年

图书馆学概论　谭迪昭编著　中山大学出版社　广州　1996 年

图书馆学概论　石呈祥著　河北大学出版社　保定　1996 年

图书馆学基础教学大纲　国家教委高教司编　高等教育出版社
北京　1996 年

图书馆学情报学文献源　董小英主编　书目文献出版社　北京
1996 年 10 月

图书馆学研究论文集　中国图书馆学会编译出版委员会主编　周
文骏　倪波　杨晓骏编　书目文献出版社　北京　1996 年
6 月

图书馆与经济发展　刘经宇主编　黑龙江人民出版社　哈尔滨
1996 年

图书馆与市场经济　《图书馆与市场经济》组委会编　云南大学
出版社　昆明　1996 年 9 月

图书馆指南　刘二稳　李达主编　济南出版社　济南　1996 年

图书馆转型的思考　杨勇主编　云南大学图书馆编　云南大学出
版社　昆明　1996 年

图书馆自动化基础教程　傅守灿　陈文广编著　北京大学出版社
北京　1996 年

图书馆自动化课程教学大纲　国家教委高教司编　高等教育出版
社　北京　1996 年

图书情报工作方法谈　董乃强著　现代出版社　北京　1996 年

图书情报系统工程论文集（2） 沈禄赓等主编 北京广播学院出版社 北京 1996年

图书情报学中的数理统计 周士本等编著 地质出版社 北京 1996年

文献编目基础教学大纲 国家教委高教司编 高等教育出版社 北京 1996年

文献分类法与主题法教学大纲 国家教委高教司编 高等教育出版社 北京 1996年

文献检索简明教程 刘志涛主编 西北大学出版社 西安 1996年

文献检索教学与图书情报工作 黄晓鹏主编 中国科学技术出版社 北京 1996年

文献信息分类学 刘延章著 中国科学技术出版社 北京 1996年

文献信息利用通论 张怀涛 代根兴主编 原子能出版社 北京 1996年

文献信息学导论 谭祥金编著 中山大学出版社 广州 1996年

文献与检索 高云 腾娟主编 中国纺织大学出版社 上海 1996年

现代高校图书馆发展研讨会论文集:1996年5月23日—26日:上海 《现代高校图书馆发展研讨会论文集》编写组编 上海科学技术文献出版社 上海 1996年

现代文献编目 王松林编著 书目文献出版社 北京 1996年8月

新编图书馆学档案学理论与实践研究文集 胡喜成 周文儒主编 山西高校联合出版社 太原 1996年

新闻广播电视系统社会科学文献检索方法释例 王铎 林淑华著

中国石化出版社　北京　1996 年

信息交流与现代图书馆系统　李明华著　书目文献出版社　北京
1996 年 8 月

信息时代与大学图书馆:北京高校情报资料研究会科技分会第三
次学术讨论会论文集　丁有骏主编　中国农业大学出版社　北
京　1996 年

亚历山大图书馆的兴衰　（埃及）穆斯塔法·阿巴迪著　臧惠娟
译　中国对外翻译出版公司　北京　1996 年

演进中的学术图书馆与东亚研究专题研讨会论文集　'96 北京国
际图联大会中国组委会　北美东亚图书馆协会编　万国学术出
版社　北京　1996 年 8 月

医学文献检索　任效娥主编　甘肃文化出版社　兰州　1996 年

医学文献检索教程　王琦等主编　关彩霞等编　天津科学技术出
版社　天津　1996 年

英汉俄汉文献工作常用缩略语词典　闭天冼编译　书目文献出版
社　北京　1996 年 5 月

浙江省图书馆学会论文选集　浙江省图书馆学会编　杭州大学出
版社　杭州　1996 年

针灸推拿骨伤气功养生文献检索与利用　王德深主编　中国医药
科技出版社　北京　1996 年

中国标准文献分类法索引　周思源主编　中国标准出版社　北京
1996 年

中国民族图书馆理论与实践　包和平　许斌主编　中国华侨出版
社　北京　1996 年

中国人民大学图书馆图书分类法(6 版)　中国人民大学图书馆图
书分类法修订委员会编　中国人民大学出版社　北京
1996 年

中国图书馆发展战略研讨会论文集　杜克主编　书目文献出版社

北京　1996 年 7 月

中国图书馆和情报机构要览　辛希孟主编　东北大学出版社　沈阳　1996 年 8 月

《中国图书馆图书分类法》类名词典　王金祥　赖伯年　杨邦俊主编　西安出版社　西安　1996 年

《中国图书馆图书分类法》《中国图书资料分类法》(第三版)规范化研究　高辉　钟旭著　新疆大学出版社　乌鲁木齐1996 年

中国图书馆学会综览　《中国图书馆学会综览》编写组编　书目文献出版社　北京　1996 年 8 月

中国图书和图书馆史教学大纲　国家教委高教司编　高等教育出版社　北京　1996 年

中国图书情报工作文库　辛希孟主编　中央编译出版社　北京1996 年

中国文献编目规则　中国文献编目规则编辑小组编　广东人民出版社　广州　1996 年 10 月

中国中医药学主题词表　吴兰成主编　中医古籍出版社　北京1996 年

中文工具书使用法　詹德优等编著　商务印书馆　北京　1996年 10 月

21 世纪图书馆展望——访谈录　吴建中编著　上海科学技术出版社　上海　1996 年 7 月

1997 年

北京图书馆馆史资料汇编(二)(1949—1966)　北京图书馆馆史资料汇编(二)编辑委员会编　北京图书馆出版社　北京1997 年 8 月

北京图书馆同人文选(第三辑)　任继愈主编　《北京图书馆同人

278

文选》编委会编　北京图书馆出版社　北京　1997 年 8 月

大学生与图书馆　胡刚主编　中国工人出版社　北京　1997 年

大学图书馆读者指南　邢燕生主编　河北人民出版社　石家庄
1997 年

党政干部信息资源综论　王宝沅　李淑华主编　谢冈等编著　天
津人民出版社　天津　1997 年

德中图书馆事业　杭州大学中德翻译和信息中心编　杭州大学出
版社　杭州　1997 年

第五届进口图书采访工作研讨会文集　陶慰宗主编　原子能出版
社　北京　1997 年

电子图书馆理论与实践研究　汪冰著　北京图书馆出版社　北京
1997 年 12 月

儿童图书馆工作　孟绂　何红编著　华南理工大学出版社　广州
1997 年

改革与探索:面向 21 世纪的中国图书情报事业(第八届全国中青
年图书馆情报学术研讨会论文集)　高家望主编　中国档案出
版社　北京　1997 年

高校图书馆管理新论　宁业高主编　安徽大学出版社　合肥
1997 年

桂林工学院图书馆管理理论与实践　黄意信主编　广西师范大学
出版社　桂林　1997 年

桂林工学院图书馆管理理论与实践:1984 年—1996 年　黄意信编
广西师范大学出版社　桂林　1997 年

化学化工工具书指南　冯白云主编　清华大学等编　化学工业出
版社　北京　1997 年

化学化工文献检索与利用(2 版)　余尚春等主编　大连理工大学
出版社　大连　1997 年

经济文献检索与利用　胡刚主编　云南大学出版社　昆明

1997 年

科技期刊工作研究　黄晓鹏　刘瑞兴著　中国科学技术出版社
北京　1997 年

科技文献检索　胡德华主编　机械工业出版社　北京　1997 年

科技文献检索教程　张世良主编　北京图书馆出版社　北京
1997 年 7 月

科技信息检索　孙平　任其荣编著　清华大学出版社　北京
1997 年

面向 21 世纪的大学图书馆　《津图学刊》编辑部编　南开大学出
版社　天津　1997 年

宁波图书馆志　邓大鹏主编　《宁波图书馆志》编纂委员会编
宁波出版社　宁波　1997 年

农业科技西文期刊导览　蒋勤著　中国农业出版社　北京
1997 年

农业科技资源分类配置与光盘检索指南　白磊著　科学出版社
北京　1997 年

期刊工作现代化:全国高校图书馆第六次期刊工作学术研讨会论
文集　江乃武　于鸣镝主编　海洋出版社　北京　1997 年

情报文献工作标准化概论　朱南编著　北京图书馆出版社　北京
1997 年 7 月

情报语言学基础(增订 2 版)　张琪玉著　武汉大学出版社　武
汉　1997 年 9 月

全国地质图书馆八十年:1916—1996　中国地质矿产信息研究院
编　地质出版社　北京　1997 年

全国首批上等级公共图书馆简介　中华人民共和国文化部图书馆
司汇编　改革出版社　北京　1997 年

实用医学文献检索　陈荔子　李道苹　朱金城主编　北京医科大
学中国协和医科大学联合出版社　北京　1997 年

书海导读　华玉民编著　武汉测绘科技大学出版社　武汉
1997 年

图书馆工作理论与实践文集　张宝泉等主编　南海出版公司　海
口　1997 年

图书馆工作实务全书　胡义钧　孙维钧主编　中南工业大学出版
社　长沙　1997 年

图书馆工作与研究　丁志可　史学彬主编　海南出版社　海口
1997 年

图书馆管理现代化(上册)　李世婿主编　全国铁路高校图书情
报工作委员会编　西南交通大学出版社　成都　1997 年

图书馆管理综论　谭祥金著　北京图书馆出版社　北京　1997
年 3 月

图书馆基础教程　陈爱云主编　中国商业出版社　北京
1997 年

图书馆社会教育学　夏侯炳　吴乔生　王淑瑛著　江西教育出版
社　南昌　1997 年

图书馆使用指南　陈梅花　刘学举主编　武汉工业大学出版社
武汉　1997 年

图书馆自动化　袁名敦　耿骞编著　北京师范大学出版社　北京
1997 年 10 月

图书馆自动化与数据库应用必读　汪金蕊　吴继伟编著　青岛海
洋大学出版社　青岛　1997 年

图书情报工作论坛　黄晓鹏主编　中国科学技术出版社　北京
1997 年

图书情报工作研究与实践　高胜平主编　北京航空航天大学出版
社　北京　1997 年 9 月

文献信息检索与利用　赵燕群主编　广东高等教育出版社　广州
1997 年

文献资源共享理论与实践研究　肖希明著　广西教育出版社　南宁　1997年7月

文献资源建设概要　张玉礼编著　北京图书馆出版社　北京　1997年7月

西文文献编目　王作梅　严一桥　孙更新编著　武汉大学出版社　武汉　1997年8月

现代科技文献检索通论　雷宏主编　兵器工业出版社　北京　1997年

现代文献信息检索教程　翁永卫　蒋媛媛主编　安徽大学出版社　合肥　1997年

现代信息环境下图书馆的发展　刘万健　董继民主编　西南财经大学出版社　成都　1997年

药学文献检索　于占祥　郦章安主编　王秋芳等编　辽宁大学出版社　沈阳　1997年

医学图书情报工作理论与实践　王永光等主编　青岛海洋大学出版社　青岛　1997年

医学文献检索　李秉严等主编　成都科技大学卫生院　成都　1997年

医学文献检索　李占兵　王一煦主编　吉林科学技术出版社　长春　1997年

医学文献检索　朱象喜等主编　杭州出版社　杭州　1997年

医学文献检索教程　王有伟等主编　沈阳出版社　沈阳　1997年

甬图文萃　陈宁雄　张树声主编　宁波出版社　宁波　1997年

怎样利用大学图书馆（2版）　于湖滨　董新华　川中编著　浙江大学出版社　杭州　1997年

中国公共图书馆缩微技术指要　张伟云　刘士华编著　贵州民族出版社　贵阳　1997年

中国科学院第十次图书馆学情报学科学讨论会文集　中国科学院
图书馆编　北京图书馆出版社　北京　1997年

中国历代国家藏书机构及名家藏书叙传选　袁永秋　曾季光主编
北京大学出版社　北京　1997年

中国历代图书著录文选　袁永秋　曾季光主编　北京大学出版社
北京　1997年

中国民族文献检索　李晓菲编著　内蒙古科学技术出版社　赤峰
1997年

中国农业科技信息事业跨世纪的选择:第七次全国农业科技信息
与文献工作会议文集　梅方权主编　中国农业科技出版社　北
京　1997年

中国图书馆年鉴·1996　周文骏　肖东发主编　《中国图书馆年
鉴》编委会编　北京图书馆出版社　北京　1997年10月

中国图书馆事业:1988—1995　荀昌荣等主编　四川科学技术出
版社　成都　1997年

中小学图书馆(室)建设:理论卷　孔令司编著　辽海出版社　沈
阳　1997年

中小学图书馆工作入门　王若兰等编著　海洋出版社　北京
1997年

中小学图书馆图书分类工作　巩雪琴编著　海洋出版社　北京
1997年

中医药文献检索　吉文辉　梁延光土编　上海科学技术出版社
上海　1997年

走向21世纪的农业科技信息:中国农业科学院科技文献信息中心
40年　梅方权主编　中国农业科技出版社　北京　1997年

21世纪图书情报资料工作展望　北京高校情报资料工作研究会
编　艾众主编　北京图书馆出版社　北京　1997年9月

1998 年

北京图书馆的收藏与服务　段佩珠　程真编著　北京图书馆出版社　北京　1998 年 10 月

标准文献信息管理　李耀明　黄儒虎编著　中国计量出版社　北京　1998 年

大连地区图书馆事业 50 年　《大连地区图书馆事业 50 年》编委会编著　大连出版社　西安　1998 年

大气科学主题词表　中国气象科学研究院情报所编　中国气象出版社　北京　1998 年

大学生导读　李广建编著　北京图书馆出版社　北京　1998 年 6 月

大学生与图书馆　范宝民　史敏　李志鹏主编　新华出版社　北京　1998 年

大学图书馆导读:大庆石油学院图书馆指南　张亚琴等编　石油工业出版社　北京　1998 年

大学图书馆导读教程　张世良主编　北京图书馆出版社　北京　1998 年 7 月

大学图书馆概论　卓崇培　许家梁主编　天津科学技术出版社　天津　1998 年

第 62 届国际图书馆协会联合会大会会议录　《第 62 届国际图书馆协会联合会大会会议录》编辑组编　杜克主编　北京图书馆出版社　北京　1998 年 3 月

电脑管理图书馆学　王晓平主编　北京图书馆出版社　北京　1998 年 3 月

电子信息源与网络检索　谢新洲编著　北京图书馆出版社　北京　1998 年 12 月

读者服务的组织与管理　袁琳编著　武汉大学出版社　武汉

284

1998 年 7 月

高校图书馆利用概论　赵国良　魏秀娟主编　河南人民出版社　郑州　1998 年

公安文献检索概论　刘生元　万环秀主编　中国人民公安大学出版社　北京　1998 年

国际 STN 信息检索系统专利数据库检索指南　（德）特里比安等编　冯佩娟　赵书杰译　中国环境科学出版社　北京　1998 年

化学化工文献检索指南　李文遐编著　苏州大学出版社　苏州　1998 年

简明英美编目规则（第 2 版, 1988 修订本）　吴龙涛　吴建明翻译、解释、补充　上海科学技术文献出版社　上海　1998 年

经济文献检索与利用　贾男男著　天津科学技术出版社　天津　1998 年

开启知识殿堂的金钥匙：中小学生怎样科学利用图书馆　王建文著　海天出版社　深圳　1998 年

科技文献检索　曹楠灵主编　山东大学出版社　济南　1998 年

科技文献检索利用　沈传尧主编　陕西科学技术出版社　西安　1998 年

科技文献检索与利用　王立诚　邵婷芝主编　东南大学出版社　南京　1998 年

利用图书馆 ABC（2 版）　王瑞华主编　东北财经大学出版社　大连　1998 年

旅游文献检索与利用　张伯山编著　南开大学出版社　天津　1998 年

美图文集　全国美术高等院校图书馆协作会主编　江苏美术出版社　南京　1998 年

陕甘宁边区的图书馆事业　赖伯年主编　西安出版社　西安

1998 年

上海图书馆新馆工程筹建资料汇编　何大镛编　上海科学技术文献出版社　上海　1998 年

少儿图书馆工作与研究　郭桂花主编　延边人民出版社　延吉　1998 年

石油科技文献检索　谢锟主编　石油工业出版社　北京　1998 年

书海问津:高校图书馆使用指南　曹廷华　肖春艳主编　西南师范大学出版社　重庆　1998 年

水利水电科技主题词表　水利部信息研究所编　黄河水利出版社　郑州　1998 年

特色图书馆论　文化部图书馆司　湖北省文化厅　特色图书馆研究课题组编著　北京图书馆出版社　北京　1998 年 10 月

体育文献检索与利用　翁士勋编著　杭州大学出版社　杭州　1998 年

图书分类法分面改造理论与实践　黄筱玲著　西南财经大学出版社　成都　1998 年

图书馆发展新论　刘晓玲等主编　吉林大学出版社　长春　1998 年

图书馆工作人员职业道德　刘毓璞等著　天津古籍出版社　天津　1998 年

图书馆馆长手册　张爱芳主编　专利文献出版社　北京　1998 年

图书馆管理改革　王石生著　经济科学出版社　北京　1998 年

图书馆管理现代化(下册)　李世婿主编　全国铁路高校图书情报工作委员会编　西南交通大学出版社　成都　1998 年

图书馆利用与名著导读　李玉安　张洪元编著　武汉水利电力大学出版社　武汉　1998 年

图书馆利用与文献检索教程　祝希山等编著　大连海事大学出版社　大连　1998年

图书馆·文献检索　高云　滕胜娟主编　中国纺织出版社　北京　1998年

图书馆应用教程　胡锦成　郭佳慧主编　青海人民出版社　西宁　1998年

图书馆自动化新论:信息管理自动化　郑巧英　杨宗英编著　上海交通大学出版社　上海　1998年

图书情报工作进展　黄晓鹏　李黎明主编　中国科学技术出版社　北京　1998年

图书情报工作理论与实践　冯跃志　鄂晓芬主编　黄河水利出版社　郑州　1998年

图书情报工作研究（1998）　黄晓鹏等主编　中国科学技术出版社　北京　1998年

图书情报工作研究（1999）　李黎明主编　中国科学技术出版社　北京　1998年

图书情报工作研究论坛　林英主编　学苑出版社　北京　1998年

图书情报工作与研究　黄晓鹏　李黎明主编　中国科学技术出版社　北京　1998年

图书情报管理工作学术研讨会论文集　《图书情报工作》编辑部编　新世纪出版社　北京　1998年

图书情报管理自动化基础(修订版)　刘荣主编　武汉大学出版社　武汉　1998年

图书情报事业的未来:2010年发展预测　徐引篪主编　中国科学技术大学出版社　合肥　1998年

网络时代的农业文献资源建设:迎接21世纪农业图书馆建设的新曙光　沈佐锐　张权主编　中国农业大学出版社　北京

1998 年

潍坊市公共图书馆史略　贾金兰　栗祥忠主编　中国文史出版社
北京　1998 年

文献检索及其自动化基础　郭金亭等主编　南海出版公司　海口
1998 年

文献检索教程　陈钟官　张文德主编　人民邮电出版社　北京
1998 年

文献检索与利用　单学平等主编　中国林业出版社　北京
1998 年

文献检索与利用　朱昆耕主编　苏州大学出版社　苏州
1998 年

文献信息的获取与利用　魏松德等主编　中国农业科技出版社
北京　1998 年

文献信息工作研究论丛　张怀涛　柯平主编　河南省高校图书情
报工作委员会编　中州古籍出版社　郑州　1998 年

文献信息工作研究新视野　李景文等主编　黄河水利出版社　郑
州　1998 年

文献信息检索教程　李慧敏　赵辰光主编　黑龙江人民出版社
哈尔滨　1998 年

西文工具书概论　邵献图主编　北京大学出版社　北京
1998 年

现代图书情报工作　李秉严主编　四川科学技术出版社　成都
1998 年

信息媒体及其采集　刘兹恒编著　北京大学出版社　北京
1998 年

医学图书馆与情报源利用指南　姜振儒　尹玉华主编　北京图书
馆出版社　北京　1998 年 5 月

医学文献检索　林万兵　薛志全主编　河南医科大学出版社　郑

州 1998 年

医学文献检索学 王元禄 孟宪芬主编 北京工业大学出版社 北京 1998 年

医学文献检索与利用 张晓峰等主编 东北林业大学出版社 哈尔滨 1998 年

医学信息检索与利用 张自钧 陈桂章主编 李晓玲等编写 上海医科大学出版社 上海 1998 年

知识的殿堂:中国社会科学院研究生院图书馆 该馆编 中国经济出版社 北京 1998 年

知识管理研究进展 马费成主编 武汉大学图书情报学院情报学研究所编 武汉大学出版社 武汉 1998 年

《中国分类主题词表》标引手册 陈树年主编 北京图书馆出版社 北京 1998 年 1 月

《中国图书馆图书分类法·期刊分类表》实用指南 《中国图书馆图书分类法》编委会主编 安鸿书编著 北京图书馆出版社 北京 1998 年 9 月

中国铁路叙词表 铁道部科学技术信息研究所编 北京科学技术出版社 北京 1998 年

中国图书资料分类法地震文献分类表 王洪珍主编 国家地震局编 地震出版社 北京 1998 年

中文工具书基础 朱天俊 李国新编著 北京图书馆出版社 北京 1998 年 9 月

中文工具书实用教程(2 版修订本) 袁正平著 四川大学出版社 成都 1998 年

中文普通图书机读目录著录细则 王鹤祥主编 上海交通大学出版社 上海 1998 年 7 月

中小学图书馆藏书建设 储若端 周华编著 中小学图书馆员业务学习指南 北京图书馆出版社 北京 1998 年 4 月

中小学图书馆读者研究与读者服务　王京山　邢素丽编著　中小学图书馆员业务学习指南　北京图书馆出版社　北京　1998年4月

中小学图书馆工作导论　张树华　董焱　蔡金钟编著　中小学图书馆员业务学习指南　北京图书馆出版社　北京　1998年4月

中小学图书馆工作实用指南　夏毅　周未隼编　黄山书社　合肥　1998年

中小学图书馆文献编目　杜埜仓　张俊芳编著　中小学图书馆员业务学习指南　北京图书馆出版社　北京　1998年4月

中小学图书馆文献分类与主题标引　马张华　巩雪芹编著　中小学图书馆员业务学习指南　北京图书馆出版社　北京　1998年4月

中小学图书馆文献知识与文献检索　姚伯岳　肖珑　汤立峰编著　中小学图书馆员业务学习指南　北京图书馆出版社　北京　1998年4月

中小学信息资源基础建设　李方　阎玉龙主编　新世界出版社　北京　1998年

主题检索语言及主题标引　樊咏雪编著　云南大学出版社　昆明　1998年

咨询理论与方法　杨子竞　钟守真主编　北京图书馆出版社　北京　1998年11月

走进图书馆·初中生读本　高欣祯　降绍瑞编著　中小学生利用图书馆知识丛书　北京图书馆出版社　北京　1998年8月

走进图书馆·高中生读本　康军　杜琛编著　中小学生利用图书馆知识丛书　北京图书馆出版社　北京　1998年8月

走进图书馆·小学生读本　沈岩　宁国誉编著　中小学生利用图书馆知识丛书　北京图书馆出版社　北京　1998年8月

走向 21 世纪的图书馆　丁有骏主编　北京图书馆出版社　北京　1998 年 7 月

21 世纪大学图书馆的新使命——庆祝北京大学建校一百周年国际学术研讨会论文集　北京大学图书馆编　北京大学出版社　北京　1998 年 10 月

21 世纪图书馆新论　吴建中著　上海科学技术文献出版社　上海　1998 年

1999 年

笔耕集　李久琦主编　辽宁民族出版社　沈阳　1999 年

打开知识宝库的钥匙：法学文检简编　牟丽敏编　中央文献出版社　北京　1999 年

大连地区图书馆事业 50 年　张本义等主编　大连出版社　大连　1999 年

大学生检索信息技能　徐兴余等主编　国际文化出版公司　北京　1999 年

大学生利用图书馆指南　赵百岁编著　山西教育出版社　太原　1999 年

大学生与图书馆　李慧娟主编　河海大学出版社　南京　1999 年

大学图书馆使用指南　郑章飞主编　华中理工大学出版社　武汉　1999 年

党校图书馆事业的回顾与展望　刘俊瑞主编　中共中央党校出版社　北京　1999 年

档案文献检索　冯惠玲主编　高等教育出版社　北京　1999 年

第六届进口图书采访工作研讨会论文集　聂君庆主编　原子能出版社　北京　1999 年

电气电子工程信息检索与利用　孙平编著　大连理工大学出版社

大连 1999 年

高校图书信息工作与改革 黄家发 徐汉燕编 中国文史出版社 北京 1999 年

工具书应用通则 于翠玲著 春风文艺出版社 沈阳 1999 年

公安大学生与图书馆 万环秀 刘万顺编著 中国人民公安大学出版社 北京 1999 年

《公安主题词表》使用手册 高兴国主编 中国人民公安大学出版社 北京 1999 年

顾廷龙先生纪念文集 上海图书馆编 上海科学技术文献出版社 上海 1999 年

国际标准分类法 ICS(2 版) 国家质量技术监督局编译 中国标准出版社 北京 1999 年

国际图书馆建筑大观图集 吴建中主编 上海科学技术文献出版社 上海 1999 年

国外图书馆学情报学研究进展 孟广均 徐引篪主编 北京图书馆出版社 北京 1999 年 9 月

化学文献检索与应用导引 陈子康编著 北京师范大学出版社 北京 1999 年

机械工程信息检索与利用(2 版) 王娟萍 李秋实主编 大连理工大学出版社 大连 1999 年

计算机编目技术手册 熊光莹主编 北京图书馆出版社 北京 1999 年 1 月

教育信息的处理与传播 陈益君等编著 知识出版社 北京 1999 年

经济文献检索与利用 谭乃立主编 中国铁道出版社 北京 1999 年

开发知识宝库的金钥匙:中学生图书情报技能教育 黄天轼主编 华南理工大学出版社 广州 1999 年

科技文献检索教程　易富龙主编　冶金工业出版社　北京
　　1999 年

科技文献检索与利用　张有云编著　中国科学技术大学出版社
　　合肥　1999 年

科技文献检索与利用　张智松　潘松华主编　中国矿业大学出版
　　社　徐州　1999 年

科技文献检索与利用　文耀智编著　湖南师范大学出版社　长沙
　　1999 年

科技与商情信息检索　柴雅凌编　天津大学出版社　天津
　　1999 年

跨世纪的公共图书馆　丁树海主编　上海科学技术文献出版社
　　上海　1999 年

跨世纪的公共图书馆　黄家发　徐汉燕主编　中国文史出版社
　　北京　1999 年

跨世纪的思考——中国图书馆事业高层论坛　卢子博主编　北京
　　图书馆出版社　北京　1999 年 11 月

跨世纪的图书馆改革和建设:图书情报系统工程论文集 之三　沈
　　禄赓　林淑华主编　北京广播学院出版社　北京　1999 年

路要走宽些　周济洋著　湖北人民出版社　武汉　1999 年

迈向新世纪的图书馆　王金生主编　中国科学技术出版社　北京
　　1999 年

面向 21 世纪的图书馆与图书馆学:华南师范大学图书馆同仁文集
　　本书编委会主编　暨南大学出版社　广州　1999 年 10 月

面向 21 世纪文献信息工作研究　郑章飞　罗益群主编　中南工
　　业大学出版社　长沙　1999 年

民族图书馆学概论　包和平等主编　吉林人民出版社　长春
　　1999 年

民族文献检索与利用　刘维英主编　吉林人民出版社　长春

1999 年

南开大学图书馆建馆八十周年纪念集　南开大学图书馆编　南开大学出版社　天津　1999 年

农林文献检索教程　尹仙香　章云兰主编　浙江科学技术出版社杭州　1999 年

农业文献信息检索与利用　陈有富　魏秀娟主编　中国农业大学出版社　北京　1999 年

期刊工作理论与实践　余广和编著　上海科学技术文献出版社上海　1999 年

期刊工作与 21 世纪:全国高校图书馆第七次期刊工作学术研讨会论文集　叶继元等编　中国物价出版社　北京　1999 年

全国图书档案管理论文选集　王昕等主编　中国档案出版社　北京　1999 年

陕西图书馆学理论研究文集　杨昌俊　徐荣主编　西安地图出版社　西安　1999 年

社会科学文献检索　李丹编著　山西教育出版社　太原1999 年

社会科学文献检索利用　李玉辉　韩亚兰主编　武汉工业大学出版社　武汉　1999 年

社科文献检索(附社科文献检索自学考试大纲)　马文峰主编中国人民大学出版社　北京　1999 年

食品与烹饪文献检索　崔桂友主编　中国轻工业出版社　北京1999 年

世纪之交:图书馆事业回顾与展望　中国图书馆学会编　北京图书馆出版社　北京　1999 年 7 月

世界著名图书馆　刘蔷编著　吉林教育出版社　长春 1999 年

书海荡舟　陈峰著　作家出版社　北京　1999 年

书间觅理:图书馆学文选　张怀涛著　海洋出版社　北京

1999 年

数字化图书馆文集　王荣国　卢朝霞主编　东北大学出版社　沈阳　1999 年 7 月

四川高校图书馆 100 年　李秉严主编　四川科学技术出版社　成都　1999 年

铁路高校图书情报工作研究（一）　李世婿主编　西南交通大学出版社　成都　1999 年

图书馆的未来　刘爱荣著　当代世界出版社　北京　1999 年

图书馆管理　叶守法著　中国矿业大学出版社　徐州　1999 年

图书馆建设创新与多元化　胡天华著　新疆科学技术出版社　乌鲁木齐　1999 年

图书馆理论与实践　栗祥忠　李明军　刘桂珍主编　北京图书馆出版社　北京　1999 年 5 月

图书馆利用和文献检索　于新国主编　石油工业出版社　北京　1999 年

图书馆学及解题指导　李玉进等编著　中国人事出版社　北京　1999 年

图书情报工作回顾与展望　尚越建　张晶主编　改革出版社　北京　1999 年

图书情报与信息科学研究·第一辑　张志弘等主编　北京图书馆出版社　北京　1999 年 5 月

义科义献检索（第 2 版）　朱建亮　柳励和编著　华中埋工大学出版社　武汉　1999 年

文史文献及其检索　王纯著　山东友谊出版社　济南　1999 年

文献标引与检索　黎盛荣等编著　湖南科学技术出版社　长沙　1999 年

文献分类法主题法导论　马张华　侯汉清编著　北京图书馆出版社　北京　1999 年 7 月

文献机读目录数据处理手册　中国科学院文献情报中心　中国电化教育馆《文献机读目录数据处理手册》编写组编　中央广播电视大学出版社　北京　1999 年 7 月

文献检索与科学研究方法　胡良孔等编著　中南工业大学出版社　长沙　1999 年

文献信息服务论文集　辛希孟主编　北京图书馆出版社　北京　1999 年 1 月

文献信息检索　金善勤主编　百家出版社　上海　1999 年

文献信息检索教程　任胜国　周敬治主编　北京图书馆出版社　北京　1999 年

文献资源网络建设　尚志明　董勇敏　陈曙主编　上海科学技术文献出版社　上海　1999 年

现代化学文献检索　王源编著　上海科学技术文献出版社　上海　1999 年

现代科技信息检索与利用　蒋永光主编　中国医药科技出版社　北京　1999 年

现代图书馆学理论　徐引篪　霍国庆著　北京图书馆出版社　北京　1999 年 2 月

现代文献组织论　于学华编著　山东省地图出版社　济南　1999 年

乡镇图书馆建设的实践与理论　李根章主编　宁夏人民出版社　银川　1999 年

新世纪图书馆展望　高淑华等主编　吉林大学出版社　长春　1999 年

信息管理与利用　《图书情报工作》杂志社编　科学技术文献出版社　北京　1999 年

信息检索教程　姜效先　吴美健　刘二灿主编　中国物资出版社　北京　1999 年

信息英语：信息源与信息获取　李季方编　外语教学与研究出版社　北京　1999 年

学校图书馆工作简明教程　张敦仲等编著　青岛海洋大学出版社　青岛　1999 年

一代宗师——纪念刘国钧先生百年诞辰学术论文集　北京大学信息管理系等编　北京图书馆出版社　北京　1999 年 11 月

医学科技信息检索　方平主编　湖南人民出版社　长沙　1999 年

医学文献检索　安徽医科大学医学文献检索教研室编著　安徽大学出版社　合肥　1999 年

医学文献检索　成海龙　秦红兵主编　第二军医大学出版社　上海　1999 年

医学文献检索　陈勇主编　贵州科技出版社　贵阳　1999 年

医学文献检索　黄晓鹂等主编　中国科学技术出版社　北京　1999 年

医学文献检索与利用　常兴哲主编　人民军医出版社　北京　1999 年

银川市图书馆 70 年纪事　李景华　索冰编　宁夏人民出版社　银川　1999 年

应用图书馆学教程　郭依群编著　清华大学出版社　北京　1999 年

张琪玉情报语言学文集　张琪玉著　北京图书馆出版社　北京　1999 年 5 月

知识经济时代：图书馆的生存与发展　陈子玲编著　天津人民出版社　天津　1999 年

中国科学院第十一次图书馆学情报学科学讨论会文集　中国科学院图书馆编　北京图书馆出版社　北京　1999 年

中国民族文献导读　李晓菲等著　辽宁民族出版社　沈阳

1999 年

中国图书馆分类法(第四版) 《中国图书馆分类法》编辑委员会编 北京图书馆出版社 北京 1999 年 3 月

《中国图书馆分类法》(第四版)使用手册 中国图书馆分类法编辑委员会编 北京图书馆出版社 北京 1999 年 8 月

中国图书馆分类法·农业专业分类表 蔡捷主编 《中国图书馆分类法》编辑委员会,中国农业科学院科技文献信息中心编 北京图书馆出版社 北京 1999 年 10 月

中国图书馆分类法·医学专业分类表 林美兰主编 《中国图书馆分类法》编辑委员会,中国医学科学院信息所图书馆编 北京图书馆出版社 北京 1999 年 10 月

中国图书馆年鉴·1999 肖东发主编 北京图书馆出版社 北京 1999 年 12 月

中国图书馆事业二十年(上下册) 中国图书馆学会编译委员会北京图书馆出版社主编 北京图书馆出版社 北京 1999 年 10 月

中国图书馆信息服务指南 王世伟主编 上海科学技术文献出版社 上海 1999 年

中外图书馆事业比较研究 王立贵著 齐鲁书社 济南 1999 年

中小学图书馆工作理论与实践 武德运 余葭生主编 知识出版社 北京 1999 年

中医药情报信息方法 蒋永光主编 中国医药科技出版社 北京 1999 年

中医药文献检索 黎汉津主编 广东高等教育出版社 广州 1999 年

21 世纪的大学图书馆论文集 云南省高等学校图书馆情报工作委员会编 云南科技出版社 昆明 1999 年

OCLC 联机与光盘编目概论　刁维汉　王行仁　李华伟编著　华东师范大学出版社　上海　1999 年